FATO TRIBUTÁRIO

REVISÃO E EFEITOS JURÍDICOS

CIP-BRASIL. CATALOGAÇÃO NA PUBLICAÇÃO
SINDICATO NACIONAL DOS EDITORES DE LIVROS, RJ

D532f
2. ed.

Dias, Karen Jureidini
Fato tributário : revisão e seus efeitos jurídicos / Karen Jureidini Dias. - 2. ed. rev. e atual. - São Paulo : Noeses, 2019.

352 p.
ISBN 978-85-8310-132-1

1. Direito tributário - Brasil. I. Título.

19-58911 CDU: 34:351.713(81)

Meri Gleice Rodrigues de Souza - Bibliotecária CRB-7/6439

Karem Jureidini Dias

Doutora e Mestre em Direito Tributário pela PUC/SP.
Professora do Instituto Brasileiro de Estudos Tributários – IBET.
Advogada.

FATO TRIBUTÁRIO

REVISÃO E EFEITOS JURÍDICOS

2ª edição revista e atualizada

2019

editora e livraria
NOESES

Copyright © Editora Noeses 2019
Fundador e Editor-chefe: Paulo de Barros Carvalho
Gerente de Produção Editorial: Rosangela Santos
Arte e Diagramação: Renato Castro
Revisão: Georgia Evelyn Franco
Designer de Capa: Aliá3 - Marcos Duarte

2019

editora e livraria
NOESES

Editora Noeses Ltda.
Tel/fax: 55 11 3666 6055
www.editoranoeses.com.br

Aos meus adorados filhos, Felipe e Eduardo, que me ensinaram a felicidade do amor incondicional e me inspiram todos os dias.

Aos meus enteados, Luca e Julia, pela imensa ternura.

Ao meu querido Rivitti, pelo nosso amor e companheirismo.

AGRADECIMENTOS

Com profundo amor, agradeço aos meus pais, Claudete e José, pelo porto seguro e pelo eterno presente que é a minha família.

Agradeço imensamente ao meu mestre Paulo de Barros de Carvalho, fonte de constante inspiração e exemplo de dedicação e humildade na tarefa de ensinar o Direito. Sou eternamente grata pela generosidade com que me confiou a oportunidade de vivenciar os estudos acadêmicos.

Registro meu respeito, admiração, afeto e sincera gratidão ao Professor Ives Gandra da Silva Martins, que muito cedo me acolheu e com ternura e sabedoria me ensinou o exercício da advocacia.

Gostaria também de expressar minha gratidão aos queridos amigos do IBET, representados nas pessoas de Tácio Lacerda Gama, Robson Maia Lins e Priscila de Souza, pelas oportunidades e valiosos conselhos, e aos amigos da FGV – GVLaw, em especial a Eurico Marcos Diniz de Santi, pelo estímulo, amizade e inestimável ajuda.

Não poderia deixar de agradecer aos meus sócios, especialmente a Francisco Secaf, Murilo Marco e Patricia Kayo, pela força e compreensão.

Sou também profundamente grata aos meus amigos, pares e colegas do Conselho Administrativo de Recursos Fiscais, e aqueles com os quais tive a oportunidade de trabalhar no Tribunal de Impostos e Taxas, por me instigarem, pelos debates e pelos encontros.

PREFÁCIO

Ao lidar com a linguagem jurídica, três aspectos vêm desde logo à superfície: a) o modo prático e descomprometido dos leigos; b) as manobras técnicas de articulação dos enunciados para a solução dos problemas; e c) o discurso científico daqueles que, dominando uma terminologia rigorosa, põem-se a percorrer o campo do objeto, inspirados pelas categorias da Teoria Geral do Direito. Claro está que essas perspectivas manter-se-ão sempre em estrita conexão com o pensamento filosófico, sem o que não se ajustariam aos horizontes da cultura. O tratamento científico, contudo, está necessariamente atrelado às reflexões da Filosofia de forma intensa, pois é ela, e somente ela, que lhe dá as condições básicas de sustentação, medindo-lhe as possibilidades, apurando-lhe o rendimento e projetando as expectativas de resultado que a comunidade científica espera obter. Por outros torneios, é preciso distinguir, na doutrina, os três tipos de contribuição, todos úteis e valiosos: os trabalhos práticos, os técnicos e aqueles, menos comuns, de caráter científico. Pois bem, o livro de Karem pretende estar entre esses últimos, tanto por deliberação expressa, como por manifestações que, atentamente, podemos perceber nas entrevozes de seu texto.

O título, *Fato Tributário – Revisão e Efeitos Jurídicos*, já anuncia a praticidade do tema, recolhido nas águas turvas da rica experiência jurídica brasileira. A Autora, porém, firme no propósito de que o conhecimento mesmo advém da conjunção da teoria com a prática, da ciência com a experiência, estrutura o livro de tal maneira que o leitor vai sendo introduzido no conteúdo sem perceber quanto custou organizar um tecido discursivo tão bem composto, elaborado com a observância dos rigores que o modo científico de comunicar-se recomenda. Aliás, o cuidado com os padrões metodológicos está presente do começo ao fim: Karem não dispensa a especificação dos termos, sustentando, em toda a extensão da obra, as unidades sígnicas que elegeu, desde o início, como repertório de sua mensagem. Desse modo, faz progredir o raciocínio calçado em premissas definidas, cujo desdobramento se reflete na produção de enunciados consistentes, deslizando sobre eixo estável e conduzindo nossa mente às proposições que dão corpo e expressão à sua tese.

A estratégia de distribuição da matéria, ao longo do trabalho, assegura a coesão do discurso, saturando-o de substância significativa e tornando-o, por isso mesmo, equilibradamente denso. O fato jurídico tributário, na sua intimidade estrutural, é o assunto iterativo das preocupações da Autora, seja irradiando, desde logo, os efeitos que lhe são próprios, assim como, em tempo de revisão, para provocar as alterações de que se ocupa o procedimento administrativo, dinamismo indispensável para garantir o controle dos atos produzidos ou simplesmente controlados pelo Estado-administração. O pensamento da Autora se locomove, a cada instante, entre os *suportes fáticos de constatação* e os *suportes fáticos de revisão*, exprimindo o movimento constante da tensão existente entre os conceitos de *norma, procedimento e ato*, ângulos de uma só entidade jurídica, como bem adverte Gregorio Robles. Comprovada a afinidade dos elementos colhidos no domínio dos eventos com o modelo da norma geral e abstrata, mediante aplicação dos instrumentos de linguagem que a lei prevê (provas), surge o acontecimento da vida social que terá o predicado de considerar-se jurídico-tributário desde que tenha havido a subsunção ao antecedente da regra-matriz de incidência, seguindo os critérios de pertinencialidade nela contidos. Eis o *fato jurídico tributário,* em todo o vigor de sua juridicidade, fazendo nascer, por implicação lógico-deôntica, aquele vínculo aliorelativo de índole patrimonial, objeto das aspirações do Fisco e, ao mesmo tempo, das preocupações dos sujeitos passivos das exigências tributárias. No estilo de reflexão de Lourival Vilanova, é relação de *causalidade jurídica*, tanto a que une antecedente e consequente, no âmbito intranormativo, quanto a que atrela fato jurídico e efeito jurídico, no plano da facticidade social.

A Autora rejeita, com veemência, a chamada *verdade absoluta*, mas opera com a *verdade material*, tomando-a como conceito limite que indica o quadramento dos fatos tributários ao sistema do direito positivo, nada mais do que isso. Situa-se, portanto, nos amplos domínios do *giro linguístico*, o que lhe potencializa a sequência descritiva, principalmente pelo uso das categorias semióticas, bem como do recurso à formalização lógica. Eis, apenas, alguns traços da obra científica de Karem, todos eles reveladores da consciência pela qual enfrenta as complexidades teóricas de sua mensagem.

Ao lado disso, contudo, está a profissional atenta e responsável, admirada por seus pares pelo modo objetivo e prático com que enfrenta as dificuldades inerentes à sua atividade. Dinâmica e combativa, argumenta com energia, sustentando discussões do mais alto nível jurídico durante as sessões do Conselho Administrativo de Recursos Fiscais e adquirindo, por força de intensa atuação, o respeito dos colegas.

Sua trajetória acadêmica vem marcada, também, com o brilho de uma personalidade sempre alegre e disposta aos grandes desafios do espírito. Tornou-se, assim, mestre e, agora, com esta tese profunda na investigação e voltada a arrostar os problemas da prática diária dos tributos, obteve, com todos os méritos, o título de doutora em Direito pela Pontifícia Universidade Católica de São Paulo.

Se acrescentarmos a esses dados as virtudes de excelente professora, no exercício de um magistério contínuo e dedicado, levado com seriedade e facilitado por seu temperamento expansivo, o que lhe possibilita a boa comunicação com os alunos, perceberemos porque é tão aplaudida nos auditórios do IBET – Instituto Brasileiro de Estudos Tributários, da COGEAE/PUC e da Fundação Getúlio Vargas – FGV.

Bem se vê que tudo recomenda esta obra de Karem Jureidini Dias, destinada a todos aqueles que se envolvem com os assuntos tributários, tanto na condição de técnicos, como de cientistas do Direito, como ainda enquanto alunos interessados em aprender e conhecer esse setor do saber jurídico que experimenta, nos dias de hoje, importância decisiva.

Cumprimentos efusivos à Pontifícia Universidade Católica de São Paulo, por produzir uma doutora desse nível, e parabéns também à Editora Noeses pela iniciativa da edição.

São Paulo, 28 de outubro de 2012

Paulo de Barros Carvalho
Professor Emérito e Titular da PUC/SP e da USP
Membro titular da Academia Brasileira de Filosofia

SUMÁRIO

INTRODUÇÃO

A concepção deste estudo se iniciou a partir de reflexões casuísticas sobre o fato jurídico tributário, mormente na perspectiva da qualificação fiscal de atos e fatos jurídicos. Muito se questiona se essa qualificação mitiga a segurança jurídica a que fazem jus os cidadãos. A segurança jurídica é norma e valor que exigem a previsibilidade de coações normativas, pressupondo conduta regrada em um dos três modais deônticos – proibido, permitido ou obrigatório –, de modo a impedir a surpresa do administrado quanto às obrigações que lhe são imputadas. Quando analisamos o fato jurídico tributário, debruçamo-nos sobre o suporte fático,[1] reportando-nos a tudo aquilo que está no campo deôntico de conhecimento.

O fato que se apresenta para uns pode assim não se apresentar para outros. Será que isto significa adotar o relativismo primeiramente defendido por Protágoras, para quem o homem é a medida de todas as coisas? Poderíamos entender que o fato corresponde simplesmente a ideias, reveladas pelo conhecimento intelectual, como ensinado por Santo Agostinho, ao resgatar a teoria de Platão. Em sentido oposto, com base na Filosofia Aristotélica, de que as coisas existem em si mesmas e o intelecto é que deve se adequar ao fato, seria

1. Quaisquer fatos, atos, normas ou relações existentes no campo deôntico de conhecimento podem ser suportes fáticos do fato jurídico tributário (*vide* Capítulo V, item 1 – "A tradução dos suportes fáticos - Introdução).

possível aferir a essência dos fatos?[2] Com tantas teorias sempre atuais e pujantes, limitamos o escopo de nosso conhecimento no pressuposto de que o conceito de verdade, como algo que reproduz de forma absoluta o acontecimento real, é inalcançável pelo homem. A verdade como algo absoluto é aquela adotada pela fé e dogmas religiosos, correspondendo, no limite, a algo absolutamente fora da norma jurídica. Isto não significa recusar a existência de uma verdade enquanto enunciado válido do fato. Procuramos, então, encontrar um método que nos ajudasse a entender o fenômeno da constituição do fato jurídico tributário, especialmente em ato de revisão, avaliando aquilo que fizemos quase de modo intuitivo ao longo desses anos, na análise de tantos casos concretos. Sistematizamos nossa pesquisa e estabelecemos premissas a partir do conceito de que o ordenamento jurídico é um conjunto de regras que pressupõem a linguagem (sistema proposicional), pela qual, a partir da versão dos dados colhidos da experiência (sistema nomoempírico), prescreve o que *deve ser* (sistema prescritivo). Assumimos que do *ser* não se transmuta para o *dever ser* e adotamos que a versão por meio da linguagem é a única maneira de laborar com fatos concretos.

O universo humano é, assim, uma versão dos fatos que o intelecto do homem constrói por meio da linguagem, em suas diversas modalidades. Para apreender o objeto que pretende conhecer, o homem corta e recorta a realidade, conforme sua pauta de valores e a finalidade a que se destina seu conhecimento. O conhecimento é, portanto, uma relação entre linguagens, uma relação comunicacional.

No palco que desnuda o confronto entre as normas gerais e abstratas e as normas individuais e concretas, as situações subjetivas se contrapõem às situações objetivas e individualizadas. O fato gerador se oferece ao fato jurídico tributário (*in concreto*), assim como as relações abstratas buscam os

2. Agradecemos ao valioso amigo, Antonio Carlos de Moura Campos, modelo de autoridade pública, pelas reflexões filosóficas que restaurou da época de seus escolásticos estudos.

sujeitos individualizados e as prestações especificadas para se concretizar. É só com o processo de positivação que se alcança eficácia, pela efetivação da relação jurídica: "o fundamento de validade de uma norma apenas pode ser a validade de uma outra norma".[3] A transferência do abstrato para o concreto depende de manifestações de competência jurídica. Os atos de competência são, ao mesmo tempo, processo e produto da criação do Direito, que se autoalimenta, introduzindo e retirando enunciados prescritivos do ordenamento.

O sujeito cognoscente, ao interpretar os textos legais, não está livre para atribuir-lhes qualquer sentido. O mesmo se passa com o conhecimento do fato concreto: haverá sempre limites normativos a serem observados. Não pretendemos, como almeja a teoria pós-positivista, atribuir autoexecutoriedade aos princípios em diversos níveis hierárquicos. Sem qualquer juízo de valor por enquanto, deixamos de lado a difícil tarefa de regrar a interpretação das normas gerais e abstratas de incidência tributária para nos limitar ao nosso objeto.

Nosso desafio é mais singelo. Indagamos de início se a constituição do fato jurídico, por si só, é processo hermenêutico e possui carga axiológica. Na lição de Hans Kelsen,[4] "do fato de algo ser não pode seguir-se que algo deve ser; assim como do fato de algo dever ser se não pode seguir que algo é". Na busca de respostas, não perdemos de vista que, diferentemente do Direito Privado, pautado pela possibilidade livre, pela vontade e pela igualdade da ação e da reação, o Direito Público, ao revés, baseia-se em relações *ex lege* e na atuação potestativa do Estado.[5]

---

3. Hans Kelsen, *Teoria pura do direito*, 8ª ed., São Paulo, Martins Fontes, 2009, p. 215.

4. *Teoria pura do direito*, 8ª ed., São Paulo, Martins Fontes, 2009, p. 218.

5. Ressaltamos que no Direito Tributário vigora o princípio da primazia do crédito tributário, além da presunção de certeza e liquidez da dívida ativa. O poder coativo e coercitivo do Estado na cobrança do crédito tributário é cada vez maior, a exemplo do que temos visto com as permissões de penhora *on-line* de títulos extrajudiciais, muitas vezes não formalizados com a participação do sujeito passivo e cuja ilegitimidade só se comprova após a ocorrência de danos irreparáveis ao administrado.

Acabamos por responder nossos questionamentos, talvez parcialmente, buscando morfologicamente uma identidade para o fato jurídico tributário, produto de revisão sistêmica. Para alcançar um denominador comum que tenha o condão de nortear as revisões fiscais, segregamos a revisão conforme o tratamento dado à norma revisada. A partir daí encontramos duas únicas possibilidades de fato jurídico tributário, que morfologicamente apresentamos. Pelo aparato que de início estabelecemos, conseguimos ao final vincular o fato aos efeitos mínimos necessários na constituição da obrigação tributária decorrente. Verificamos, contudo, que muito há que se legislar para se atribuir maior eficácia e segurança jurídica aos trabalhos de constituição e de revisão do fato jurídico tributário, mormente quando efetivados pela Administração Pública.

Também a partir da morfologia do fato jurídico tributário em ato de revisão, aplicamos a Teoria Geral do Direito à norma individual e concreta para aferir os testes de validade a que o fato deve se submeter. Procuramos abarcar, em nossa análise, os planos sintático, semântico e pragmático. Os planos da linguagem nunca estão isolados, interferindo-se mutuamente. Os planos semântico e pragmático estão condicionados ao plano sintático, assim como o plano pragmático é determinante para a construção das significações no plano semântico.

Sem pretender arranhar a cientificidade do trabalho, tomamos casos concretos, seja para efeito ilustrativo, seja para averiguação do próprio andar do Direito Positivo, porquanto as decisões não são fontes de direito, mas Direito Positivo. Muito bem instruídos por Paulo de Barros Carvalho,[6] não temos dúvida de que "o direito se constrói na experiência, no entretecer paulatino das experiências normativas envolvidas nos múltiplos conflitos de interesse, filtrados em linguagem competente e submetidos à apreciação de órgãos credenciados pelo ordenamento".

---

6. *Direito tributário, linguagem e método*, São Paulo, Noeses, 2008, p. 206.

FATO TRIBUTÁRIO:
REVISÃO E EFEITOS JURÍDICOS

A ideia central é definir o fato jurídico tributário produto de revisão – decorrente de contestação fiscal –, enquanto fato molecular e produto do exercício de competência jurídica na tradução do conjunto de suportes fáticos necessários a denotar o fato imponível, previsto na norma geral e abstrata. Para a investigação da morfologia do fato jurídico tributário, efetuamos testes de validade, adotando este termo enquanto conceito relacional. Nessa medida, analisamos o fato jurídico tributário produto de revisão, em face das seguintes relações: (i) dos vínculos sistêmicos de coordenação e subordinação para a introdução de norma individual e concreta; (ii) da tradução dos suportes fáticos no enunciado do fato jurídico tributário; (iii) da subsunção do conceito do fato jurídico tributário ao conceito da hipótese da norma geral e abstrata; e (iv) das proposições antecedente e consequente da norma individual e concreta.

Considerando que nos interessa tratar da organização e tradução dos suportes fáticos que compõem o fato jurídico tributário em ato de revisão, deixamos de analisar os fatos jurídicos consistentes numa atuação estatal ou numa repercussão desta, para focar objetivamente naqueles que evidenciam um fato, ato, norma ou relação envolvendo particulares.

Em decorrência da análise morfológica do fato jurídico tributário, constituído pela fiscalização em ato de revisão, procuramos contribuir com necessárias conclusões sobre a validade da obrigação decorrente do fato constituído, demonstrando que há uma relação de implicação da norma revisada na obrigação decorrente da revisão, porquanto fato e obrigação pertencem à mesma estrutura jurídica.

Feitas essas breves considerações, passamos a descrever a forma como seguimos em nossa empreitada. No capítulo I, iniciamos por apontar a importância do contexto sociocultural na configuração do fato jurídico tributário, principalmente em razão da influência do valor e da limitação da cognição em face da competência jurídica do órgão revisor. Seguimos, no capítulo II, com a análise do fato jurídico tributário produto de revisão, em face dos vínculos sistêmicos para a introdução de norma individual e concreta. No mesmo capítulo, dado o estudo lógico-sistêmico, apresentamos nossa proposta acerca da morfologia do fato jurídico tributário, em função da modalidade da revisão.

Identificamos, pragmaticamente, que a revisão pode (i) não negar os efeitos da norma revisada, pelo que busca complementar o fato jurídico revisado ou reproduzi-lo para complementar a obrigação decorrente; ou (ii) negar o fato revisado, a fim de constituir fato jurídico tributário inteiramente novo em sua materialidade.

Essa morfologia continua a ser tratada no capítulo III, quando adentramos nos elementos do fato jurídico tributário, aprofundando na sua composição em ato de revisão a partir dos códigos lícito/ilícito, que regem o sistema jurídico. Abordamos nessa parte os aspectos material, espacial e temporal do fato jurídico tributário, porquanto apenas em conjunto permitem uma subsunção do fato ao conceito da hipótese normativa.

Mais adiante, nos capítulos IV e V, analisamos a validade do fato jurídico tributário sob a ótica da relação do conjunto de enunciados dos suportes fáticos com o enunciado da hipótese de incidência tributária e com o enunciado das hipóteses normativas que originariamente tratam dos fatos tomados por suportes fáticos.

Nesse ponto, desde logo uma advertência: tendo em vista a abertura cognitiva do sistema tributário, não é possível cotejar de forma exaustiva os critérios de interpretação conferidos pelo Direito Tributário com os elementos conotativos dos regimes próprios de todas as materialidades possíveis de incidência tributária. Preferimos, então, tratar dos elementos de (in)validade afetos aos fatos e atos jurídicos no âmbito do Direito Privado, tendo em vista sua abrangência na pragmática das relações jurídicas de um modo geral. Nessa toada, não pudemos deixar de abordar as situações em que há percussão internacional, o que apenas nessa medida e para essa finalidade foi brevemente tratado.

No capítulo VI, seguimos com a análise do fato jurídico tributário em face da sua relação com a obrigação tributária decorrente. Defendemos a necessidade de coerência intranormativa interproposicional, como forma, por vezes necessária, para a confirmação e validação do fato jurídico tributário ou, por vezes, no mínimo, como maneira de atribuir-lhe eficácia. Buscamos demonstrar as implicações e decorrências lógicas do fato jurídico tributário na obrigação então constituída.

Por fim, porque o Direito não faria sentido se não buscasse eficácia social para o fato jurídico, encerramos no capítulo VII defendendo a necessidade de proporcionalidade entre o fato constituído em ato de revisão e a sanção. Estruturamos o estudo da proporcionalidade da sanção sob dois enfoques: (i) em razão do contexto em que inserido o fato; e (ii) em face dos efeitos de sua reincidência. Estamos cientes de que não encontramos todas as respostas e que equívocos com certeza em breve serão salientados, mas o cometimento de erros e as observações críticas integram o processo necessário ao conhecimento. Na lição de Souto Maior Borges,[7] "a arte de evitar os erros – averba-o esplendidamente Popper – deve ser substituída pela arte, muito mais elevada, que consiste em assumir-lhes a responsabilidade, aprender com eles e tentar evitá-los no futuro [...]".

7. *Ciência feliz*, 2ª ed., São Paulo, Max Limonad, 2000, p. 13.

CAPÍTULO I

O FATO NO CONTEXTO

"É incrível quão difícil é convencer um estudioso, seguidor de um determinado método de trabalho, que outros estudiosos, seguidores de outros métodos, não são inimigos para exterminar, mas quase sempre aliados com os quais seria muito vantajoso procurar um acordo para se auxiliarem reciprocamente".

Norberto Bobbio[8]

1. Fato e Norma: uma Questão de Linguagem

O Direito regula as condutas intersubjetivas, tomando por objeto os eventos que ocorrem no mundo fenomênico. Um evento corresponde a um fato jurídico se vertido em linguagem competente, introduzida no ordenamento jurídico por procedimento e formalidade legal. Um evento adquire qualificação de fato jurídico com a norma. Na norma, a partir do fato jurídico, por meio de linguagem prescritiva, determina-se a consequência jurídica, representada por uma relação modalizada deonticamente, a qual corresponde aos efeitos jurídicos do fato: se

8. Norberto Bobbio, *Studi sulla teoria generale del diritto*, Torino, 1955, p. 131, *apud* Alfredo Augusto Becker, *Teoria geral do direito tributário*, 4ª ed., São Paulo, Noeses, 2007, p. 21.

A, então *deve ser* B. O Direito é, assim, objeto cultural que se manifesta por intermédio de linguagem prescritiva, conforme o princípio da imputação: dado o fato, *deve ser* a relação jurídica.

É sempre o sistema jurídico que prescreve quais fatos são fatos jurídicos ou deixam de ser jurídicos – juridicização e desjuridicização do fático. A juridicização e desjuridicização do fático[9] dependem das regras de formação impostas pelo sistema do Direito Positivo. Nesse contexto, sistema é o "conjunto de regras ou leis que fundamentam determinada ciência".[10]

Sobre o conceito de ordenamento jurídico, Gregorio Robles[11] afirma que ele: (i) é uma estrutura formada por normas; (ii) é dotado de sentido que pode ser decomposto em instituições; e (iii) aparece como realidade em permanente processo, adaptando-se à mudança dos tempos. A estrutura normativa do Direito Positivo possibilita a adaptação do Direito ao seu tempo pelo processo autopoiético de retroalimentação e de positivação. São sempre normas criando normas.

Dizemos que o sistema do Direito Positivo é autopoiético, porque é nele que se encontram as normas de estrutura que determinam a forma de constituição e desconstituição das próprias normas jurídicas. As normas de estrutura, assim como as normas de comportamento, são também voltadas ao comportamento humano, sendo a denominação "norma de estrutura" utilizada para conotar norma de comportamento relacionada à produção de normas dentro do sistema.

O conceito de autopoiese, lembra Marcelo Neves,[12] tem sua origem em teoria biológica. A palavra significa "produção por si próprio". Ou seja, são os próprios componentes construídos

9. Nesse sentido, leia-se Lourival Vilanova, *Causalidade e relação no direito*, 2ª ed., São Paulo, Saraiva, 1989, p. 22-23.

10. Conceito obtido a partir de Antônio Houaiss e Mauro de Salles Villar. *Dicionário Houaiss de língua portuguesa*, Rio de Janeiro, Objetiva, 2001.

11. *O direito como texto*, Barueri-SP, Manole, p. 97.

12. *A constitucionalização simbólica*, São Paulo, Editora Acadêmica, 1994, p. 113-115.

pelo sistema que constroem o sistema. Esclarece o festejado autor que o conceito de autopoiese nas ciências sociais foi proposto por Luhmann, ao tratar da teoria de que as determinações do meio ambiente só são inseridas no sistema de acordo com os critérios e códigos próprios do sistema que lhes atribua forma.

Aproximando a teoria de Luhmann, segundo a qual os dados são inseridos no sistema de acordo com seus critérios e códigos próprios, temos que os elementos econômicos, políticos, morais, éticos, dentre outros, só interessam para o Direito e são objeto de proposição normativa se houver processo seletivo – corte e recorte – no interior do sistema jurídico. É, portanto, um falso dilema a confusão entre sistema jurídico e as outras realidades, pois só interessa para o Direito aquilo que foi juridicizado.

O conjunto de normas que forma o Direito distingue-se das demais regras sociais, religiosas, morais etc., não só porque possui coatividade, até a execução forçada e a pena privativa de liberdade, mas principalmente pelo seu peculiar sistema de regência. É jurídico aquilo que criado pelo próprio sistema. Em trabalho autopoiético, a partir de normas de estrutura e normas de comportamento, os eventos subsomem-se à incidência tributária.

Podemos classificar as normas segundo as variáveis de abstrata ou concreta e geral ou individual, formando-se então as quatro espécies possíveis: (i) abstrata e geral; (ii) abstrata e individual; (iii) concreta e geral; e (iv) concreta e individual. A relação jurídica será *geral* quando se dirigir a um conjunto de sujeitos indeterminados e será *individual* quando se referir a indivíduo ou grupo de indivíduos especificados. O predicado – *abstrata* ou *concreta* – depende da ocorrência do evento, podendo o objeto da norma ser uma hipótese ou um dado concretamente verificado.

A norma geral e abstrata alcança positivação máxima com a introdução de norma individual e concreta. Tal positivação pressupõe ato ponente de norma. Os atos ponentes de norma, por sua vez, pressupõem competência e veículo introdutor (*e.g.*, ato administrativo de lançamento). A título de esclarecimento, quando falamos em competência jurídica tributária, usamos o termo em sentido *lato*, já que não tratamos apenas de prerrogativa legiferante, mas também de prerrogativa para constituir ou revisar o fato jurídico tributário e estabelecer o vínculo obrigacional. Nessa medida, o requisito de existência da norma não depende da competência tributária *stricto sensu*, mas da capacidade de integrar a relação jurídica, como sujeito ativo (lançamento de ofício) ou passivo (lançamento por homologação), ou da capacidade jurisdicional típica ou atípica para a revisão ou para a continuidade do processo de revisão do fato jurídico tributário. Vale dizer, a revisão dos fatos ocorre tanto pela fiscalização quanto pelo particular, ao modificar o fato anteriormente apresentado e, consequentemente, a obrigação dele decorrente. A revisão também pode corresponder àquela efetuada pelo Poder Judiciário ou pelos órgãos julgadores administrativos na tarefa de julgar o trabalho efetuado pela fiscalização ou pelo contribuinte.

No plano das normas gerais e abstratas não se encontram fatos jurídicos, mas apenas a indicação de classes com as notas que um acontecimento precisa ter para ser considerado fato jurídico. Na regra-matriz de incidência tributária ainda não existe o vínculo obrigacional, porquanto norma geral e abstrata. O surgimento do vínculo só ocorre com a versão em linguagem apropriada do acontecimento, na realidade social, do fato hipoteticamente previsto na regra-matriz. A versão do acontecimento então assume a característica de fato jurídico tributário.[13]

---

13. Sobre este aspecto, bastante esclarecedor o quadro elaborado por Maria Rita Ferragut (*Presunções no direito tributário*, São Paulo, Dialética, 2001, p. 30):

Definição normativa da classe de eventos para a configuração do fato jurídico (linguagem das normas gerais e abstratas do direito positivo)
↓
Ocorrência do evento no mundo "real" (inexistência de linguagem)
↓
Transformação do evento em fato social mediante emprego de linguagem ordinária (linguagem social)
↓
Jurisdicização do fato por força da incidência jurídica (linguagem da facticidade jurídica)

A percussão jurídica se dá pela formalização de uma relação jurídica entre sujeitos de direito, necessariamente nascendo da enunciação de determinado fato na norma individual e concreta. A enunciação é o ato de produção de enunciados, os quais correspondem a uma construção linguística provida de sentido.[14] O fato jurídico e o conteúdo da conduta pertinente à relação jurídica (seja esta modalizada em obrigatória, permitida ou proibida) são postos pela norma. Uma vez verificado o fato jurídico, advém o efeito ou o que se denomina a própria eficácia deste fato jurídico. A eficácia é, nesse contexto, a relação jurídica obrigacional, que no âmbito deste estudo é a relação de natureza tributária.

Se a incidência é consequência da aplicação da linguagem do Direito Positivo sobre a linguagem da realidade social, descrevendo um fato que, ocorrido no plano da realidade físico social, faz nascer uma relação jurídica (Sa R Sp) entre dois sujeitos de direito, é necessária a existência de ato humano fazendo a subsunção e promovendo a respectiva implicação. Ou seja, um acontecimento qualquer da realidade social só existirá para efeitos de direito com o fenômeno da incidência jurídica e da aplicação do direito, a qual, por sua vez, pressupõe a descrição deste acontecimento em linguagem competente.

Não sem razão, portanto, que a Teoria Geral do Direito se reporte também à norma de concretude máxima. E vamos além, a Teoria Geral do Direito não se esquece do fato jurídico, porquanto tanto este quanto o vínculo obrigacional que dele decorre interessam, igualmente, ao estudo do impacto tributário.

A linguagem confere realidade jurídica ao evento, descrevendo-o organizadamente como fato. É a realidade tomada como verdade constatada pelo uso competente da língua. O fato é descrito pela língua-realidade (LR), regida pelo

---

14. Ainda, conforme define Tárek Moysés Moussallem (Fontes de direito tributário, in Eurico Marcos Diniz de Santi (coord.), *Curso de especialização em direito tributário*: estudos analíticos em homenagem a Paulo de Barros Carvalho, Rio de Janeiro, Forense, 2005, p. 107), a enunciação-enunciada "são as marcas de pessoa, espaço e tempo da enunciação projetadas no enunciado".

conectivo *ser*, diferentemente da regência da língua-normativa (LN), dominada pelo conectivo *dever ser*. Pensemos no Sistema Jurídico: a passagem da linguagem do *ser* para a linguagem do *dever ser* é pressuposto do processo de positivação. As próprias linguagens do *dever ser* sofrem passagens no processo de concretude das normas, como também a linguagem do *ser* pode se transmutar e sofrer cortes epistemológicos, a depender do objetivo a que a interpretação se destina.

Os sistemas podem ser reais ou proposicionais, dependendo se constituídos, respectivamente, por objetos do mundo físico e social ou por proposições. Os sistemas proposicionais são descritivos ou prescritivos. O ordenamento jurídico é um sistema proposicional nomoempírico prescritivo. Trata-se de sistema proposicional porque pressupõe a linguagem. É nomoempírico porque não é meramente formal, como a matemática (nomológico), mas depende da experiência. E é prescritivo porque prescreve o que *deve ser*, não se confundindo com o que é.

Os enunciados descritivos são representados por proposições submetidas à lógica denominada alética, clássica ou apofântica. Como ensina Paulo de Barros Carvalho,[15] a linguagem exerce uma função no contexto comunicacional, e o tipo de linguagem determina o padrão lógico empregado. A linguagem, quando exerce função descritiva de situação objetiva, submete-se aos valores lógicos de *verdade* e *falsidade*.[16]

Já os enunciados prescritivos são direcionados às condutas humanas por meio de proposições deônticas, determinando o que *deve ser*. As proposições deônticas, porque têm função

15. *Direito tributário, linguagem e método*, 2ª ed., São Paulo, Noeses, 2008, pp. 70-71.

16. "Entende-se por Lógica Proposicional Alética o capítulo da Lógica da Linguagem Descritiva de situações objetivas, também conhecida por Lógica Apofântica, Lógica Clássica, Lógica Menor ou Lógica Formal, que tem como objeto o estudo das proposições consideradas como tais, vale dizer, enquanto proposições, analisando-as na relação com outras proposições e sem se preocupar com sua estrutura interna. Trata-se de uma Lógica bivalente: seus valores são o verdadeiro 'V' e o falso 'F', daí o adjetivo 'alética', que vem do grego – Alethéa – e significa 'verdade'" (Paulo de Barros Carvalho, *Direito tributário, linguagem e método*, 2ª ed., São Paulo, Noeses, 2008, pp. 89-90).

prescritiva das condutas, submetem-se aos valores de *válido* e *não válido*. Existe uma plurivocidade de acepções do termo *validade*. O termo pode ser usado para dizer que (i) a norma é válida (existência), porque introduzida por órgão credenciado pelo sistema; (ii) a norma é válida, porque foi criada por procedimento previsto pelo sistema; (iii) a norma é válida, porque compatível com a norma fundante; (iv) a norma é válida, porque eficaz para disciplinar comportamentos e (v) a norma é válida, porque compatível com normas de outros sistemas.[17]

Pretendemos, em nosso trabalho, descrever sobre as perspectivas de validade do fato jurídico tributário, a partir das suas relações sistêmicas, o que é pressuposto e pressupõe as relações de validade da norma individual e concreta. Qualquer teste de validade, não obstante tomar por parâmetro a produção normativa, é sempre semântico-pragmático e não deôntico, reportando-se, outrossim, ao deôntico.

No mundo dos fatos naturais ou socioculturais, temos a relação de causa/efeito. Como ensina Lourival Vilanova,[18] "as premissas não causam a conclusão, o enunciado implicante não causa o enunciado implicado, uma variável de objeto x não é causa ou efeito de outra variável y [...]". Já no campo da lógica, a proposição, (ou o conjunto delas), situada no antecedente da norma, é condição suficiente da proposição, (ou conjunto delas), situada no campo sintático do consequente da mesma norma. Este consequente, por sua vez, é condição necessária do antecedente. Os valores lógicos da linguagem do Direito Positivo – válido e não válido – não se confundem com os modalizadores das condutas intersubjetivas, quais sejam: obrigatório (Op), proibido (Vp) e permitido (Pp). Paulo de Barros Carvalho,[19] com meridiana clareza, consigna que "fato e norma são, em verdade, uma só estrutura jurídica,

17. Acepção ampla de validade adotada por Alexy, de compatibilidade da norma adotada pelo Direito Positivo com padrões religiosos, racionais ou humanos em geral.

18. *Causalidade e relação no direito*, 2ª ed., São Paulo, Saraiva, 1989, p. 39.

19. *Direito tributário, linguagem e método*, 2ª ed., São Paulo, Noeses, 2008, p. 403.

considerado o efeito automático e infalível do functor deôntico modalizado no consequente ao ser relatado o fato jurídico em linguagem das provas".

O desempenho do ordenamento jurídico pode ser analisado em três níveis. O nível sintático se refere às relações formais, de coordenação e de subordinação entre as normas. O nível semântico envolve a vinculação das afirmações do discurso normativo com o contexto por ele referido. Por fim, o nível pragmático trata das "relações significantes com os seus interpretantes, no caso, os usuários do discurso normativo – nível dos significados deflagrados pelo uso efetivo das normas".[20] A análise dessas relações está no contexto da contemporaneidade, observando a aplicação da norma historicamente e num dado contexto cultural. Por isso, tanto insistimos em buscar, nos casos concretos, submetidos a julgamentos administrativos ou judiciais, os significados pertinentes.

Em qualquer perspectiva que a validade seja tratada, não adotamos o termo como predicado da norma, mas como relação. Em princípio, quando esta relação se dá entre a norma individual e concreta e a norma de competência, diz-se que ela é válida. Nos ensinamentos de Paulo de Barros Carvalho,[21] a validade tem um *status* de relação, porque "é o vínculo que se estabelece entre a proposição normativa, considerada na sua inteireza lógico-sintática e o sistema do direito posto".[22]

---

20. Clarice Von Oertzen de Araújo, Fato e evento tributário – uma análise semiótica, in Eurico Marcos Diniz de Santi (coord.), *Curso de especialização em direito tributário*: estudos analíticos em homenagem a Paulo de Barros Carvalho, Rio de Janeiro, Forense, 2005, p. 340.

21. *Direito tributário*: fundamentos jurídicos da incidência, 7ª ed., São Paulo, Saraiva, 2009, p. 75.

22. Prossegue Paulo de Barros Carvalho (*Direito tributário*: fundamentos jurídicos da incidência, 7ª Ed., São Paulo, Saraiva, 2009, p. 76-77), discorrendo sobre a teoria de Bulygin, que traria uma regra com quatro 4 critérios: critério de extensionalidade para as normas soberanas, critério de legalidade para as normas formuladas, critério de dedutibilidade para as normas derivadas, critério de estabilidade para as normas formuladas e derivadas.

A validade sintática pressupõe a existência, referindo-se ao vínculo que une a norma e o fato jurídico tributário ao sistema. O sistema jurídico é composto por normas estruturadas hierarquicamente. Seja no aspecto material, seja no aspecto formal, existe a norma que fundamenta e a norma derivada, sendo a fundamentação e a derivação a dinâmica que regula a criação e a transformação do direito.

Sobre o plano sintático, Lourival Vilanova[23] assevera que a validade no interior do sistema positivo depende da correspondência com as regras do processo legislativo ou quaisquer outras regras que estabelecem como constituir, reformar ou desconstituir normas, atribuindo-lhes relação de pertinência em face do sistema positivo. A validade é, assim, relação que a norma tem, e não predicado da norma.

O teste de validade relativo à produção compete à lógica deôntica. Eurico Marcos Diniz de Santi[24] define validade como "a qualidade de norma jurídica pertencer a dado sistema jurídico positivo, em decorrência de haver sido produzida: (i) por sujeito competente; e (ii) mediante fato jurídico suficiente para sua edição".

Como percebemos, o primeiro teste de validade do fato jurídico tributário corresponde à relação de pertinencialidade da norma individual e concreta com o sistema, como consequência lógica da sua produção por órgão credenciado pelo sistema e na conformidade com o procedimento previsto. No caso de fato jurídico tributário, sua produção não cabe ao Poder Legislativo, mas ao particular (introdução de norma individual e concreta) e ao Poder Executivo, sendo conferido, ao Poder Judiciário (decisão), competência para atribuir novas feições ao fato, desde que este ato não implique nova subsunção legal ou aumento de exação.

---

23. *Estruturas lógicas e o sistema do direito positivo*, 2ª ed., São Paulo, Noeses, 2005, *passim*.

24. *Lançamento tributário*, São Paulo, Max Limonad, 1996, p. 62.

A partir do vínculo estático, que pressupõe a validade no campo sintático, pode ocorrer um processo de invalidação, total ou parcial, como fruto da análise das relações dinâmicas de validade, no campo semântico e pragmático.[25]

Cumpre à Ciência do Direito, por meio de proposições descritivas, enunciar acerca da validade das normas do Direito Positivo.[26] O Sistema da Ciência do Direito é um sistema proposicional nomoempírico descritivo. A lógica alética, vigente no sistema cognoscitivo da Ciência do Direito, não admite contradição ou contrariedade. Ainda que o ordenamento jurídico aceite proposição deôntica de validade meramente formal, a norma perde a validade por meio da enunciação, normativamente prevista, da existência de contradição ou contrariedade.

Na contradição, o desacordo dos enunciados implica sua necessária e recíproca exclusão. De outra parte, são contrárias duas proposições reciprocamente excludentes, admitida apenas a possibilidade de ambas serem falsas. Não se admite, contudo, que dois enunciados verdadeiros sejam reciprocamente excludentes.

Semanticamente, o fato jurídico tributário pode ser testado sob três enfoques: (i) verificação de contradição ou contrariedade entre os enunciados da proposição descritiva do fato; (ii) verificação de contradição ou contrariedade entre a proposição descritiva com os demais enunciados prescritivos do mesmo sistema jurídico, observando-se a hierarquia normativa; e (iii) verificação de contradição ou contrariedade no interior da norma individual e concreta, ou seja, entre as proposições antecedente (fato) e consequente (obrigação).

---

25. Robson Maia Lins (*Controle de constitucionalidade da norma tributária*, São Paulo, Quartier Latin, 2005, p. 73-75) distingue a validade estática (relativa ao campo sintático) da validade dinâmica (relativa ao campo semântico e pragmático). Conclui, ainda, que a validade dinâmica participa do processo de constituição da validade estática, sendo aquela, processo e esta, produto.

26. Enquanto Direito Positivo é um sistema prescritivo regido pela Lógica deôntica, a Ciência do Direito é sistema formado de proposições descritivas, regidas pelas leis da lógica clássica.

Partindo da própria fenomenologia da incidência da norma tributária, vemos que a aplicação do direito depende da subsunção do conceito do fato ao conceito da norma, devendo o fato jurídico tributário guardar absoluta identidade com o conceito desenhado normativamente na hipótese da norma geral e abstrata.

No processo de positivação, uma conduta determinada no tempo e no espaço subsume-se a um fato ou conjunto de fatos abstratamente previstos. O fato jurídico tributário está para a hipótese da norma geral e abstrata, assim como a relação jurídica tributária para a consequência da mesma norma. É tarefa do operador do direito construir o sentido da norma e o sentido do fato imponível, correspondendo este à hipótese descrita na norma geral e abstrata. Também é tarefa do operador do direito construir o próprio fato jurídico tributário (fato concreto). O direito depende da relação entre o sujeito do conhecimento e o objeto, apreensível mediante sucessivos cortes, como anota Paulo de Barros Carvalho:[27]

> Realmente, se pensarmos bem, tudo é cortado e recortado. A circunstância, em si mesma, já se oferece num trabalho que nosso espírito promove, sem muitas vezes o percebermos, e de maneira fulminante. A realidade do direito só é apreensível mediante sucessivos cortes produzidos pela linguagem jurídica. Na mesma ordem, cada incisão é constitutiva da nova realidade, elemento que nos conduz a uma apologia do corte.

Relativamente ao fato jurídico tributário, para o segundo teste de validade, tomamos sua relação com o(s) suporte(s) fático(s), verificando a resistência do relacionamento entre ambos os conceitos. Nesse momento, precisamos desde logo definir o que adotamos por suporte fático. Metodologicamente adotamos por suporte fático apenas aquilo que está demonstrado em linguagem jurídica, único meio de

---

27. *Poesia e Direito – O legislador como Poeta*: Anotações ao Pensamento de Flusser, in Florence Haret e Jerson Carneiro (coords.), *Vilém Flusser e juristas*: comemoração dos 25 anos do grupo de estudos de Paulo de Barros Carvalho, São Paulo, Noeses, 2009, p. 55.

receber o acontecimento social no ordenamento jurídico. O suporte fático pode ser fato, ato, norma ou relação. A validade, nessa medida, se reporta a uma verdadeira tradução, porque equivale a uma comparação de textos: o texto do suporte fático ou do conjunto de suportes fáticos e o texto do fato jurídico tributário.

Esse teste de validade é, de certa forma, empírico, porque parte da experiência. Mas, se estamos diante de fato jurídico, o conhecimento é deôntico e não ôntico, pelo que a validade pode ser afastada, caso o fato jurídico prescrito no antecedente da norma individual e concreta não traduza a descrição da versão da realidade factual apresentada pelas provas. O enunciado descritivo do suporte fático, por sua vez, depende da descrição suficiente de seus elementos previstos pelas regras da ciência a que está afeto.

O terceiro teste de validade está no âmbito internormativo e toma em conta a relação entre o fato jurídico constituído e o conceito do fato imponível, descrito no antecedente da norma geral e abstrata. Comprovada a resistência do fato jurídico pelos testes nas relações internormativas, passamos ao quarto teste de resistência, este na relação intranormativa.

É logicamente intolerável a existência de contradição ou contrariedade também entre a proposição antecedente e a proposição consequente da mesma norma jurídica. O fato descrito no antecedente da norma individual e concreta deve apresentar absoluta coerência com a relação deôntica que lhe é consequente. Neste último aspecto, a coerência intranormativa confirma o fato jurídico, ao passo que a incoerência intranormativa infirma o fato jurídico; ou, quando não lhe retira a validade, retira-lhe a eficácia (pragmaticamente aferida). Dizemos que a incoerência intranormativa retira a eficácia, uma vez que, dado o fato jurídico, temos a imputação normativa pela qual o sujeito ativo tem o direito subjetivo de exigir do sujeito passivo o cumprimento de certa prestação.

Podemos esquematizar os testes de validade do fato jurídico tributário (FJT), em conformidade com as relações intranormativas e internormativas, da seguinte forma:

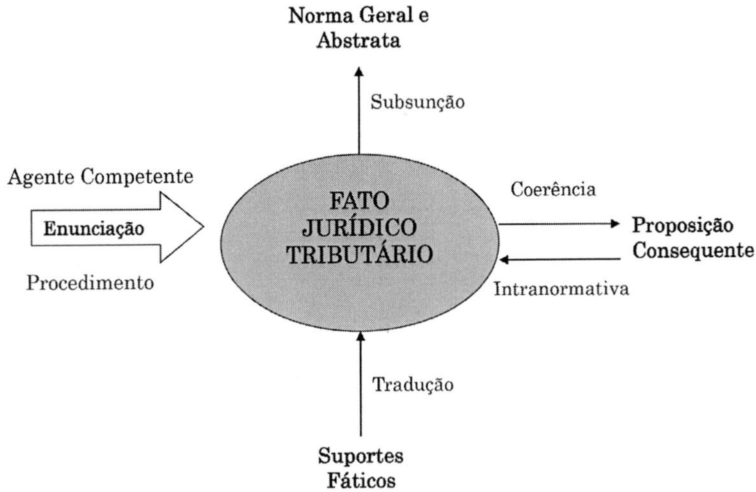

Concentramo-nos na análise das relações de validade da proposição antecedente da norma individual e concreta – fato jurídico tributário. Os critérios para aferir as relações de validade são jurídicos, pois é o sistema que regula a sua criação e os ajustes internos. A validade do fato jurídico tributário é relação que depende: (i) dos vínculos sistêmicos de coordenação e subordinação para a introdução de norma individual e concreta; (ii) da tradução dos suportes fáticos no enunciado do fato jurídico tributário; (iii) da subsunção dos conceitos do fato jurídico tributário aos conceitos da hipótese da norma geral e abstrata e (iv) da coerência intranormativa entre a proposição antecedente e a proposição consequente.

A extensão da análise do fato jurídico tributário depende da competência do órgão que a efetua. Uma vez constituído o fato jurídico, em cada ato de revisão ele pode adotar novas cores, porquanto em certo aspecto alarga-se ou restringe-se o campo cognoscitivo e a competência para a tradução do fato no contexto.

2. Valor *no* Fato e Valor *do* Fato

O Direito é um sistema que objetiva a região ôntica da conduta humana. O conhecimento jurídico, porque diante de ciência humana, repousa em valorações que atribuem determinado sentido às coisas. Ao afetar a conduta humana, todas as partes dos sistemas normativos, como sistemas religiosos, sociais etc., estão interligadas com o Direito.

O valor é inerente ao conhecimento da ciência humana, pelo que afastamos a possibilidade de uma absoluta neutralidade axiológica. Daí que a mudança em uma das partes dos sistemas normativos pode provocar modificações em todas as demais.

A ciência natural pressupõe o conhecimento sem sua valoração. A ciência humana, por outro lado, reproduz o sentido do objeto, valorando-o. A conotação do valor se afere pelas seguintes características: (i) bipolaridade: a todo valor se contrapõe um desvalor; (ii) implicação recíproca: o valor influencia, direta ou indiretamente, na realização dos demais; (iii) referibilidade: o valor importa numa tomada de posição pelo homem perante algo; (iv) preferibilidade: o valor demonstra uma orientação para uma direção, dentre várias direções; (v) incomensurabilidade: os valores não são mensuráveis; (vi) graduação hierárquica: a ideologia de cada um constrói uma escala hierárquica de valores; (vii) objetividade: os valores são qualidades aderentes que o homem predica a objetos reais ou ideais; (viii) historicidade: os valores são fruto da evolução do processo histórico social; e (ix) inexauribilidade: o valor não se esgota em si mesmo.

Desde o jusnaturalismo até o pós-positivismo, a especulação jurídico-científica jamais abandonou os valores como elemento de influência no Direito. Para o jusnaturalismo, o Direito se baseia na natureza, sendo as normas de conduta propostas pelo método dedutivo. Goffredo Telles Junior[28] defendeu que as normas jurídicas promulgadas pelo seu *direito natural* não são estáticas, já que são elaboradas em conformidade com a ética vigente em determinada coletividade, em específico espaço e tempo. Com alguma diferença, na teoria Kantiana, a influência dos valores ocorre pelos costumes.

Posteriormente, a interpretação lógico-sistemática procura uma hierarquia legislativa, sistematizando e atribuindo o significado de um texto conforme o lugar que ele ocupa no sistema legislativo. No racionalismo, por sua vez, a razão prevalece no processo cognoscitivo, mas não significa que este método de conhecimento esquece os próprios fatos e, com isso, os valores inerentes à sua interpretação.

Já a teoria Kelseniana, que defende o estrito positivismo, retira os aspectos valorativos da ciência jurídica, como as investigações sociológicas, propagando o conhecimento e a descrição da norma mediante proposição jurídica. Para a Teoria Pura do Direito, tais aspectos valorativos influenciam tão somente o legislador na tarefa de estabelecer normas reguladoras do comportamento humano. Tudo que a ciência jurídica considera vem da norma posta no ordenamento. Com isso, essa teoria distinguiu o *ser* do *dever-ser* e atribuiu a relação de validade a uma norma, quando ela está formalmente adequada à norma superior, chegando até a norma hipotética fundamental, metajurídica (pressuposta no pensamento jurídico).

Como podemos depreender, mesmo na teoria Kelseniana, os valores existem e afetam o Direito. Apesar desta metodologia não os considerar para a ciência jurídica, admite que os valores estão presentes na função elaborativa das normas reguladoras do comportamento humano.

Passemos ao tridimensionalismo jurídico de Miguel Reale.[29] Para essa teoria, o objeto cultural e os valores de uma sociedade implicam a norma, e, ao mesmo tempo, a normatização

---

28. *O direito quântico*, 6ª ed., São Paulo, Max Limonad, 1985, *passim*.

29. *Teoria tridimensional do direito*, 5ª ed., São Paulo, Saraiva, 1994, *passim*.

se desenvolve em função de fatos e valores, ordenando a convivência humana. Surgiu, ainda, na atualidade, uma corrente denominada pós-positivismo. Para essa corrente, os valores e os direitos fundamentais têm o poder de flexibilizar o estrito legalismo característico do pensamento positivista. Este recente movimento reconhece a normatividade, na acepção de autoexecutoriedade, dos princípios.

No ordenamento jurídico, temos objetos ideais, que intelectualmente compreendemos por um método racional dedutivo. No mundo fenomênico, o direito atua sobre objetos culturais e naturais. Quando o direito atua sobre objetos naturais (*e.g.*, nascimento e morte), o conhecimento se basta com a explicação empírico-indutiva; mas, quando o objeto é cultural, o conhecimento corresponde a uma compreensão empírico-dialética, valiosa positivamente ou negativamente.

Noutro giro linguístico, fiel à cientificidade de Kelsen, o ordenamento jurídico trata abstratamente de objetos ideais do *dever ser*, que não têm existência no tempo e no espaço. A teoria do sistema que Kelsen nos dá é de fundamental importância, inclusive para alcançar valores máximos de segurança jurídica e legalidade.

Entendemos pela impossibilidade de se imaginar um conjunto de normas que, de fato, consignam o querer do ser humano, uníssono com toda uma sociedade. Também entendemos pela impossibilidade de se alcançar o Direito Natural legítimo ou aquilo que o Professor Goffredo Telles Júnior chamou de Direito Quântico, referenciando o *dever ser* com o *ser*. Apesar da nítida distinção que fazemos entre o *dever ser* e o *ser*, não negamos que o *eu*, assim como defendido por Goffredo Telles Júnior, modela as coisas, ao menos em conformidade com os fins e, nessa medida, avalia e atribui valor às coisas do mundo, aos fatos sociais. O homem não toma os fatos sociais como simples dados, mas atribui-lhes um sentido, a partir do confronto do dado com o "eu e apreciados pelo eu".[30] São os valores de

30. Goffredo da Silva Telles Jr., *O direito quântico*, 6ª ed., São Paulo, Max Limonad, 1985, p. 418.

uma determinada coletividade ou mesmo de um agente, num certo espaço e tempo, que influenciarão a interpretação para novamente ordenar normativamente dados da experiência.

O Direito busca a concretude máxima com o processo de positivação, atingindo o seu objeto. No processo de positivação, a atividade humana de introdução de novas normas é carregada de cunho axiológico, de valor. É por essa razão que, sem abandonar o Direito Positivo, não fugimos do esquema triangular que nos foi sempre ensinado nas arcadas: fato, norma e valor influenciam-se e intercambiam-se na produção de novas normas.

O que varia é o grau e o momento da influência do valor. Delimitando o espaço da interpretação axiológica para a constituição do fato jurídico tributário, de verificar que o seu processo de produção, quando tomado pela autoridade administrativa, rege-se pelos princípios que informam a sua própria atividade – princípios *na* produção do fato[31] – e, no que tange ao evento subsumível ao fato imponível, deve ser a conduta administrativa regida pelo princípio da legalidade, mais ainda, da estrita legalidade e da vinculação.

Não pode deixar a autoridade administrativa de tributar, tampouco pode criar exação onde não existe. Para o Poder Público, quando este adentra na esfera de liberdade do particular, o que não está expressamente permitido é proibido. Ives Gandra da Silva Martins,[32] ao tratar das limitações constitucionais ao poder de tributar, enumera os cinco principais princípios, contemplando por primeiro o da legalidade. É dele que decorre a observância das demais determinações legais para a Administração Pública.

---

31. Tais princípios foram denominados por Diógenes Gasparini (*Direito Administrativo*, 10ª ed., São Paulo, Saraiva, 2005, p. 06), como princípios monovalentes, aplicáveis a um ramo específico, no caso a atividade administrativa. Tais princípios não possuem a generalidade dos princípios onivalentes (aplicáveis a qualquer ciência) e dos princípios plurivalentes (aplicáveis ao ordenamento jurídico).

32. *Sistema tributário na Constituição de 1988*, São Paulo, Saraiva, 1989, p. 130.

Impera para a Administração Pública, portanto na constituição originária ou em ato de revisão do fato jurídico tributário, o princípio da legalidade estrita quanto à subsunção do fato à norma geral de conduta imediatamente implicante,[33] além dos princípios específicos procedimentais e daqueles relacionados à execução de ato administrativo, a exemplo dos princípios da impessoalidade, da moralidade administrativa, da publicidade e da proporcionalidade do ato para o cumprimento do interesse público.

Para o particular também não há a possibilidade de manobra. O princípio de liberdade não tem ilimitado suporte fático, senão chegaríamos a uma completa anarquia. A liberdade é contextualizada no Direito, na lição de Alexy.[34] Se sopesarmos o direito geral de liberdade no Estado de Direito, os conteúdos de liberdade necessários para a independência da pessoa restam assegurados, apesar da necessária consideração dos limites implicados decorrentes da vinculação da pessoa à comunidade.

Na vida em comunidade, o indivíduo se sujeita ao Estado no âmbito da esfera de obrigações individuais. Assume o que Alexy denomina *status passivo*, posição modalizada pelo dever, pela proibição e pela competência do Estado para lhe impor os respectivos deveres e proibições, justificada pela competência do administrado de participar da própria formação da vontade estatal (*status ativo*).

O status negativo, como faculdades resguardadas do administrado, é limitado por Jellinek[35] à classe das "ações dos súditos, que são juridicamente irrelevantes para o Estado". Se há uma negação de liberdade, é porque há um dever ou

---

33. É o conjunto de normas que compõem a norma geral de conduta imediatamente implicante, a qual a Administração está imediatamente vinculada (*vide* Capítulo II, item 2 – Morfologia do fato jurídico tributário em ato de revisão).

34. *Teoria dos direitos fundamentais*, 5ª ed., trad. de Virgílio Afonso da Silva, São Paulo, Malheiros, 2008, p. 380.

35. Georg Jellinek, *SytemSystem der subjektibensubjektiven öffentlichen Rechte apud* Robert Alexy, *Teoria dos direitos fundamentais*, 5ª ed., trad. de Virgílio Afonso da Silva, São Paulo, Malheiros, 2008, p. 259.

uma proibição equivalente, prevista para a permanência do *status quo* em prol da vida em comunidade. Para essa mesma escola, o administrado insere-se também no *status positivo*, o que ocorre quando o ordenamento reconhece a capacidade jurídica do administrado para recorrer ao aparato estatal e às suas instituições; são os direitos do administrado.

Temos, assim, que ao administrado também compete submeter-se à legalidade da norma geral imediatamente vinculante. A legalidade se lhe serve para proteger o direito e para obrigar. Para qualquer discussão sobre a legalidade ou inconstitucionalidade no processo de positivação, desde a norma fundamental até a norma geral e abstrata última de incidência tributária, precisa ele socorrer-se dos órgãos credenciados para a introdução das competentes normas de ajuste do sistema, sob pena de assumir o risco da ilicitude de sua conduta.

Quando a revisão do fato jurídico alcança outros níveis comunicacionais, submetida às competências em outros patamares hierárquicos, é possível o alargamento das dimensões axiológicas para o sopesamento dos direitos no caso concreto, tudo dentro das regras do sistema de referência.

O processo legislativo, seja ele originário ou derivado, pressupõe uma tomada de posição na interpretação da norma fundante para propagar a norma fundada. As normas jurídicas são construções do intérprete na busca do sentido deôntico dos textos jurídicos. Cabe à Ciência do Direito, por intermédio de linguagem descritiva, trabalhar com o ordenamento jurídico, compondo as significações construídas a partir do Direito Positivo e de valores, influenciando uma tomada de posição.

Insistimos que, mesmo dentro do Direito Positivo, são diferentes os estágios de comunicação e, assim, de valoração. Uma coisa é a relação internormativa – entre normas gerais e abstratas ou na interpretação destas até o seu fundamento último de validade. Outra coisa é a interpretação na relação internormativa, em razão da subsunção do fato ao conceito da norma imediata de comando. Mais diverso ainda é o estágio comunicacional na juridicização do fato (em sentido lato).

Para entender a atuação dos valores na produção do fato jurídico, importa diferençá-los segundo a sua finalidade: valor como preferibilidade para juridicização do fato; e valor muitas vezes tomado como princípio, aplicado na produção do fato jurídico. Há que se diferençar também os princípios das regras, em função dos seus destinatários. Os princípios têm, em comparação com as regras, maior grau de abstração e de generalidade, necessitando de complementação em processo dialético para exercer conteúdo pragmático. Como ensina Luis Eduardo Schoueri,[36] os princípios diferem-se das regras, porque precisam ser sopesados em cada caso, com diversos graus de concretização, em uma ou mais normas. As regras são desde logo proibitivas, permissivas ou potestativas, vinculando o ato do particular e o ato da Administração Pública, esta em especial pelas normas do Poder Executivo.

As regras atuam na relação de correspondência entre o conceito da norma e o fato, determinando a imediata adoção da conduta descrita. Já os princípios "são normas imediatamente finalísticas [...] para cuja aplicação se demanda uma avaliação da correlação entre o estado de coisas a ser promovido e os efeitos decorrentes da conduta havida como necessária à sua promoção".[37] Os princípios jurídicos, da mesma forma, não se confundem com critérios – hierarquia, cronologia e especialidade de normas –, os quais atuam como metarregras sobre aplicação de outras regras.

O Direito não escolhe os fatos, mas seleciona elementos que no conjunto projetam-se para eventos futuros, concretizados nos fatos jurídicos tributários. É o Poder Legislativo selecionando os elementos, tomados para a materialidade de incidência tributária, e é o Poder Jurisdicional controlando a atividade legislativa e executiva.

---

36. *Normas tributárias indutoras e intervenção econômica*, Rio de Janeiro, Forense, 2005, p. 39.

37. Humberto Ávila, *Teoria dos princípios* – da definição à aplicação dos princípios jurídicos, 4ª ed., São Paulo, Malheiros, 2005, p. 70.

A construção do fato jurídico tributário pela Administração Pública ou pelo particular já pressupõe a validade e o *dever ser* da norma geral e abstrata, imediatamente vinculante, usualmente aquela emanada pelo próprio Poder Executivo ao regulamentar as leis. Entretanto, a própria construção do fato jurídico tributário, reiteramos, pressupõe o conhecimento do evento ocorrido no mundo fenomênico.

Quando o conhecimento é por explicação, reportando-se a um objeto natural, por razões óbvias há neutralidade de valor. Entretanto, quando o conhecimento é por compreensão de um objeto cultural, não podemos negar a carga axiológica do sujeito cognoscente. A carga axiológica inerente ao sujeito cognoscente do objeto é que importa para o fato jurídico tributário, e, após esta compreensão, ele assume uma posição lógico-sintática.

Maria Helena Diniz[38] distingue o valor conforme duas funções interacionais, quais sejam: o valor posto pelo emissor como critério para seleção de certos comportamentos; e o valor como função seletiva justificadora do comportamento, ambos como instrumento de controle. Acrescentamos ao valor uma terceira função interacional, esta vinculada à construção do fato jurídico, necessário à positivação do Direito, pela expedição de norma individual e concreta.

O ato humano de interpretar implica uma preferência do dado que será recortado da realidade. A preferibilidade é elemento do valor. Não é o valor no sentido objetivo, propagado na formulação de normas gerais, mas o valor no sentido subjetivo, do

38. "a) o valor pode ser posto pelo emissor como critério para seleção de certos comportamentos. Seleciona-se comportamentos em razão do valor. É o que ocorre quando se diz 'este procedimento é mais conveniente ou seguro'. Tal função seletiva é modificadora, pois a informação se adapta ao valor, que controla as reações do receptor. b) o valor se adapta às informações. Essa função seletiva é justificadora, visto que há um movimento do comportamento para o valor. P.ex., a valoração do casamento como função justificadora da monogamia, família, herança etc. Esses processos seletivos servem como instrumento de controle de comportamentos." (*Compêndio de Introdução à Ciência do Direito*, 18ª ed., São Paulo, Saraiva, 2006, p. 213).

sujeito cognoscente que prefere determinados aspectos do objeto cultural para a descrição do evento e construção do fato jurídico.

Ilustramos o valor nos diversos momentos de construção jurídica:

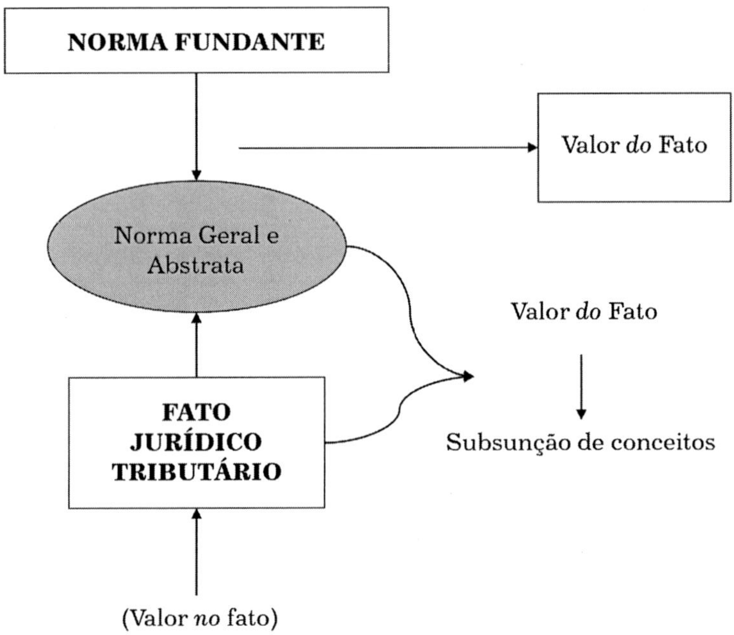

O valor *do* fato é o valor que uma determinada comunidade atribui a um determinado fato, a importância que dá a ele no equilíbrio de posições para as relações jurídicas. O Direito atribui efeitos a um fato como o nascimento ou a um ato *ex voluntate*. O valor *do* fato é tomado pelo Direito, que o positiva, normatizando o próprio fato, seus efeitos ou as situações dele decorrentes. Marcos Bernardes de Mello,[39] ao tratar

39. *Contribuição ao Estudo da Incidência da Norma Jurídica Tributária*, in José Souto Maior Borges, Direito tributário moderno, São Paulo, José Bushatsky, 1977, p. 7.

da natureza tridimensional do direito – fato, valor e norma –, lembra que "o fato, enquanto apenas fato, não tem qualquer efeito vinculante. Enquanto não se tornar, ele, objeto da normatividade jurídica, através da valoração, não passará de simples fato sem importância para o Direito".

O valor *do* fato é objeto de competência legislativa, na criação de normas; é objeto de competência jurisdicional, valorando o fato em face das normas gerais e abstratas até a norma fundante, respeitando a respectiva hierarquia jurisdicional; e, é objeto de competência exercida pela Administração Pública e pelo administrado na específica tarefa de promover a subsunção do fato (suporte fático ou fato jurídico tributário) ao conceito da norma, esta tarefa bastante vinculada.

O valor *no* fato é a carga axiológica do sujeito cognoscente no processo de conhecimento da ocorrência no mundo fenomênico, para descrevê-la. Esse valor não é positivado ou não deve ser positivado sequer na motivação do ato administrativo. Trata-se de valor que influencia tão somente o recorte que o sujeito cognoscente faz na realidade, para conhecê-la e descrevê-la. É o valor *no* fato, diferente do valor atribuído ao fato (valor *do* fato). A carga axiológica *no* fato, portanto, não é motivo do enunciado e sequer corresponde à sua motivação, pertencendo ao momento inicial do próprio conhecimento.

O ato administrativo e o ato individual do administrado para a construção do fato jurídico tributário são comandos particulares, concretos, que devem ser fundados nas normas gerais e abstratas que têm aquele específico comportamento humano regrado genericamente em seu comando. A obediência se reporta à norma geral de comando imediato, e não àquelas outras que lhe servem de fundamento. Dito de outra forma, o ato originário de construção do fato jurídico tributário e o ato mesmo de revisão, quando apenas procedimental (pelos mesmos agentes produtores, mesma matéria e destinatários), têm abertura de cognição do suporte fático (fatos *lato sensu* que, em conjunto convergente, denotam o fato jurídico tributário) e, com isso, de inegável aplicação de valor *no* fato, mas menor possibilidade de valoração *do* fato, para efeito de interpretação da norma geral de incidência e da relação desta com aquelas normas que lhe fundamentam.

A relação entre a norma geral que possui específico comando para os atos singulares e concretos do administrado e da Administração Pública, na construção do fato jurídico tributário e as normas gerais que lhe fundamentam – assim como a relação entre a norma geral de incidência e aquela que lhe fundamenta – é restrita às competências jurisdicionais, típicas ou atípicas, observados os níveis hierárquicos. Trata-se de revisão de produção normativa em dois aspectos: relativamente à produção da norma individual e concreta e relativamente à produção do fato jurídico.

Novamente, na tarefa de delimitar o objeto, deixamos de lado o valor, em relação de bipolaridade e implicação, na interpretação do *dever ser* em face das normas fundantes. Importamo-nos, outrossim, (i) com o valor que afeta a atitude de crítica do sujeito cognoscente perante o suporte fático, descrevendo uma versão e construindo o fato jurídico; e (ii) com o valor na subsunção do fato à norma que lhe vincula imediatamente.

Esclarecemos, de um lado, que adotamos por metodologia o Direito como um sistema fechado, cujo acabamento não admite lacunas (em se tratando de obrigações *ex lege*, o que não é obrigatório ou proibido, é permitido); de outro lado, consideramos que o Direito se manifesta em conceitos e proposições jurídicas, criados e interpretados pela atividade humana com sua respectiva carga axiológica.

Concluímos, assim, que o valor afeta o processo de reconhecimento do conjunto de suportes fáticos que denotam o fato jurídico tributário. Resulta também a conclusão de que algo que é, num determinado contexto histórico, pode não ser da mesma forma assimilado em outro contexto, porquanto um elemento pode ser considerado lícito ou ilícito, dependendo do momento sociocultural assimilado pelo Direito. Então, não sem razão afirmar que os valores, subjetivamente tomados na pessoa do sujeito cognoscente, influenciam o ordenamento jurídico no alcance de sua concretude máxima, pela expedição da norma individual e concreta. Contudo, tomado o fato jurídico como válido e subsumindo-o à hipótese de incidência tributária, a relação de *dever ser* é neutra de valor. Doravante, a carga axiológica só voltará a implicar o processo de positivação quando estabelecido o contencioso, no momento da atividade jurisdicional ou em ato administrativo de revisão.

Miguel Reale,[40] ao tratar dos processos intuitivos como de primordial conhecimento imediato, afirma que é impossível ignorar a experiência humana em qualquer dos momentos da interpretação jurídica:

> Na realidade, sabemos que o juiz, antes de ser juiz, é homem partícipe de todas as reservas afetivas, das inclinações e das tendências do meio social, e que nós não podemos prescindir do exame dessas circunstâncias, numa visão concreta da experiência jurídica, por maior que deva ser necessariamente a nossa aspiração de certeza e de objetividade.

Daí a necessidade do Direito de controlar a conduta humana na tarefa de interpretar o fato, determinando a observância das competências, inclusive dentro da hierarquia de cada poder – Executivo, Legislativo e Judiciário. É nos limites de cada competência que as circunstâncias e as respectivas transformações no sistema de referência, numa sociedade, implicam alterações normativas ou variação nos critérios de julgamento, alterando o fato jurídico, sem que isso signifique relativizar o Direito e sua positividade.

3. Graduação do Fato em face da Competência Jurídica

O objeto das normas gerais e abstratas são as condutas possíveis e futuras. As suas proposições revestem-se na forma de juízos hipotético-convencionais. Os enunciados são

---

40. *Introdução à filosofia*, 2ª ed., São Paulo, Saraiva, 1989, p. 100.

subordinados à imputação e conectados pelo functor *dever ser*, em seu estado neutro e não modalizado. Diferente é o objeto da norma individual e concreta que, apesar de possuir a mesma estrutura sintática, não tem o juízo hipotético. Não se trata mais de hipótese normativa de conduta possível futura, mas de fato ocorrido ou que se tem por ocorrido.

Cuidemos da norma individual e concreta. Apesar da mesma estrutura sintática, é completamente diferente semanticamente a proposição "se Hipótese, então Consequência" da proposição "dado o fato concreto, então relação individualizada". A relação de causalidade entre o fato jurídico e a relação jurídica é regida pelo princípio da estrita legalidade. Também impera a legalidade na subsunção do fato, denotado pelo conjunto de suportes fáticos, aos respectivos conceitos das normas gerais e abstratas que deles cuidam. Mas indubitável que, nesse momento, já se confere maior abertura cognitiva.

Temos, sob uma perspectiva, a interpretação do conceito da hipótese da norma geral e abstrata; sob outra perspectiva, a tradução do suporte fático e do fato jurídico; e, por fim, a subsunção. A interpretação é necessária para a retroalimentação do sistema, tanto quanto é necessária a observância da estrita legalidade no Direito Tributário. Por isso, a competência jurídica e o procedimento legal.

Em se tratando de dogmática jurídica, lembramos que certas disposições normativas não podem ser extensivamente interpretadas, como é o caso das disposições de Direito Penal e de Direito Tributário. A partir dessa premissa, e já adentrando especificamente na seara tributária, rechaçamos qualquer possibilidade de o intérprete criar fatos deslocados da realidade ou imputar obrigação tributária com fundamento no preenchimento de lacuna normativa. Também afirmamos que não é autorizado ao agente cognoscente fundamentar seu ato de interpretação em lacuna axiológica. Diz-se que existe lacuna axiológica quando o preceito normativo estabelece determinado comportamento como permitido, mas é considerado indesejado, do ponto de vista social.

Dependendo de cada caso concreto e dos diferentes interesses em questão, há que se valorá-los para a aplicação do direito. Sempre que se têm direitos em conflito, um prevalece sobre o outro na circunstância concreta. O direito da imprensa livre pode conflitar, por exemplo, com o direito à intimidade ou à imagem da pessoa. Cabe somente ao julgador dar preferência a um direito sobre outro.[41] Misabel Abreu Machado Derzi,[42] em erudito trabalho sobre a jurisprudência no Direito Tributário, admite o papel criador de normas do Poder Judiciário, mesmo nos Estados que bem de perto adotaram o modelo clássico de Montesquieu.

Os limites de aplicação de um direito são encontrados nos outros direitos, frente à necessidade de protegê-los, de maneira direta ou indireta. Como salientou Daniel Mendonca,[43] enquanto não se alcança a plena e efetiva satisfação nos limites de cada direito, *"la dificultad de la elección que exige el balance de derechos se resuelve, en muchos casos, con la introducción de límites a la extensión de uno de los derechos en conflicto, de forma que sea salvaguardado en parte también el otro"*.

Como se vê, o sopesamento de direito pressupõe discricionariedade, que só pode ser outorgada à atividade jurisdicional, observadas as competências hierárquicas. A decisão analisará os fatos segundo a margem de liberdade do julgador, para determinar a prioridade ou a pertinência dos direitos em jogo. As decisões, por seu turno, em cada instituição e nos seus respectivos níveis hierárquicos, devem buscar a maior racionalidade possível.

Como dissemos alhures, mesmo o Judiciário não tem liberdade absoluta para aplicar princípios como normas

---

41. Cf. Daniel Mendonca, *Los derechos en juego*: conflicto y balance de derechos, Madrid, Tecnos, 2003: o conflito pode ser entre direitos (ex: direito d1 do sujeito s1 x direito d2 do sujeito s2) ou o conflito se der em diferentes instâncias do mesmo direito (direito d do sujeito s1 x direito d do sujeito s2).

42. *Modificações da jurisprudência no direito tributário*, São Paulo, Noeses, 2009, p. 105.

43. *Los derechos en juego*: conflicto y balance de derechos, Madrid, Tecnos, 2003, p. 46.

pragmáticas, a fim de inovar a ordem jurídica para exigir tributo pelo alargamento do conteúdo das normas gerais e abstratas. Karl Loewenstein,[44] ao tratar do mínimo irredutível de uma autêntica Constituição, além de enumerar os direitos individuais e liberdades fundamentais, prever o método racional da reforma constitucional e diferençar os diversos detentores do poder, também tratou da distribuição do poder como limitação ao seu exercício. No que tange à limitação ao exercício do poder, o cientista, pressupondo a ideia de constitucionalismo democrático (soberania popular), defendeu a necessidade de mecanismo que estabeleça a cooperação entre os diversos detentores do poder, por meio de dispositivos e instituições em forma de freios e contrapesos.

O Direito Tributário é potestativo e submetido ao regime público. De um lado, o crédito tributário é indisponível; e, de outro lado, a tributação não pode ocorrer senão *ex lege*. Alargar espectro de abrangência das normas gerais e abstratas de incidência tributária é alargar função legislativa e negar o princípio do Estado Democrático de Direito.

Dito isto, discordamos do expediente de tributar com fulcro na capacidade contributiva e na isonomia. Os princípios da isonomia e da capacidade contributiva têm função diretiva na atividade do legislador (dentro de sua competência, segundo a hierarquia das normas) e na atividade do Judiciário, para a solução de caso concreto, que não implique alargar o campo de abrangência da exação fiscal. Se a restrição ao alargamento da tributação ocorre para o Legislativo e o Judiciário, que dirá para o Poder Executivo, na função de fazer valer a determinação legal, fiscalizando o contribuinte e constituindo o fato jurídico tributário.

Uma norma tributária pode ter uma finalidade arrecadadora, e simultaneamente direcionadora, mas, mesmo nesta função direcionadora, as normas apresentam sentido positivo ou negativo de arrecadação. Por essa razão, na constituição do

---

44. *Teoría de la constitución*, Barcelona, Editora Ariel, 1970, passim.

crédito tributário, a questão deve ser vista segundo o regime jurídico relativo à intervenção do Estado sobre o particular.

Aliomar Baleeiro[45] lembra que a legalidade tem precedentes históricos que remontam ao século XI e "correspondem ao princípio da autotributação, vale dizer, ao juízo de que os encargos tributários deveriam ser previamente consentidos por aqueles que o suportassem". Mas, como o mesmo autor reconhece, a obrigatoriedade de adoção dos comportamentos necessários à realização dos fins almejados pelos princípios (estado ideal de coisas) é limitada pelo ordenamento jurídico, quando este predetermina o meio por regras de competência, não possibilitando por completo a "transferência da intencionalidade dos fins para a dos meios".[46]

O art. 146 da Constituição Federal estatui que cumpre somente à Lei Complementar estabelecer normas gerais em matéria de legislação tributária, definir tributos e respectivos elementos de incidência, além de dispor sobre conflitos de competência entre os entes tributantes. O Código Tributário Nacional, ao tratar dos instrumentos de integração legislativa, assevera que somente a lei pode estabelecer a definição do fato gerador e que o fato gerador da obrigação principal é a situação definida em lei como necessária e suficiente à sua ocorrência.[47] Diferentemente da capacidade para arrecadar que pode ser delegada, a competência tributária é intransferível. Os termos utilizados na Constituição Federal têm significados que não podem ser alterados como melhor aprouver ao intérprete. Os valores, aí também incluídos os princípios, não podem se prestar como "válvula de escape para tudo relativizar dentro do Direito Positivo.[48]"

---

45. *Limitações constitucionais ao poder de tributar*, 7ª ed., São Paulo, Forense, 1997, p. 50.

46. Humberto Ávila, *Teoria dos princípios* – da definição à aplicação dos princípios jurídicos, 4ª ed., 2ª tir., São Paulo, Malheiros, 2005, p. 71.

47. Artigos 97 e 114 do Código Tributário Nacional.

48. Tárek Moysés Moussallem, *Prova*, Sigilo Bancário e Verdade Material no Processo Administrativo Fiscal, in Congresso Nacional de Estudos Tributários V – Direito Tributário linguagem e método, São Paulo, Noeses, 2008, p. 928.

Não podemos admitir que todos possam dizer sobre tudo. Admitir isso seria negar a hierarquia das normas e desorganizar por completo o ordenamento. Por outro lado, a positivação pressupõe a interpretação, que é carregada de subjetivismo. Partindo da premissa que os agentes, nas suas respectivas competências, devem constituir ou revisar o fato jurídico tributário e que disso decorre a necessidade de interpretar fatos e traduzir conceitos, é necessário que consideremos, de um lado, a abertura cognitiva conferida pela competência e, de outro lado, o necessário fechamento operacional determinado pelo sistema jurídico.

Comparando ordenamento e sistema, Gregorio Robles[49] equipara o ordenamento ao texto jurídico produzido pelas autoridades, a partir do constituinte e passando pelos constituídos. Os *textos jurídicos brutos* são submetidos a um processo de reelaboração, pela ação de agentes competentes com o trabalho da dogmática jurídica. E, assim, a dogmática jurídica constrói o sistema, traduzindo o *texto jurídico bruto*. A aplicação do direito é, portanto, decorrência de competência jurídica.

Competência jurídica e hierarquia normativa se inter-relacionam. Muito bem, se existe uma hierarquia normativa, a norma que constitui o fato jurídico tributário deve ser inserida no sistema por agente competente. É a competência, e não o veículo introdutor, que define o patamar hierárquico da norma. É o patamar hierárquico da norma que define o campo de cognição e os elementos que podem ser considerados pelo agente cognoscente, produtor de norma jurídica, para a constituição do fato jurídico tributário.

É também a competência jurídica e a hierarquia da norma que definem o tipo de veículo introdutor e o procedimento de enunciação, bem como o procedimento específico, quando existente, prévio à constituição do fato jurídico. O procedimento é normativamente estabelecido, seja em lei, seja por meio de reiteradas decisões.

---

49. *O direito como texto*, Barueri/SP, Manole, 2005.

Haverá maior segurança quanto mais houver prévia normatização do procedimento de interpretação do fato jurídico, mormente no caso do fato jurídico tributário. A observância de competência e procedimento para a constituição de fato jurídico tributário é requisito mínimo de atendimento ao pacto federativo[50] e ao regime democrático de direito, insculpidos na Lei Maior.

De norma positivada no art. 2º da Constituição Federal, extraímos três gêneros fundamentais da competência, quais sejam, o Executivo, o Legislativo e o Judiciário. Tácio Lacerda Gama[51] acrescenta também a competência privada, exercida pelos contribuintes, porquanto esses introduzem constantemente normas de direito tributário. Ensina ainda Tácio[52] que, para cada natureza de competência, há um regime jurídico correspondente. Nos seus dizeres:

> [...] um conjunto de enunciados de autorização, princípios, imunidades e dispositivos complementares que regulam a instituição e a interpretação de normas. [...] Cada uma das proposições que delimitam a competência serve, simultaneamente, como critério para aferição de validade.

Para melhor elucidar, pensamos no espectro de abrangência das competências legislativas e no alcance das competências administrativas e judiciais. As competências legislativas comportam a criação de normas gerais e abstratas que podem tratar dos tributos sobre as materialidades definidas na norma fundamental, por exemplo. A competência administrativa, por sua vez, se divide em três modalidades. A primeira, relativa à edição de atos de interpretação e aplicação da lei (instrumentos introdutores secundários). A segunda, relativa à própria edição de norma individual e concreta (*v.g.* lançamento de ofício e imposição de penalidade). Essa competência também

50. A competência também é definida em função do pacto federativo no âmbito do Direito Público.

51. *Competência tributária* – fundamentos para uma teoria da nulidade, São Paulo, Noeses, 2009, p. 220.

52. Ibidem, p. 224.

é conferida ao administrado, assim como a competência para a revisão dos seus respectivos atos. E a terceira espécie de competência administrativa correspondente à "competência jurisdicional atípica,[53] por meio da qual os órgãos da administração pública assumem o encargo de aferir a regularidade da administração e dizer o direito em conflito.[54]"

A competência administrativa jurisdicional atípica difere-se da competência jurisdicional típica, exercida pelo Poder Judiciário. É justamente em função da hierarquia das normas, exercida por força da competência e que, por outro lado, pressupõe esta, que a decisão exarada pelo Poder Judiciário prevalece, em nosso sistema jurídico, sobre a decisão exarada pelo órgão administrativo jurisdicional atípico, quando se tratar de mesma matéria.

Um fato pode ensejar '*n*' normas individuais e concretas. Um mesmo agente competente (enunciador) pode introduzir '*n*' normas, por meio de diferentes veículos introdutores. Como dissemos, adotamos por pressuposto que não é o veículo introdutor que define a hierarquia normativa. Também não é a competência somente definida em razão do agente, sendo esse, antes de tudo, o pressuposto para o exercício da competência. Para a verificação da hierarquia normativa, conjuga-se o tipo de norma introduzida e a sua finalidade (destinatário). Temos, então, como critérios definidores da competência e da hierarquia na constituição do fato jurídico, o agente enunciador (de quem), a matéria (o quê) e a finalidade (para quem / interpretantes).[55]

Iniciamos com a constituição originária do fato jurídico tributário. A competência para constituir o fato jurídico tributário pela Administração Pública ou pelo particular importa em competência para ato infralegal. Nessa medida, a outorga para a prática do ato não está na própria Constituição, mas o poder de outorgar competência e o dever de positivá-la deriva da Constituição.

---

53. Função judicante não exercida pelo Poder Judiciário.

54. Ibidem, p. 249.

55. *Vide* Charles William McNaughton, *Hierarquia e sistema tributário*, São Paulo, Quartier Latin, 2011, p. 155.

Sem embargo do diverso contexto do direito alemão de que tratam Klaus Tipke e Joachim Lang, valemo-nos da distinção que esses doutrinadores fizeram relativamente ao momento anterior e posterior à Constituição de Weimar acerca do Estado de Direito formal e do Estado de Direito material. O Estado de Direito formal "reconhece a separação dos poderes, o domínio da lei, a legalidade da Administração e a tutela jurídica contra atos do Poder Público, por meio de tribunais independentes". O Estado de Direito material ocupa-se "dos elementos da *jusestabilidade formal*, com a regularidade da imposição, com a doutrina do tipo tributário (parágrafo 38 AO), com o segredo do procedimento fiscal e com as questões de proteção jurídica, de audiência devida".[56] Parece-nos que essa classificação não impede que se verifique o Estado de Direito formal e material, com uma divisão aplicada somente em relação à divisão de competências, devendo a constituição assegurar, ao final e ao cabo, o Estado de Direito Material.

Dividimos o Direito em face das competências, porque a autoridade administrativa, para a constituição do fato jurídico tributário, tem o dever de obediência e vinculação estrita e específica. É assim que, em última instância, se opera para a autoridade administrativa o princípio da legalidade, o qual não é apenas uma proibição de imposição desviada da lei, mas também uma proibição de omissão de imposição da lei.

Neste ponto, retornamos à abertura cognitiva conferida pela competência. Aquele que tem competência para constituir o crédito tributário tem, por premissa, competência para constituir o fato jurídico tributário e tem, por princípio, competência para averiguar os suportes fáticos ou a sua oponibilidade ao fisco, desde que esses suportes fáticos sejam imprescindíveis para, no conjunto, denotar o fato jurídico tributário ou impedir a sua configuração.

56. Klaus Tipke e Joachim Lang, *Direito Tributário (Steurrecht)*, trad. de Luiz Dória Furquim, Porto Alegre, Sergio Antonio Fabris Ed., 2008, p. 182-183.

Se a Administração Pública viola direito do administrado, tem ele resguardado o direito de provocar a própria Administração Pública ou o Poder Judiciário, por meio de processo administrativo ou processo judicial, estabelecendo-se, a partir daí, relações jurídicas submetidas a outro contexto sistêmico e que afetam, sob novas competências, o fato jurídico tributário.

Um fato jurídico pode ser tomado como suporte fático de incidência tributária aos olhos da Administração Pública em ato de revisão. O mesmo fato jurídico pode ser elemento de oponibilidade ao fisco, apresentado pelo contribuinte, ou ainda suporte fático do fato jurídico tributário originariamente constituído. Em qualquer uma das posições ele implica um direito subjetivo e um dever de respeitar aquele direito. Pode-se chegar até a um determinado conceito de direito fundamental. Como, então, equacionar os direitos de lado a lado?

Importante solução é proposta por Daniel Mendonca,[57] que concebe os direitos fundamentais como direitos "*prima facie* revisados nas relações conceituais entre as categorias deônticas e a noção mesma de ter um direito". Ou seja, os princípios constitucionais que estabelecem direitos têm condições implícitas de aplicação, de maneira que temos os direitos *prima facie* e todo o entorno considerado.[58] Do mesmo modo que os direitos se dividem em absolutos e *prima facie*, faz-se distinção idêntica em relação aos deveres. Não é uma ordem de importância de direitos e deveres, mas uma ordem de pertinência, mormente em relação aos destinatários.

Não podemos confundir a relação entre linguagem-objeto e metalinguagem com um processo de reconstrução por linguagem. Não é a Ciência do Direito descrevendo o Direito Positivo, mas o Direito Positivo em trabalho autopoiético, transformando-se. A hierarquia não ocorre pelo tipo de linguagem,

57. *Los derechos en juego*: conflicto y balance de derechos, Madrid, Tecnos, 2003.

58. José Juan Moreso, prefácio de *Los derechos en juego*: conflicto y balance de derechos, Madrid, Tecnos, 2003.

mas é verificada nos estampados da enunciação-enunciada,[59] que apresenta os órgãos produtores de norma. A competência determina a hierarquia das normas, todas na linguagem do Direito Positivo, seja no lançamento, seja na declaração com força de produção normativa expedida pelo particular, seja nas decisões administrativas jurisdicionais atípicas ou nas decisões judiciais, pelos mais diferentes níveis hierárquicos.

Inúmeras são as situações em que, no exercício da competência, são produzidas normas incompatíveis com dispositivos formais ou materiais, esses reportados, em última instância, à Constituição da República. A inconstitucionalidade, a ilegalidade, a anulabilidade, o erro de fato ou o erro de direito ensejam a retirada total ou parcial da norma incompatível com o ordenamento jurídico, com efeito *ex tunc* ou *ex nunc*. Mas, até que sejam expurgadas do ordenamento as prescrições que com ele desacordam, as normas jurídicas produzidas, inclusive as normas individuais e concretas, têm plena vigência.

Para que as prescrições incompatíveis sejam retiradas do ordenamento, é necessária a introdução nesse ordenamento daquilo que Tácio Lacerda Gama[60] denominou de norma sancionatória de competência. Um sujeito competente para o exercício típico ou atípico da jurisdição deve necessariamente

---

59. A enunciação-enunciada "são as marcas de pessoa, espaço e tempo da enunciação projetadas no enunciado" (Tárek Moysés Moussallem, *Fontes de Direito Tributário*, in Eurico Marcos Diniz de Santi (coord.), *Curso de especialização em direito tributário*: estudos analíticos em homenagem a Paulo de Barros Carvalho, Rio de Janeiro, Forense, 2005, p. 108).

60. "De fato, defendemos a premissa segundo a qual o ato de criar norma é uma conduta como outra qualquer. Podemos diferençá-la das demais apenas pelo seu resultado, que é a produção de enunciados prescritivos a partir dos quais se podem elaborar normas jurídicas. Ao confrontar esse resultado com o que prescrevem as normas de competência, a conduta de criar normas jurídicas pode ser considerada lícita ou ilícita, conforme seja compatível ou não com a norma de competência primária. É fácil, então, relacionar a ideia de nulidade das normas jurídicas, ou invalidade, à ideia de sanção pelo exercício irregular da competência." (*A sanção pelo exercício irregular de competências jurídicas*: uma análise estrutural, Congresso Nacional de Estudos Tributários VI - Sistema Tributário Brasileiro e a Crise Atual. São Paulo, Noeses, 2009, p. 949).

enunciar, em procedimento/processo administrativo ou em processo judicial, a desconformidade sistêmica daquela norma.

Toda vez que isso ocorre, modifica-se o ordenamento e contextualiza-se o ato do exercício típico ou atípico no contexto do sistema então vigente. A norma que modifica a anterior é criada em outra condição de espaço e tempo. A depender do lapso temporal, sequer será possível o exercício legítimo da competência, a exemplo dos prazos de prescrição ou de decadência, que legitimam mesmo aquela norma criada ilegitimamente. Outros elementos sistêmicos também influenciam a revisão do fato jurídico tributário, mormente quanto à amplitude cognitiva. Por exemplo, a flexibilização na análise de provas – tão privilegiada pela tarefa jurisdicional atípica – não impera no exercício da competência jurisdicional típica, bem como não se pode, a todo e qualquer momento, complementar a descrição do conjunto de suportes fáticos para o fim de legitimar o fato jurídico tributário.

Podemos formalizar a influência da competência na graduação do fato jurídico, da seguinte forma:

FJT {[(s.sp) . m(sm.em.tm.cm)] . [(sf1,2,3...) . (e.t)]}

Um sujeito competente (s), vinculado a outro sujeito (sp), em determinadas condições materiais (m), cria norma nova, o que faz mediante a indicação de um verbo (conduta/cm), com seus elementos subjetivo (Sm), espacial (em) e temporal (tm),[61] todos referentes ao consequente da norma jurídica de competência, nos limites da abertura e fechamento cognitivo que ela confere ao agente (s) produtor da norma, conjugada ao(s) suporte(s) fático(s) (sf1,2,3) em objeto, este(s) em determinadas condições de espaço (e) e tempo (t), constitui o fato jurídico tributário.

As coordenadas de espaço e tempo do(s) suporte(s) fático(s) não são as mesmas coordenadas de espaço e tempo da

61. Esta primeira parte da fórmula [(s.sp) . m(sm.em.tm.cm)] corresponde ao consequente da norma de competência. Cf. Tácio Lacerda Gama, *Competência Tributária – fundamentos para uma teoria da nulidade*, São Paulo, Noeses, 2009, p. 344.

materialidade da relação de competência. Também a própria materialidade da relação de competência modifica-se em face da finalidade e do agente enunciador, afetando a cognição subjetiva. E não é só, o conjunto de suportes fáticos recebe agregações ao longo do percurso de revisão, como veremos mais detalhadamente a seguir. Em razão de todas essas variáveis, afirmamos que o fato jurídico tributário assume diferentes feições e, podemos dizer, diferentes graduações, dependendo do nível hierárquico de comunicação.

Cada vez que o fato jurídico tributário for submetido à revisão – seja pela Administração Pública ou pelo particular, seja pela competência jurisdicional, no exercício do controle de legalidade ou constitucionalidade –, ele poderá ser reformulado ou até mesmo cancelado, sempre nos limites da competência do órgão ou agente revisor, em função da matéria e da finalidade. As suas novas feições ou as que permanecerem sofrerão restrição no tempo, na dependência sempre da última decisão, até o trânsito em julgado, o que, em função do caso concreto, poderá chegar à confirmação pelo Supremo Tribunal Federal, responsável pelo controle definitivo de constitucionalidade.

Em todo momento, o Direito Tributário adquire feições semânticas, mas o princípio da legalidade impõe limites ao sentido atribuído, variável conforme o estágio de comunicação. São as regras de competência rigidamente discriminadas que permitem o percurso da legalidade no processo de positivação. É a competência jurídica conjugada ao sistema vigente à época da revisão do fato que define a extensão da análise dos elementos que compõem os critérios para a aferição das relações de validade do fato jurídico tributário.

4. Conclusão Parcial

O Direito Positivo reporta-se a tudo e somente ao que está na região deôntica de conhecimento. O ordenamento jurídico é autopoiético, encarregando-se de sua própria produção e recebendo elementos de acordo com critérios e códigos próprios do seu sistema de regência. As materialidades colhidas para antecedente da norma individual e concreta correspondem à versão em linguagem jurídica dos eventos.

A retroalimentação do sistema depende do sujeito do conhecimento e do objeto, apreensível mediante sucessivos cortes. Há uma tradução necessária da língua do *ser* (língua da realidade) para a língua do *dever ser* (língua normativa). Após essa tradução, o processo de positivação pressupõe várias passagens entre as linguagens do *dever ser*, alcançando a concretude máxima pela introdução de norma individual e concreta.

Os atos de revisão também provocam passagens na linguagem do *dever ser*. Em cada passagem, o fato jurídico pode assumir novas feições, a depender da competência do sujeito cognoscente. O termo *competência* é para nosso propósito adotado na acepção de poder de constituir o fato jurídico tributário – capacidade para integrar a relação jurídica como sujeito ativo (lançamento de ofício originário ou decorrente de revisão) ou passivo (lançamento por homologação) – e poder de revisar o fato jurídico tributário – capacidade jurisdicional típica ou atípica e capacidade administrativa para controle de legalidade de atos.

Na medida em que o fato jurídico só existe se houver ato ponente de norma e sua função é implicar relação jurídica, fato e norma pertencem à mesma estrutura jurídica. No antecedente da norma, o fato jurídico é condição suficiente da relação jurídica, que lhe é condição necessária.

Os enunciados prescritivos da linguagem jurídica submetem-se aos valores lógicos de *válido* e *não válido*. Diversamente, os enunciados descritivos da Ciência do Direito submetem-se aos valores lógicos de *verdade* e *falsidade*. A validade do fato jurídico tributário pode ser analisada sob várias perspectivas relacionais. A despeito das diversas acepções do termo *validade*, não o adotamos como predicado, porquanto ele corresponde a um *status* de relação entre proposição ou norma e sistema de Direito Positivo.

O primeiro teste de validade do fato jurídico tributário corresponde à produção da norma por sujeito competente e mediante fato jurídico suficiente (procedimento completo) para a sua edição. O segundo teste de validade do fato jurídico tributário reporta-se à relação deste com o(s) suporte(s) fático(s), sendo certo que a descrição do fato jurídico tributário deve traduzir a versão da realidade factual apresentada pelas provas.

Já o terceiro teste de validade está para a relação entre o fato jurídico tributário e o fato imponível, este previsto como hipótese de incidência tributária na norma geral e abstrata. Por fim, o quarto teste de validade exige relação intranormativa coerente entre a proposição antecedente e a proposição consequente.

A depender do ângulo em que se analise o fato jurídico tributário, eventual contradição ou contrariedade pode estar: (i) entre os enunciados da proposição descritiva do fato; (ii) entre a proposição descritiva do fato e os demais enunciados prescritivos do sistema ou (iii) entre as proposições antecedente e consequente da norma individual e concreta.

O fato, a norma e o valor influenciam-se e intercambiam-se na produção de novas normas. Sem abandonar o rigor da legalidade e da segurança jurídica que confere a Teoria Pura do Direito, admitimos que o Direito se desenvolve em função de fatos e valores, que influenciam, inclusive, o processo de positivação. O grau e o momento da influência do valor dependem do estágio de comunicação. O Direito atua sobre incontáveis materialidades, sendo que a preferibilidade, necessária para o conhecimento, é elemento do valor.

O valor *do* fato está presente: (i) na normatização do fato; (ii) na valoração da hipótese das normas gerais e abstratas até a norma fundante e (iii) na subsunção entre os conceitos. O valor *no* fato está relacionado à carga axiológica do sujeito cognoscente no processo de conhecimento da ocorrência fenomênica, influenciando o recorte e a descrição da realidade jurídica.

A constituição do fato jurídico tributário depende de regras proibitivas, permissivas ou potestativas. A vida em comunidade implica limites à liberdade individual. O sopesamento dos direitos depende de discricionariedade somente outorgada à atividade jurisdicional, observadas as competências hierárquicas. Isto porque a aplicação do Direito é decorrência de competência jurídica. A competência jurídica define o patamar hierárquico da norma, o qual, por sua vez, delimita a cognição e os elementos que podem ser considerados para aferição da relação de validade do fato jurídico tributário com o sistema.

A tarefa da Administração Pública ou do administrado na constituição do fato jurídico tributário é vinculada, devendo promover a subsunção do fato ao conceito da norma imediatamente vinculante. O que impera para a autoridade administrativa e para o administrado são os critérios de aplicação de normas – hierarquia, cronologia e especialidade. Para a autoridade administrativa, o critério de hierarquia sofre limites na vinculação desta aos comandos do Poder Executivo, respeitados os princípios que regem a atividade administrativa na constituição do fato jurídico tributário.

Enquanto a relação de *dever ser* é neutra de valor para esses sujeitos, o fato jurídico é afetado pelo valor em decorrência do processo de tradução do(s) suporte(s) fático(s) – valor *no* fato. Por isso, a carga axiológica toma outra importância com a instauração do contencioso para a revisão do fato jurídico tributário. A atividade jurisdicional típica ou atípica, mantidas as restrições hierárquicas, tem competência diversa, podendo interpretar-se segundo o valor *do* fato.

O fato jurídico tributário é o produto da conjugação do consequente da norma jurídica de competência com os suportes fáticos, em coordenadas de tempo e espaço. Vários elementos sistêmicos influenciam a cognição dos suportes fáticos em cada ato de revisão, pelo que o fato é conforme o contexto no momento da sua constituição e de cada revisão.

CAPÍTULO II
O FATO JURÍDICO TRIBUTÁRIO NO PLANO LÓGICO-SISTÊMICO

> "Ainda onde o direito mudou muito, muito se há de inquirir do que não mudou. O direito muda muito onde em muito deixou de ser o que era".
>
> ***Pontes de Miranda***[62]

1. Função Sintática do Fato Jurídico Tributário

A norma, como uma unidade de linguagem jurídica que tem por fim regular conduta com o predicado de imperatividade, possui homogeneidade sintática na relação que se estabelece entre o antecedente e o consequente. No plano sintático, o fato jurídico tributário não possui função diversa daquela assumida por fatos jurídicos nas demais normas do Direito Positivo, porque a norma tem sempre a mesma estrutura lógica de antecedente e consequente, ligados pelo conectivo deôntico. Mas, desde logo, ressalvamos que já utilizaremos a denominação "fato jurídico tributário", em razão

62. *Tratado de direito privado*, Prefácio, 2ª ed., Rio de Janeiro, Borsói, 1954, p. XV.

das peculiaridades dos atos procedimentais e de revisão doravante tratados.

Nessa análise sintática, iniciamos por diferençar o fato jurídico da hipótese de incidência, sendo esta a descrição hipotética da norma abstrata, ao passo que o fato jurídico corresponde à versão jurídica da ocorrência concreta.

No âmbito tributário, a hipótese de incidência apresenta inúmeras denominações mundo afora – hipótese de incidência, tipo tributário, *tax event, fattispecie, hecho imponible* etc. – e corresponde à condição para incidência tributária, prevista na norma geral e abstrata. É o fato descrito na lei de forma hipotética e abstrata capaz de gerar obrigação tributária após a positivação. Já o fato jurídico tributário é concreto, porquanto corresponde à ocorrência no mundo fenomênico, e se apresenta na norma individual e concreta, como pressuposto necessário e suficiente à exigência da prestação pecuniária individualizada.

Diferença reside entre evento, fato e fato jurídico. O evento corresponde a um acontecimento do mundo fenomênico. Ele acontece num determinado momento, se opera no plano da experiência e, ato contínuo, se perde, fazendo parte do passado. O fato é um enunciado linguístico sobre as coisas, os acontecimentos, as manifestações do evento. O enunciado linguístico é que organiza uma situação da experiência como realidade e torna possível o objeto de seu conhecimento. O fato é cultural, ao passo que o objeto (evento) é real. O fato jurídico, por sua vez, é a versão do evento, articulada em linguagem jurídica.

O evento verificável no mundo será fato simples se vertido em linguagem natural/social e será fato jurídico se vertido em linguagem jurídica. Para que um acontecimento do mundo fenomênico (*ser*) ingresse no plano do Direito Positivo (*dever ser*), o acontecimento precisa ser enunciado em linguagem jurídica. Só a partir de então o acontecimento é um fato juridicizado na norma concreta (fato jurídico). O fato jurídico é o evento vertido em linguagem e, no limite dessa versão, integra o antecedente da norma individual e concreta.

Só existe fato jurídico em sentido estrito se houver norma jurídica concreta. Sem ocupar a posição sintática de hipótese normativa, o fato não é capaz de implicar direitos e deveres jurídicos. Sem os fatos passíveis de incidência normativa, não se criam normas individuais e concretas, e a recíproca é verdadeira: o fato não se reveste de juridicidade sem a respectiva norma jurídica.

O sistema jurídico é empírico em face do seu objeto, porque o ordenamento jurídico reporta-se às condutas humanas. Nada impede, entretanto, que, no plano da metalinguagem, analisemos sintaticamente as proposições normativas. Para esse fim, adotamos o sistema lógico de proposições. No sistema lógico, as proposições jurídicas são válidas se estão regradas pelo *dever ser* e houver uma perfeita construção normativa. Nos ensinamentos de Lourival Vilanova:[63]

> Quando a norma é "posta em vigor", vale antecedentemente em relação aos fatos sobre os quais incidirá: o que era nuamente fato-do-mundo, suporte factual sem qualificação jurídica (Bobbio) senão todo ele, de corpo inteiro, mas uma porção, maior ou menor, entra para compor o fato jurídico; e o que era conduta, regrada por outros universos normativos, passa a antecedentes ou consequências juridicamente qualificadas.

Quando o acontecimento entra para o plano do Direito Positivo, surge o domínio da facticidade jurídica, que implica a produção de efeitos na ordem jurídica. Esses efeitos, por sua vez, projetam-se sobre a linguagem da realidade social para modificá-la. Assim, o fato jurídico tributário, afirma Paulo de Barros Carvalho,[64] é tomado como "um enunciado protocolar, denotativo, posto na posição sintática de antecedente da norma individual e concreta [...]". O acontecimento no mundo fenomênico de evento previsto hipoteticamente na norma geral e abstrata

---

63. *Estruturas lógicas e o sistema do direito positivo*, 3ª ed., São Paulo, Noeses, 2005, p. 152.

64. *Direito tributário*: fundamentos jurídicos da incidência, 7ª ed., São Paulo, Saraiva, 2009, p. 154.

(regra-matriz de incidência tributária) passa a ter percussão jurídica desde que vertido em linguagem do Direito Positivo, assumindo a posição de antecedente da norma individual e concreta.

A eficácia jurídica provém da juridicização dos fatos. O fato jurídico tributário é condição necessária e suficiente da relação jurídico tributária, compondo, fato e norma, a mesma estrutura jurídica. Aproximando a classificação de Pontes de Miranda,[65] a respeito do fato como múltiplo, complexo ou simples, da nossa teoria, que só admite por suporte fático o que está no campo deôntico, assumimos que o fato jurídico pode ser atômico ou molecular. Enquanto o fato atômico é representado por suporte fático singular, o fato molecular possui uma pluralidade de suportes fáticos, cujo encadeamento necessário de enunciados denota o fato imponível.

Morfologicamente, o fato jurídico molecular possui dois ou mais suportes fáticos, que devem ser conjuntamente considerados para efeito jurídico, formando um único e indivisível fato jurídico. Nesse caso, os dados fáticos isoladamente considerados não são suficientes a compor o fato jurídico tributário, porque a subsunção ao fato imponível (hipótese de incidência tributária) pressupõe a descrição de mais de um dado fático (suporte fático), como sempre ocorre em atos de revisão.

Como veremos mais detalhadamente adiante, ainda que se trate de conjugação de vários elementos, eles se completam e possibilitam a constituição do fato jurídico tributário em um determinado átimo de tempo. Rechaçamos, com isso, a possibilidade de fato jurídico continuado ou complexivo. A incidência tributária atinge exclusivamente o resultado que se alcança, muitas vezes apenas ao final e ao cabo de uma série de fatos conjugados, sendo certo que o que importa para a composição do fato jurídico tributário é o produto da conjugação desses enunciados.

Rigorosamente, vale o resultado da ocorrência dos múltiplos fatos e atos que se combinam e convergem na demonstração

---

65. *Tratado de direito privado*, Parte Geral - Tomo I, Rio de Janeiro, Borsói, 1954, p. 17.

do enunciado suficiente à subsunção do evento ao fato imponível. Um suporte fático de fato jurídico pode já ocupar a posição de fato jurídico ou de relação jurídica em outra norma que lhe reteve e a ele vinculou efeitos. Nada impede, portanto, que o fato jurídico morfologicamente tenha por suporte fático um fato (dado fático jurídico), um ato jurídico, uma relação jurídica ou mesmo uma norma.

Não bastasse a complexidade inerente ao fato jurídico concretamente ocorrido, maior complexidade reside no fato jurídico em ato de revisão.

Isto porque o que se revisa é a norma individual e concreta que constituiu o fato jurídico tributário. Se houve constituição do fato jurídico tributário é porque a Administração Pública, em lançamento de ofício, ou o administrado, sempre de forma vinculada, promoveram a subsunção do fato ao conceito da norma imediatamente vinculante. É esse fato, produto da convergência de diversas regras criadas no processo de positivação que vinculam o administrado e a Administração Pública na tarefa de constituição do fato jurídico tributário e da obrigação dele decorrente, o objeto de revisão. Qualquer revisão – seja espontânea pelo administrado, seja de ofício pela Administração Pública, seja em processo instaurado no contencioso administrativo ou judicial – deve levar em conta o produto da convergência das regras necessárias à identificação do fato concreto e completo nos elementos que impactam nos aspectos da obrigação tributária.

Para elucidar, explicamos o que denominamos de norma imediatamente vinculante: produto extraído a partir da interpretação envolvendo as normas gerais e abstratas existentes no curso do processo de positivação, que, em relação de includência, estipulam todos os elementos necessários à identificação não só dos signos da materialidade (pura) do fato jurídico tributário, mas de suas coordenadas de espaço e tempo, bem como dos elementos que impactam nos aspectos da obrigação tributária, aí se incluindo a base de cálculo, a alíquota e os sujeitos envolvidos na relação.

Imaginemos que existe a regra-matriz de incidência do Imposto sobre a Circulação de Mercadoria, que se coordena com uma regra de substituição tributária e, ainda, uma outra regra que prevê o direito ao crédito do imposto na sistemática não cumulativa, sendo que é o produto da convergência dessas regras no processo de positivação que vincula o administrado e a Administração Pública. Ilustramos:

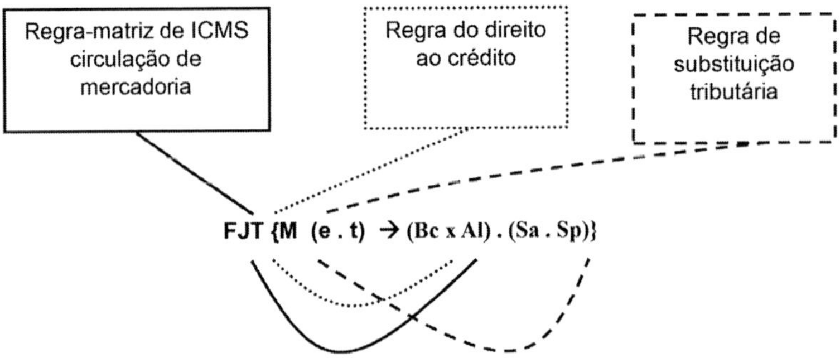

O produto da convergência dessas regras é aferível na norma individual e concreta expedida pelo particular no processo de positivação. É exatamente essa norma que é revisada, pela Administração Pública ou pelo administrado. A revisão deve levar em conta, portanto, todos os fatos jurídicos das normas que convergiram. No exemplo que demos, tem-se o fato jurídico da circulação da mercadoria, o fato jurídico da substituição tributária e o fato jurídico do direito ao crédito. Tais fatos jurídicos são tomados por suportes fáticos do fato, produto de revisão.

O suporte fático do fato jurídico pode já ocupar a posição de fato jurídico ou de relação jurídica em outra norma que lhe reteve e a ele vinculou efeitos. No próprio exemplo que demos, o fato jurídico tomou, dentre os seus suportes fáticos, o fato jurídico da substituição tributária, cuja relação jurídica entre substituto e substituído afeta não só a sujeição passiva do fato jurídico tributário, mas também o tempo *no* fato. Nada impede, portanto, que o fato jurídico morfologicamente tenha por suporte fático um fato (dado fático jurídico), um ato jurídico, uma relação jurídica ou mesmo uma norma. Apenas a completude de suportes fáticos é que possibilita a formação bastante complexa (não complexiva) do fato suficiente a apontar todas as diretrizes para a apuração do *quantum* devido e dos sujeitos envolvidos na respectiva relação.

O mesmo se passa com qualquer incidência tributária, como continuamos a exemplificar relativamente ao Imposto sobre a Renda. O fato jurídico tributário não é simplesmente auferir renda, já que auferir renda presumida é diverso de auferir renda real ou arbitrada, como é diverso do auferimento da renda por ganho de capital. O fato jurídico tributário precisa ser completo e específico, na medida dos suportes fáticos necessários a que lhe seja atribuída, por causalidade, a eficácia jurídica, consubstanciada na identificação exata da relação jurídica obrigacional.

Quando um fato jurídico tributário é revisto, o produto de sua revisão insere-se no ordenamento jurídico segundo normas de revisão sistêmica, como denomina Robson Maia Lins,[66] que não deixam de ser normas de conduta, assim chamadas porque voltadas à produção jurídica. Tais normas possuem as mesmas prescrições sintáticas e observam o procedimento e competência previsto no sistema vigente à época da revisão.

Uma vez introduzido o fato jurídico no ordenamento, fica ele desde logo sujeito a um ato de revisão. Em ato de revisão, o fato jurídico tributário apresenta-se obrigatoriamente como fato molecular, possuindo um encadeamento necessário de suportes fáticos, submetidos a uma relação dialógica de provas.

2. Morfologia do Fato Jurídico Tributário em Ato de Revisão

No âmbito do Direito Tributário, as espécies de lançamento previstas no Código Tributário Nacional é que determinam

66. *Controle de constitucionalidade da norma tributária*, São Paulo, Quartier Latin, 2005, pp. 58-59.

de início quando um fato jurídico é originariamente constituído ou quando ele é fruto de revisão. Sem ignorar que o sujeito passivo pode, nos limites legais, rever seus próprios atos no que tange à constituição originária ou a revisão do fato pela Administração Pública, a distinção fica bastante clara nas hipóteses previstas para o lançamento de ofício, no art. 149 daquele diploma legal. No inciso I do referido artigo, a Lei Complementar prevê a hipótese de constituição de fato jurídico originariamente de ofício, portanto, pela Administração Pública, ao enunciar que o lançamento deve ser efetuado de ofício *quando a lei assim o determine* (*e.g.*, IPTU).

Desprezando-se o inciso VI do art. 149 do Código Tributário Nacional, que dispõe exclusivamente sobre motivo para imputação de penalidade,[67] os incisos II, III, IV, V e VII do mesmo artigo tratam de situações que podem ensejar lançamento de ofício por ato de revisão da norma posta pelo particular.[68]

É bem verdade que o lançamento de ofício pela autoridade administrativa ou a autodenúncia pelo sujeito passivo pode ser feita em razão de absoluta ausência de prévia constituição de fato jurídico e de apuração a que o sujeito passivo

---

67. Código Tributário Nacional, art. 149:
[...]
VI - quando se comprove ação ou omissão do sujeito passivo, ou de terceiro legalmente obrigado, que dê lugar à aplicação de penalidade pecuniária;

68. Código Tributário Nacional, art. 149:
II - quando a declaração não seja prestada, por quem de direito, no prazo e na forma da legislação tributária;
III - quando a pessoa legalmente obrigada, embora tenha prestado declaração nos termos do inciso anterior, deixe de atender, no prazo e na forma da legislação tributária, a pedido de esclarecimento formulado pela autoridade administrativa, recuse-se a prestá-lo ou não o preste satisfatoriamente, a juízo daquela autoridade;
IV - quando se comprove falsidade, erro ou omissão quanto a qualquer elemento definido na legislação tributária como sendo de declaração obrigatória;
V - quando se comprove omissão ou inexatidão, por parte da pessoa legalmente obrigada, no exercício da atividade a que se refere o artigo seguinte;
VII - quando se comprove que o sujeito passivo, ou terceiro em benefício daquele, agiu com dolo, fraude ou simulação;
[...].

estava obrigado. Nesse caso, não há que se falar de revisão, já que não há fato jurídico a ser revisto.

A constituição de fato jurídico tributário é tarefa exclusiva do administrado, no exercício de autodenúncia dos tributos sujeitos ao lançamento por homologação, e da Administração, pelo lançamento de ofício. Seja o lançamento efetuado originariamente de ofício ou por ato de revisão, contra ele pode insurgir-se o sujeito passivo da respectiva obrigação, requerendo o controle de legalidade e constitucionalidade, na medida das respectivas competências jurisdicionais provocadas.

De outra parte, conquanto se tratando de lançamento de ofício, originário ou não, a Administração Pública só pode revê-lo para constituir nova obrigação nas hipóteses prescritas nos incisos VIII e IX do art. 149 do Código Tributário Nacional[69] ou quando se tratar de lançamento por ela anteriormente efetuado, anulado por vício formal,[70] desde que em qualquer caso observado o prazo decadencial. O produto da revisão pode ensejar outras revisões, doravante sempre por provocação do particular, exercendo a capacidade jurídica característica do seu *status positivo* de que falamos – capacidade jurídica para recorrer ao aparato estatal e às suas instituições.

Em qualquer estágio da revisão pode ainda ocorrer o fenômeno da extinção do fato jurídico tributário, sendo agente competente para tanto o administrado, a quem é conferido o direito de revisão dos seus atos; a Administração Pública, que tem o dever de controlar a legalidade do fato jurídico tributário, constituído por ela ou pelo administrado; e, por óbvio, os agentes competentes para o exercício da tarefa jurisdicional

---

69. Código Tributário Nacional, art. 149:
[...]
VIII - quando deva ser apreciado fato não conhecido ou não provado por ocasião do lançamento anterior;
IX - quando se comprove que, no lançamento anterior, ocorreu fraude ou falta funcional da autoridade que o efetuou, ou omissão, pela mesma autoridade, de ato ou formalidade especial. [...]."

70. Inciso II, do art. 173, do Código Tributário Nacional.

típica ou atípica. São todos os agentes competentes também para a revisão do fato jurídico tributário, que não implique complementação e consequente agravamento de exação.

Lembramos que a constituição do fato jurídico tributário revisado ocorre em um determinado contexto sistêmico, ao passo que a revisão ocorre em outro contexto sistêmico, com todas as consequências jurídicas que disso decorrem, mormente no que tange aos limites de competência e previsão de procedimentos vigentes ao tempo dos respectivos atos de constituição e de revisão.

O ato de revisão visa a alterar situação jurídica. Nessa medida, é uma questão de prova, que desde logo pressupõe relação harmônica dos enunciados dos suportes fáticos que compõem o fato jurídico tributário. Concebemos, então, a morfologia do fato a partir da modalidade de revisão que o constitui. Considerando que fato e norma integram a mesma estrutura jurídica, para efeito do nosso objeto, classificamos a revisão em função do tratamento conferido à norma revisada.

Nessa empreitada, delimitando nosso objeto às revisões que têm por finalidade criar obrigação tributária, pragmaticamente identificamos que o sistema só permite duas modalidades de revisão, para a constituição de obrigação tributária, em função do tratamento conferido à norma revisada, quais sejam: (i) modalidade de revisão que não nega os efeitos da norma revisada, pelo que busca complementar o fato jurídico revisado ou reproduzi-lo para complementar a obrigação decorrente – *revisão para complementação*; ou (ii) modalidade de revisão que nega o fato revisado, a fim de constituir fato jurídico tributário inteiramente novo em sua materialidade – *revisão com negação*.

Não há obrigação tributária sem fato jurídico tributário. Se do ato de revisão decorre obrigação tributária é porque há fato jurídico tributário. Não há fato jurídico tributário de omissão de receita, glosa de despesa, crédito indevido, dentre tantos outros motivos para a revisão de lançamento. O motivo da revisão é fato jurídico (a exemplo do creditamento indevido) que não se confunde com o fato jurídico tributário, porquanto o motivo da revisão não é por si só denotativo de hipótese de incidência tributária.

Nesse passo, para a exigência de tributo há que se constituir fato jurídico tributário. Ora, se o fato jurídico tributário não se decompõe em partes, então, no ato de revisão, temos sempre um fato jurídico que, de duas uma: ou é inteiramente novo, ou corresponde à junção do enunciado revisado, tomado positivamente em consideração, com o enunciado complementar.

Noutras palavras, o enunciado do fato jurídico tributário em ato de revisão, do ponto de vista estrutural e funcional, deve ser suficiente a demonstrar a negação da realidade anterior pela nova realidade jurídica ou a natureza complementar da revisão, com a reprodução da norma anterior e as feições atribuídas a partir da inclusão de novos dados fáticos.

Considerando que o conhecimento para ser jurídico é filtrado a partir de um programa determinado pelo sistema, sendo certo que esse programa é condicional (se, então), conforme estrutura da norma jurídica, e é regido pelos códigos lícito/ilícito, como compatibilizar o motivo do lançamento, enquanto ato administrativo, o qual na revisão corresponde a um ilícito que lhe desencadeia – a exemplo da omissão de receita, da despesa indevidamente deduzida, do crédito indevido – com o disposto nos arts. 3º, 97 e 114 do Código Tributário Nacional? O Código Tributário Nacional claramente assevera que o tributo não é devido em razão de ato ilícito, mas de materialidade prevista em lei como necessária e suficiente à ocorrência do fato imponível.

Encontramos resposta no art. 142 do mesmo *codex*, que muito bem interpretado por Eurico Marcos Diniz de Santi,[71] segrega o ato de lançamento, cujo motivo, descrito na motivação,[72] a partir da observância do pressuposto causal entre

71. *Lançamento tributário*, São Paulo, Max Limonad, 1996, passim.

72. Fabiana Del Padre Tomé (*A prova no Direito Tributário*, São Paulo, Noeses, 2005,

motivo, motivação e conteúdo, não se confunde com lançamento enquanto norma individual e concreta, introduzida no ordenamento.

Paulo de Barros Carvalho[73] lembra que o auto de infração apresenta atos administrativos introdutores de uma ou várias normas individuais e concretas. Se o antecedente dessa norma é um ilícito, o seu consequente corresponde à aplicação de penalidade. Noutro giro, se o antecedente é uma materialidade lícita, então o lançamento produzirá regra cujo consequente é uma relação jurídica tributária.

Muito bem, se o lançamento, enquanto ato de revisão, reporta-se à norma expedida pelo particular, e se a norma expedida pelo particular apresenta, ao menos até a conclusão da revisão, uma relação suficiente de includência de suportes fáticos que denotam o fato jurídico tributário apto a desencadear uma apuração de crédito e uma identificação de sujeitos, então o produto dessa revisão, se pretender cobrar tributo, deverá expedir uma norma individual e concreta, nos moldes daquela revisada, em integral substituição a ela ou aperfeiçoando-a, pela repetição com a inclusão dos dados necessários ao seu aperfeiçoamento.

É necessária a unidade aferida pela articulação dos suportes fáticos que apresentam de forma suficiente a diferença entre o fato jurídico na forma anteriormente apresentada e a sua complementação ou a sua nova configuração. A composição do fato jurídico tributário, fruto de revisão, considera sempre o fato jurídico anterior e, por consequência, a respectiva relação jurídica obrigacional até então válida e vigente. A situação

p. 283) defende que o ato administrativo tem como elementos a forma, a motivação e o conteúdo. Para nosso objeto importa defender que na motivação há que se encontrar a descrição dos motivos de fato (ilícito), que ensejaram a produção do ato e a descrição da causa, enquanto conexão entre o motivo, a motivação e o conteúdo, que pode corresponder a uma norma individual e concreta introduzida na ordem jurídica para cobrar tributo para alterar as feições da obrigação tributária ou para impor penalidade.

73. *Curso de direito tributário*, 18ª ed., São Paulo, Saraiva, 2000, pp. 429 e ss.

jurídica revisada é tomada em consideração, seja pela necessidade de negá-la, seja pela necessidade de confirmá-la e complementá-la. A estrutura do enunciado do fato jurídico tributário em ato de revisão determina a natureza dos efeitos jurídicos implicados e decorrentes, como abordaremos no capítulo VI.

No plano lógico-sistêmico, o fato jurídico tributário decorrente de revisão é molecular, porque necessita de um encadeamento de suportes fáticos que, apenas em relação de includência, denota o fato imponível. Reiterada essa conclusão, para o desenvolvimento do tema classificamos os suportes fáticos segundo sua natureza, de *constatação* ou de *revisão.*

Em decorrência da revisão, o conjunto de suportes fáticos do fato jurídico tributário pressupõe sempre a existência de pelo menos um *suporte fático de constatação* e um *suporte fático de revisão.* Os *suportes fáticos de constatação* reportam-se ao elemento nuclear da materialidade de incidência tributária, ao passo que os *suportes fáticos de revisão* se reportam aos elementos revisados.

Oportuno insistir que, por decorrência da revisão, para que o enunciado do antecedente da norma individual e concreta se subsuma à hipótese de incidência, a norma revisada deve compor o enunciado do fato jurídico tributário. A uma porque o motivo da revisão não se confunde com o fato jurídico tributário, tampouco com a hipótese de incidência fiscal. A duas porque (i) ou bem a norma revisada não perdeu a eficácia no ordenamento jurídico, ocorrendo uma espécie de convalidação, no sentido de aperfeiçoamento e não de remoção de defeito invalidante, (ii) ou bem a negativa do fato e respectiva norma revisados são pressuposto para a nova versão do fato jurídico tributário.

Se assim é, no fato jurídico tributário em ato de revisão, todos os vícios que ensejaram a revisão do fato anterior e os efeitos jurídicos decorrentes devem ser reconduzidos à sua materialidade. Por isso, defendemos que, em qualquer modalidade de revisão, o fato jurídico tributário considera o comportamento humano da enunciação da norma revisada, o qual compõe a classe dos *suportes* fáticos *de revisão*.

Feitas essas considerações, o enquadramento dos demais elementos nas classes dos *suportes fáticos de constatação* ou dos *suportes fáticos de revisão*, que compõem o conjunto de suportes fáticos do fato jurídico tributário em ato de revisão para constituição de obrigação tributária, depende da modalidade da revisão. Nessa toada, passamos a investigar a morfologia do fato jurídico tributário de acordo com a modalidade da revisão.

2.1 Morfologia do Fato Jurídico Tributário na Revisão para Complementação da Situação Jurídica Revisada

Na revisão para complementação, a partir da análise dos suportes fáticos, sem desconsiderar o que já integrava a norma revisada, complementa-se a descrição do conjunto suficiente de suportes fáticos. Nesse caso, da descrição completa dos suportes fáticos, considera-se o que já atingiu eficácia jurídica pela proposição do fato jurídico tributário anterior, submetido à revisão sem sofrer desconstituição jurídica, e prescreve-se o fato jurídico tributário.

Vejamos. Quando a revisão tem a finalidade de complementação é porque tudo o que o contribuinte ou a própria Administração originariamente fizeram não é negado, sendo apenas insuficiente. O fato jurídico originariamente constituído surtiu efeitos de relação jurídica, cujo adimplemento é confirmado como válido ao tempo e à época em que efetuado. O ordenamento bem descreve essas hipóteses, a exemplo dos lançamentos de ofício para cobrança da mera diferença entre DCTF e DIPJ. Enquanto a DCTF é veículo hábil a introdução de norma individual e concreta, a DIPJ não o é para a constituição de fato jurídico tributário. Nessa medida, havendo diferença, o quanto declarado na DCTF não é negado, mas apenas tomado como insuficiente, o que gera a necessidade de revisão da norma para a complementação de seu conteúdo por meio de outra norma individual e concreta. Tudo o que é aceito e reproduzido corresponde a suporte fático de constatação. O suporte fático de revisão é, nesta hipótese, apenas o comportamento humano da enunciação revisada.

Como sabemos, na revisão há sempre a consideração do sistema vigente à época da revisão e da competência do órgão revisor, do que, por si só, já pode decorrer a nova feição atribuída ao fato jurídico. A depender da nova feição que lhe é atribuída, o fato jurídico revisado e a respectiva relação são recebidos com os direitos deles decorrentes, porquanto não negados – revisão para complementação. Fato e norma são tomados como suportes fáticos em função de novas constatações que, com aquelas já denunciadas pela norma revisada, conformam o enunciado denotativo da hipótese de incidência. Quando assim ocorre, o fato e a relação revisada caracterizam-se como suportes fáticos de constatação.

Tendo em mente que o fato jurídico é um enunciado que denota os elementos do fato imponível e que, ao revés, aquele não surte efeito se não se subsumir inteiramente à hipótese normativa, só podemos concluir que o fato jurídico tributário em ato de revisão para complementação é a junção (i) do fato jurídico que enseja a complementação – suporte fático complementar (SFc) em coordenada de espaço e tempo (e.t); com (ii) o comportamento de enunciação da norma anterior (suporte fático de revisão da enunciação – SFr); e com (iii) o fato jurídico anterior (FJT1) e a relação jurídica obrigacional decorrente (SaRSp).

Somente a integralidade apresentada pela união de todos os enunciados conforma o enunciado protocolar suficiente a implicar a relação jurídica tributária. Dito de outro modo, a pertinencialidade sistêmica da proposição antecedente (fato jurídico tributário decorrente de revisão) da norma individual e concreta está condicionada à existência de cada um dos enunciados, em relação de includência, que constituem, em ato de revisão, o conjunto suficiente de suportes fáticos do fato jurídico tributário.

Se a enunciação anterior é recebida *in totum* como suporte fático do novo fato jurídico, por razão lógico-sintática, toda a situação anterior é considerada na formação da norma individual e concreta que possui, no antecedente, o fato jurídico tributário integralmente subsumido à hipótese de incidência; e que possui, no seu consequente, a relação jurídica tributária, considerando, por decorrência, a realidade anterior. Formalizamos:

FJT {[SFc (e.t.)]. SFr . SFcn [FJT1 . (SaRSp)]}

- FJT = Fato jurídico tributário em ato de revisão;
- SFc = Suportes fáticos de constatações complementares;
- (e.t.) = Coordenadas de espaço e tempo dos suportes fáticos de constatações complementares;
- "." = Conectivo lógico aditivo;
- SFr = Enunciação revisada (suporte fático de revisão);
- SFcn = Suporte fático de constatação correspondente à situação jurídica anterior, cujos efeitos foram recebidos sem negação pelo ato de revisão;
- [FJT1 . (SaRSp)] = Representação da situação jurídica anterior;
- FJT1 = Fato jurídico revisto que assume a posição de suporte fático de constatação; e
- (SaRSp) = Objeto da relação jurídica (R) revista, entre sujeito ativo (Sa) e sujeito passivo (Sp), que assume a posição de suporte fático de constatação.

Imaginamos uma revisão que culmina com lançamento de ofício em razão de omissão de receita, sem desqualificação da escrita fiscal. O tributo – IRPJ e reflexos – é cobrado em função da situação lícita de auferir renda representada nos suportes fáticos de constatação (SFc e SFcn). Para tanto, conjugam-se duas situações lícitas, correspondentes à constatação da receita que não fez parte do fato jurídico originalmente constituído (suporte fático de constatação – SFc), com o suporte fático relativo ao fato anteriormente constituído (FJT1) e a relação dele decorrente (SaRSp).

Se o fato jurídico tributário não é o ilícito (omissão de receita) e se não há a negação da constituição do fato jurídico e correspondente relação anteriormente apresentada pelo sujeito passivo, claro está que é a situação jurídica revisada – SFcn – que, juntamente com o que restou para a constatação fiscal (SFc), conforma o fato jurídico tributário em ato de revisão, melhor dizendo, a materialidade lícita de auferir renda tributável.

Apesar de o fato jurídico revisto também existir em função dos suportes fáticos em coordenadas de espaço e tempo, não havemos que formalizar tais coordenadas para o fato jurídico revisto, já que os efeitos da enunciação do fato são integralmente recebidos como suporte fático de constatação. As coordenadas de tempo e espaço da situação jurídica anterior são exatamente as mesmas dos suportes fáticos de constatações complementares, sob pena de não se tratar de ato de revisão para complementação. Se o enunciado denotativo da hipótese de incidência depende da junção de ambas as constatações, revisada (SFcn) e complementada (SFc), é porque pertencem eles ao mesmo fato subsumível à hipótese imponível e, portanto, submetidos às mesmas coordenadas de espaço e tempo.

As coordenadas de espaço e tempo só divergem daquelas relacionadas aos suportes fáticos de constatação quando se referem ao suporte fático de revisão. As coordenadas de espaço e tempo do suporte fático de revisão não afetam imediatamente o fato jurídico tributário. Melhor dizendo, as coordenadas de espaço e tempo do fato jurídico tributário são aquelas equivalentes aos suportes fáticos de constatação, porquanto relacionados ao seu núcleo material, não aquelas relacionadas ao suporte fático de revisão. Por essa razão, não apresentamos formalizadas as coordenadas de espaço e tempo dos suportes fáticos de revisão. Lembramos, contudo, que tais coordenadas se prestam a delimitar, de um lado, a competência para revisão de um modo geral e, de outro lado, o prazo decadencial.

O suporte fático de revisão (SFr) é a enunciação anterior, cujos efeitos são tomados com os direitos decorrentes de sua validade confirmada, sendo apenas reincidente para compor, como suporte fático necessário, o fato revisto. O ilícito que implica a sanção não está na composição do fato jurídico tributário, mas decorre justamente da sua não constituição completa no tempo e na forma prescrita em lei. Considerando que não há negação dos efeitos da enunciação anterior, a sanção não se reporta a todo o fato jurídico tributário, mas à parcela descumprida da relação jurídica dele decorrente.

2.2 Morfologia do Fato Jurídico Tributário na Revisão com Negação da Situação Jurídica Revisada

A depender da feição que se pretende atribuir ao fato jurídico tributário fruto de revisão, a norma revisada é recebida no pressuposto da necessidade de sua negação (inoponibilidade fiscal), em função de diferentes traduções dos suportes fáticos anteriormente adotados ou de novas constatações. Noutras palavras, a nova feição pode derivar da adoção de outros suportes fáticos, ou, simplesmente, de outra tradução dos mesmos suportes fáticos, ou, ainda, da conjugação de ambas as hipóteses. Se assim ocorrer, o fato e a relação revisados caracterizam-se como suportes fáticos de revisão. De outra parte, a nova tradução do suporte fático e as novas constatações caracterizam-se como suportes fáticos de constatação.

A fim de elucidar, valemo-nos da hipótese de lançamento de ofício, em razão do desenquadramento da operação de um contribuinte, no âmbito do ICMS, de um determinado regime especial. Nesse caso, porque o fisco estadual, a partir de uma nova constatação ou de uma tradução diferente dos mesmos suportes fáticos anteriormente adotados pelo contribuinte, assume uma diversa classificação ou efeito para o ato ou o negócio jurídico praticado e, nessa medida, lhe desenquadra do regime fiscal especial a que anteriormente estava afeto. Ao assim proceder, toda a norma introduzida para a constituição originária do fato jurídico tributário pelo contribuinte é negada. A norma revisada e o ato de enunciação que a introduziu são suportes fáticos de revisão. Os enunciados que denotam o ato jurídico na forma como qualificado pelo fisco estadual correspondem aos suportes fáticos de constatação.

Se a revisão do fato jurídico tributário pressupuser a negação da situação jurídica anterior, por questão de competência e de vinculação sistêmica, a negação implicará desconstituição para fins fiscais do fato e da respectiva relação jurídica, sempre que os sujeitos forem os mesmos em ambas as relações jurídicas, revisada e constituída em ato de revisão.

Exatamente no exemplo que citamos de requalificação de um negócio jurídico em um determinado regime pelo fisco estadual, em se tratando de mesmo sujeito ativo e passivo, o enquadramento de um determinado negócio jurídico em uma regra tem relação de implicação com o desenquadramento em outra regra, não podendo o mesmo sujeito ativo manter ambas as relações jurídicas como válidas e vigentes, posto que uma é necessariamente excludente da outra.

De outra parte, também por questão de competência, se a relação jurídica revisada não tratar dos mesmos sujeitos, ativo ou passivo, da relação jurídica constituída em ato de revisão, a negação da relação jurídica revisada é apenas pressuposto lógico para a constituição da nova relação jurídica. Ou seja, a negação da relação jurídica revisada é exercício de dialética necessário à demonstração do fato jurídico tributário e exercida nos limites da competência segundo a sua finalidade – para a constituição de fato jurídico tributário em ato de revisão –, não tendo o condão de desjuridicizar o fato revisado para imputação de efeitos, salvo na hipótese em que a alteração é apenas de sujeição passiva e houver possibilidade para esse tipo de imputação no ordenamento jurídico.

Em suma, na revisão com negação do fato jurídico anterior para a constituição de fato novo, pode haver (i) uma negação total ou parcial das traduções dos suportes fáticos, atribuindo-lhes novas feições, seja ou não para fins exclusivamente fiscais; ou (ii) inclusão de novos suportes fáticos, de tal forma que o conjunto resulte em enunciado de fato divergente daquele anterior, negando-o inteiramente; ou (iii) ambas as hipóteses. A negação da situação jurídica revisada pode implicar desconstituição jurídica, se os sujeitos envolvidos forem os mesmos, ou pode ser tomada simplesmente como suporte fático de revisão, para a finalidade a que se destina.

Assim como na revisão para complementação, também na revisão com negação toda a situação jurídica revisada adentra ao conjunto dos suportes fáticos do novo fato jurídico, inclusive o comportamento de enunciação da norma revisada. Considerando que a norma de revisão relaciona-se ao sistema vigente ao seu tempo, teremos ainda novos fatores influenciando as feições de cada fato jurídico tributário, fruto de revisão.

Importante segregar o objeto imediato do objeto mediato do ato de revisão. O objeto mediato é a norma revisada. O objeto imediato é a constituição do fato jurídico tributário, o que representa o confronto entre o que pretende o particular e o que pretende ou aceita (no caso de revisão tentada pelo particular) a Administração Pública.

Na revisão com negação, a relação obrigacional anterior (SaRSp) não se soma mais à nova relação obrigacional (SaR'Sp) para efeito de subsunção à norma geral e abstrata, como acontece na revisão para complementação. A realidade jurídica anterior, incluindo a relação obrigacional, originária ou produto de complementação, se houver,[74] adentra na norma de revisão com negação como suporte fático de revisão do novo fato jurídico tributário (FJT). Apesar de a situação

74. A exemplo do que ocorre com a revisão com negação de fato jurídico constituído por meio de DCTF retificadora (portanto, já objeto de revisão anterior, então para complementação).

jurídica anterior ser recebida em negação, de se consignar que há sempre a integral consideração das situações anteriores no próprio fato jurídico, produto de revisão, afetando, em relação de implicação e decorrência, a nova obrigação, nos limites em que outorgada a competência tributária.

Sem desprezar os efeitos da competência na constituição do novo fato jurídico, mas apenas para simplificar a demonstração, podemos reservar a fórmula da competência, limitando a apresentação lógica à norma revista (SFrn), à enunciação da última norma de revisão (SFr) e aos suportes fáticos de constatação (SFc) em coordenadas de espaço e tempo (e.t):

FJT {SFrn -[FJT1 . (SaRSp)] . SFr . [SFc(1,2,3...) (e.t)]}

- FJT = Fato jurídico tributário constituído em ato de revisão;
- SFrn = Suporte fático de revisão correspondente à situação jurídica anterior, cuja negação é pressuposto da constituição do novo fato jurídico tributário;
- "-" = Negação;
- FJT1 = Fato jurídico revisto que assume a posição de suporte fático de revisão;
- (SaRSp) = Objeto da relação jurídica (R) revista, entre sujeito ativo (Sa) e sujeito passivo (Sp), que assumem a posição de suporte fático de revisão;
- "." = Conectivo lógico aditivo;
- SFr = Enunciação que se apresenta como suporte fático de revisão;
- SFc(1,2,3...) = Suportes fáticos de constatação; e
- (e.t.) = Coordenadas de espaço e tempo dos suportes fáticos de constatação.

Quando a revisão implica negação da situação fiscal revisada, a norma revisada (SFrn) compõe o conjunto suficiente de suportes fáticos que devem ser submetidos à negação. Tomemos de exemplo a costumeira revisão que culmina com a alteração da natureza de uma operação. Não raro, para efeito de incidência do imposto sobre serviços, uma empresa classifica a sua atividade como de prestação de um tipo de serviço, ao passo que a autoridade administrativa, em ato de revisão, conclui ser o serviço de outra natureza.

Ao assim proceder, no conjunto suficiente de suportes fáticos devem constar não só as operações então requalificadas, que se consubstanciam no suporte fático de constatação (SFc), como deve ser revisada a enunciação anterior (SFr) e desqualificada, ao menos para fins de oponibilidade ao fisco, a prova do fato jurídico até então válido e da relação dele decorrente {–[(FJT1 . SaRSp)]}.

Sem a consideração de todos os suportes fáticos, é impossível a contraprova e a negação da situação anterior. Isso porque é um sem sentido lógico o suporte fático de constatação, sem a negação da situação fiscal anterior, sob pena de admitir proposições jurídicas contraditórias.

Uma vez que há a constituição de fato jurídico integralmente novo, pode ser que se verifique alteração de sujeitos e a nova relação jurídica seja diversa não só quanto ao aspecto quantitativo, mas também de sujeição ativa, de sujeição passiva, ou de ambas, assim esquematizando-se:

{FJTr → (Sa'R'Sp) v (SaR'Sp') v (Sa'R'Sp')}, sendo que 'v' significa alternativa excludente.

Quando uma norma de revisão sistêmica insere no ordenamento um fato jurídico tributário que implique negação daquele anterior, essa norma introduz no ordenamento jurídico uma regra de produção normativa, para a desconstituição ou o acertamento dos efeitos do fato jurídico tributário revisto, ressalvado o limite da competência tributária.

3. Os Vínculos de Coordenação e Subordinação na Constituição do Fato Jurídico Tributário

No campo da produção normativa, o processo de positivação do Direito aproxima a linguagem do Direito Positivo à linguagem da realidade social, alcançando a linguagem da facticidade jurídica. Enquanto na norma abstrata o antecedente traz hipoteticamente critérios de aferição para enquadrar um acontecimento, que deverá ser considerado jurídico (conotação); o fato jurídico compõe o antecedente de norma concreta e deve denotar uma ocorrência no mundo fenomênico, em determinadas circunstâncias de espaço e de tempo.

A relação de pertinencialidade entre fato jurídico e sistema pressupõe, antes de qualquer coisa, a existência de norma individual e concreta. O primeiro teste de validade do fato jurídico tributário corresponde à relação dos vínculos sistêmicos para a introdução de norma individual e concreta, de início por ato administrativo ou por ato do particular, com a descrição do evento e a construção do fato jurídico em sua integridade formal. O citado ato será válido como ato jurídico se efetuado pelo sujeito competente, em determinado espaço e tempo, bem como por meio de realização concreta do procedimento genericamente estabelecido para a prática do ato.

No escólio de Paulo de Barros Carvalho,[75] o nível sistêmico mais elevado é aquele que "organiza as normas numa estrutura escalonada, presentes laços de coordenação e de subordinação entre as unidades construídas". É esse arranjo que confere ao Direito o *status* de sistema, porque determina a sua composição e autoconstituição, em um processo dialético interno.

O critério de validade, na acepção de relação de pertinencialidade com o sistema jurídico, é aferível primeiramente pelas normas de produção e de competência, que nos habilitam

---

75. *Direito tributário*: fundamentos jurídicos da incidência, 7ª ed., São Paulo, Saraiva, 2009, pp. 85-86.

a verificar se (i) a autoridade é competente e (ii) foi observado o procedimento próprio. Essa pertinencialidade, em um primeiro momento, é uma espécie de axioma, já que, uma vez introduzida a norma no ordenamento jurídico, a tomamos como válida. Os critérios de competência e procedimento só serão efetivamente constatados após o início do contencioso ou em procedimento de revisão de atos pelo particular ou pela Administração Pública. A validade sintática inicial é, assim, uma presunção de validade.

A presunção de validade só não existe, por exemplo, se o agente que efetua o procedimento não estiver notoriamente investido do cargo. Um suposto lançamento de ofício não introduz fato jurídico válido no sistema se notoriamente não é feito pela autoridade pública da competente jurisdição ou se não estiver habilitado a integrar o sistema (na acepção de controle) da respectiva Administração.

Como reconhece expressamente Hely Lopes Meirelles,[76] pode ocorrer o fenômeno da inexistência de atos administrativos, o que alargamos para a inexistência de atos do particular, situação em que o ato humano praticado não implica introdução de norma individual e concreta. O ato inexistente é aquele que tem apenas aparência de manifestação regular no ato da administração ou do particular, mas não chega a se aperfeiçoar com o ato de introdução de norma individual e concreta. É o que se verifica, *v.g.*, no fato jurídico tributário não informado em instrumento próprio, a exemplo do contribuinte que pretende constituir fato jurídico tributário no âmbito do Imposto sobre a Renda, preenchendo um documento qualquer, mas não entregando a DCTF.

A validade formal como relação de existencialidade para o Direito Positivo decorre, em especial, de quem veicula e da forma de veiculação do enunciado. Da mesma forma que a lei precisa ser sancionada e veiculada no diário oficial, o fato jurídico tributário precisa estar na hipótese de norma individual e concreta.

---

76. *Direito administrativo brasileiro*, 33ª ed., São Paulo, Malheiros, 2007, p. 153.

Isso quer dizer que o fato jurídico tributário precisa estar constituído como pressuposto da formalização do crédito tributário, que deve constar do consequente (relação jurídica) da norma.

O enunciado "dado o fato, deve ser a relação jurídica" precisa ter como suporte físico um veículo especificamente autorizado para introduzi-lo no sistema. Essa autorização está no próprio sistema, que também impõe a publicidade do ato como condição de existencialidade.

Uma vez que o fato pertence à própria estrutura da norma, se foi regularmente normatizado pelo administrado, ele vale até que outra norma lhe retire do sistema ou lhe altere as feições, como faz o lançamento de ofício ou a própria retificação autorizada ao administrado. O mesmo ocorre com o lançamento de ofício notificado ao contribuinte, o qual é válido até que seja cancelado ou alterado, pelo contencioso administrativo ou judicial, ou, até mesmo, por uma norma espontaneamente expedida pela Administração Pública no exercício de revisão de seus atos.[77]

Quando é constituído por ato administrativo, o fato jurídico tributário é veiculado por declaração unilateral do Estado, no exercício de sua competência. Esse ato, concluído com a publicidade ao sujeito passivo, modifica a ordem jurídica, introduzindo norma individual e concreta. É a própria declaração contida no lançamento que tem o predicado de, defende Estevão Horvath, "veracidade jurídica para dizer que aconteceu no mundo fenomênico aquele fato previsto hipoteticamente na norma jurídica, num determinado momento e num dado espaço territorial [...]".[78]

---

77. Lei nº 9.784/99, art. 53:
"A Administração deve anular seus próprios atos, quando eivados de vício de legalidade, e pode revogá-los por motivo de conveniência ou oportunidade, respeitados os direitos adquiridos".
Inúmeras são as prescrições para controle de legalidade dos atos públicos, também pelas Procuradorias, sujeitos exequentes dos créditos tributários.

78. Estevão Horvath, *Lançamento tributário e "autolançamento"*, São Paulo, Quartier Latin, 2010, p. 59.

Também a declaração é prova do fato jurídico tributário originariamente constituído pelo particular, que a veicula em instrumento hábil previsto no ordenamento, para, após a publicidade, dar efeito constitutivo ao fato jurídico tributário e à obrigação tributária implicada. Quando o fato jurídico tributário é originalmente constituído pelo particular, em cumprimento de um dever legal, o enunciado tem *per si* presunção de validade quanto à declaração das ocorrências, à tradução dos suportes fáticos e às respectivas coordenadas de tempo e espaço.

Como afirmamos anteriormente, as declarações do administrado e da Administração Pública estão sujeitas à revisão pelos próprios agentes e pelos demais competentes. No que tange à revisão pela Administração Pública, de se lembrar que, ainda que por determinação legal, outra revisão devesse ser efetuada para a constituição de uma nova obrigação ou de uma obrigação complementar, uma vez que se trata de direito potestativo do Estado, há que se observar o disposto no art. 146 do Código Tributário Nacional, no que tange ao lançamento de ofício objeto de revisão. Vale dizer, qualquer modificação introduzida nos critérios jurídicos antes adotados no lançamento de ofício, seja pela própria Administração Pública, seja por decisão administrativa ou judicial, só tem efeito em relação a fato gerador ocorrido posteriormente. Em decorrência, se não houver outro lançamento com fulcro nos incisos VIII e IX do art. 149 do mesmo *codex*, como anteriormente tratado, não há que se provocar nova modificação que afete o fato constituído ou crie exação. Sempre que o objeto da revisão já for um lançamento de ofício, a norma que se aplica para a Administração Pública é aquela inserta no art. 146 do Código Tributário Nacional, e não a salvaguarda apenas quanto à multa, juros e encargos, prevista no art. 100, parágrafo único, do mesmo diploma legal, porquanto esta salvaguarda reporta-se simplesmente à mera observância, pelo contribuinte, das normas gerais complementares exaradas pelo Poder Público.

Retornando à natureza da revisão, se não se tratar de mera complementação, o que reserva os efeitos da norma revisitada, a norma que introduziu o fato jurídico tributário tem validade até que outra sobrevenha, extinguindo aquele fato anterior ou simplesmente tornando-o inoponível para o fim a que se destina a nova norma introduzida. Essa norma pode ser introduzida pela Administração, pelo próprio particular (no espaço conferido à denúncia) ou por ato de competência jurisdicional. Pode ser, respectivamente, o próprio lançamento de ofício em ato de revisão, a retificação de declaração e a decisão administrativa ou judicial. Aplica-se, assim, a regra *lex posterior derogat priori*.

A norma individual e concreta, seja ela originariamente produzida pelo administrado ou pela Administração Tributária, seja ela uma norma de revisão sistêmica, é base empírica para um novo juízo de valor, podendo ela mesma ou os seus elementos, antecedente e consequente, assumir a posição sintática de suporte fático de outro fato jurídico.

Sempre que a revisão se der no âmbito das competências jurisdicionais típicas ou atípicas, a enunciação da norma revisada representa o limite da revisão. É no próprio sistema que se encontrarão as outorgas de competência para revisão, para emissão de juízos de valor, para os julgamentos e, por consequência, para as alterações no fato jurídico tributário.

Cada proposição tem em seu bojo a combinação processo/produto, pelo que identificamos no ato jurídico de constituição do fato jurídico tributário, as marcas do processo, as marcas da enunciação e as marcas do produto (o próprio fato jurídico tributário). A marca do processo identifica uma relação internormativa, pela qual a norma geral confere, ao agente, a competência e o procedimento a ser observado para a expedição da norma individual e concreta. A marca do produto é o próprio texto. Se houver defeito, o defeito estará ou numa marca, ou noutra, ou ainda em ambas. Mas o defeito, grave ou não, só tem eficácia de adequação, anulação ou atribuição de efeitos de nulidade ao fato jurídico tributário se outra norma sobre ele incidir, transformando o direito.

O fato não nasce inválido. O fato não pode *ser* e não *ser*. Ele é, ainda que gravemente defeituoso. A partir disso, é uma questão de aguardar a sua invalidação, como quer Eurico Marcos Diniz de Santi,[79] por alguma técnica de eliminação. Continuemos no primeiro teste de validade do fato jurídico tributário, correspondente ao binômio: competência e procedimento.

3.1 Constituição do Fato Jurídico por Agente Competente

A dinâmica jurídica tratada por Hans Kelsen distingue dois tipos de sistemas de normas, um estático e outro dinâmico. No sistema estático, todas as normas de um mesmo ordenamento estão contidas no conteúdo da norma pressuposta e podem ser deduzidas desta por operação lógica, do geral para o particular. No tipo estático, o fundamento e o conteúdo de validade de uma norma são deduzidos da norma fundamental, que é aquela cujo conteúdo é imediatamente evidente. Mas o jusfilósofo infirma a possibilidade de uma norma ser evidente, porque não é possível conhecer um ato de vontade, e o estabelecimento de uma norma ocorre por ato de vontade. Kelsen,[80] então, adota o tipo dinâmico de sistema normativo, pelo qual a norma fundamental pressuposta não tem outro conteúdo além da "instituição de um fato produtor de normas, a atribuição de poder a uma autoridade legisladora ou – o que significa o mesmo – uma regra que determina como devem ser criadas as normas gerais e individuais do ordenamento fundadas sobre esta norma fundamental".

Ou seja, o tipo é dinâmico porque a norma fundamental delega competência e fixa regras de conformidade para a criação de normas no sistema. Nesse sentido, "a norma que constitui o ponto de partida da questão não vale por força de seu conteúdo, ela não pode ser deduzida da norma

---

79. *Lançamento tributário*, São Paulo, Max Limonad, 1996, pp. 98-99.

80. *Teoria pura do direito*, 8ª ed., São Paulo, Martins Fontes, 2009, p. 219.

pressuposta através de uma operação lógica".[81] A norma é válida porque posta por agente competente e conforme as regras do sistema, pressupondo-se, de antemão, a validade da norma fundamental.

Se o fato jurídico tributário é um recorte da realidade segundo valores axiológicos do operador do Direito, então ele é sempre próprio (ao menos por hipótese) à consequência pretendida. Ora, se o fato jurídico tributário toma essa peculiar feição para atender ao fim específico a que se destina e, ainda, se apenas a partir da versão do evento em linguagem é que nascem direitos e deveres subjetivos, então a norma individual e concreta que o tem no antecedente é sempre constitutiva de direito. A teoria Kelseniana desde sempre tratou qualquer ato de aplicação de norma, ensejando a produção de outra norma, como ato constitutivo, seja ele legislativo, administrativo ou judicial.

De outra parte, todo ato de constituição de fato jurídico é também um ato de constatação de suporte fático. O ato de constatação, por sua vez, não existe isoladamente no Direito, sobrepondo-se a ele um ato de constituição de direito, em nosso objeto, de fato jurídico tributário e relação jurídica implicada. Não existe alteração no ordenamento jurídico sem criação de norma.

A competência do agente que constitui fato jurídico tributário é informada na própria norma introdutora, em cujas marcas da enunciação está o sujeito enunciador, o processo de produção e as condições de espaço e tempo da enunciação. O antecedente da norma de introdução coincide com o fato jurídico da enunciação,[82] previsto na hipótese da norma de competência. O fato jurídico tributário é objeto da norma jurídica de competência tributária.

---

81. Ibidem, mesma página.

82. Tácio Lacerda Gama, *A sanção pelo exercício irregular de competências jurídicas*: uma análise estrutural, in Congresso Nacional de Estudos Tributários VI - Sistema Tributário Brasileiro e a Crise Atual, São Paulo, Noeses, 2009, p. 942.

Por se tratar de Direito Público, a lei se impõe sem deixar margem de escolha ou opção.

A constituição do fato jurídico tributário é tarefa da autoridade administrativa competente e do administrado, respectivamente, para o lançamento e para a introdução de norma individual e concreta com a mesma finalidade. Conclusão lógica, então, é a competência, desses mesmos agentes, para a tradução dos suportes fáticos, segundo as prescrições próprias do subsistema em que inserida a norma.

A interpretação dos atos jurídicos, tomados por suporte fático, ocorre no sistema do plano proposicional,[83] a partir das normas vigentes em seu regime próprio, conjugadas com as normas que lhe atribuem funções para efeito específico do ramo do Direito a que se destina, no caso o Direito Tributário. Queremos dizer, com isso, que a tradução dos suportes fáticos não ocorre ainda no plano normativo, mas ocupa a categoria de motivação no plano proposicional. Ao lado dessa tradução, encontram-se outras, como a interpretação do próprio fato imponível, previsto na norma geral e abstrata. A conjugação dos enunciados no plano proposicional compõe a hipótese da significação deonticamente[84] estruturada no plano normativo.

Todas as conjugações de conteúdo de significação só possuem eficácia para o ordenamento jurídico com a expedição de enunciado prescritivo, se efetuada por pessoa competente (órgão credenciado pelo sistema). Se o agente não for competente, a cognição servirá para outra finalidade, como à Ciência do Direito. Apenas a pessoa que compõe o órgão credenciado pelo sistema pode emitir interpretação autêntica, no sentido de

---

83. "O direito se manifesta sempre nesses 4 planos: o das formulações literais [S1], o de suas significações enquanto enunciados prescritivos [S2], o das normas jurídicas, como unidades de sentido obtidas mediante o grupamento de significações que obedecem (sic) determinado esquema formal (implicação) [S3], e o da forma superior do sistema, que estabelece os vínculos de coordenação e subordinação entre as normas jurídicas criadas no plano anterior [S4]" (Paulo de Barros Carvalho, *Direito Tributário: fundamentos jurídicos da incidência*, 7ª Ed., São Paulo, Saraiva, 2009, p. 85).

84. Hipótese→Consequência / FJT→Sa R Sp.

positivada. É o órgão credenciado pelo sistema, que, pelo veículo introdutor hábil, atribui sentido normativo à interpretação.

Têm competência para constituir o fato jurídico tributário, como dissemos, a Administração Pública e o administrado. Têm competência para revisar o fato os mesmos agentes, observados os limites legais, e aqueles habilitados ao exercício da atividade jurisdicional, típica ou atípica, com a ressalva de que estes últimos não podem criar fato diverso daquele descrito para fins de constituir mais obrigação, mais exação.

Sempre que se tratar de constituição de fato jurídico, tem-se um ato de constatação sotoposto por ato de constituição. Para o exercício da competência de constituição ou revisão do fato jurídico tributário se pressupõe, por decorrência, a necessária competência para traduzir os suportes fáticos e determinar a subsunção do conjunto destes ao enunciado conotativo da hipótese de incidência ou para aceitar a sua oponibilidade à configuração do fato imponível. Mas, o alargamento cognitivo pressupõe que tais suportes fáticos sejam imprescindíveis para compor o fato jurídico tributário ou impedir a sua configuração.

3.2 Enunciação por Procedimento Legalmente Previsto

O procedimento, nos dizeres de Geraldo Ataliba,[85] "é forma de exteriorização de uma relação jurídica não processual". No âmbito do Direito Tributário, é um meio pelo qual se estabelece primeiramente a relação entre Administração Pública e administrado. Esse procedimento é regido não pelo Direito Tributário didaticamente segregado, mas pelo Direito Administrativo. Em mesma palestra, o Professor bem segrega interesse material imediato do Estado de arrecadar, que é secundário, do interesse público primário, da realização da ordem jurídica.

85. *Princípios de procedimento tributário*, in Péricles Luiz Medeiros Prade e Célio Benevides de Carvalho (coords.), *Novo processo tributário*, São Paulo, Resenha Tributária, 1975, p. 18-20.

Não só o direito material, mas também o procedimento é *ex lege*. Como menciona Paulo de Barros Carvalho,[86] "vinculado é o 'processo', não o 'produto'. É o ato-fato, não o ato-norma que, uma vez expedido, ingressa no sistema como uma regra jurídica qualquer, apenas discriminada em função do instrumento que a introduziu no conjunto".

No que tange ao procedimento, Charles William McNaughton,[87] ao analisar as relações sintagmáticas entre normas, desdobra o procedimento em três questões, pela ordem: (i) possibilidade de produção do veículo introdutor no sistema jurídico; (ii) adequação na produção do veículo introdutor; (iii) procedimento propriamente dito, como determinado por outras normas.

Aproximando essas questões do procedimento que constitui o fato jurídico tributário que, por sua vez, implique exação originariamente constituída, podemos pensar na seguinte ordem: (i) se o fato jurídico tributário originário foi introduzido por lançamento de ofício ou por documento hábil para tanto; (ii) se ao veículo introdutor foi atribuída publicidade, como é o caso da notificação válida do sujeito passivo acerca do lançamento de ofício ou da adequada entrega de uma obrigação acessória, que muitas vezes é necessário ser feita eletronicamente; e (iii) se o ato administrativo ou do particular apresentou todos os dados necessários para a sua validade formal, a exemplo da assinatura do agente autuante, nos casos de lançamento de ofício (diverso de notificação eletrônica ou outro procedimento especial), ou se os campos da obrigação acessória foram devidamente preenchidos. O procedimento deve ser suficiente a legitimar a princípio a produção de um fato jurídico.

É o procedimento que determina o momento em que se considera constituído o fato jurídico tributário. Noutras palavras, o fato jurídico tributário constitui-se com a publicidade do ato final no procedimento de sua constituição. Aplica-se ao procedimento a lei vigente ao seu tempo. O ato administrativo ou

---

86. *Curso de direito tributário*, 13ª ed., São Paulo, Saraiva, 2000, p. 371.

87. *Hierarquia e sistema tributário*, São Paulo, Quartier Latin, 2011, p. 83.

o ato do particular que constitui o fato jurídico tributário deve ser aquele autorizado pelo sistema à data de sua produção.

Não havemos de confundir o momento em que se considera constituído o fato jurídico com o momento da ocorrência do fato, tampouco com o momento dos suportes fáticos. Imaginemos, na hipótese de sucessivas revisões, o grande distanciamento temporal que se há de verificar entre a última feição do fato jurídico tributário e a respectiva incidência.

Só haverá revisão – extinguindo, negando ou apenas acrescentando dado ao fato – se houver nova enunciação, por meio de sua veiculação em documento hábil, com publicidade e em conformidade com os procedimentos para tanto previstos. Tenhamos os mesmos dados em mente em relação aos suportes fáticos. Apenas é outro o momento em que verificamos a observância da competência e do procedimento na constituição dos suportes fáticos, que não deixam de ser jurídicos.

Fiéis às premissas que adotamos, a partir da existência de norma no sistema, o primeiro teste de validade é vinculado à regular enunciação do fato. Como escreveu Fabiana Tomé:[88] "havendo construção de linguagem própria, na forma como o direito preceitua, o fato dar-se-á por juridicamente verificado e, portanto, verdadeiro". Só depois, em controle de legalidade ou constitucionalidade do ato jurídico de constituição do fato jurídico tributário, é que se tem maior amplitude cognitiva.

A partir dessa divisão, desde logo nos vêm à ideia procedimentos cuja observância ou não só são aferíveis se instaurado o contencioso. Para elucidar, pensemos no procedimento previsto para a constituição do fato jurídico tributário que tem por suporte fático a receita detectada por depósito bancário. Nessa hipótese, para o nascimento do vínculo obrigacional, num primeiro momento, basta a sua enunciação por meio do lançamento de ofício, emitido por agente competente e segundo os procedimentos legais. Já em ato de revisão jurisdicional típica ou atípica, analisa-se o procedimento – e outras vezes a competência – não simplesmente relacionado à formalização do fato

88. *A prova no direito tributário*, São Paulo, Noeses, 2005, p. 25.

jurídico tributário e à sua introdução no ordenamento, mas aquele procedimento que a lei prescreve como pressuposto para a configuração da própria materialidade do fato jurídico.

Ilustremos o discurso com o fato jurídico tributário que tem por suporte fático a receita detectada por depósito bancário. A Lei 9.430/96, em seu art. 42, veicula norma que impõe, para a aplicação da presunção legal, além dos critérios materiais, o procedimento consubstanciado na observância, cumulativa: (i) de notificação para apresentação dos extratos; (ii) de procedimento para a quebra do sigilo, se necessário; (iii) da juntada dos extratos, com a apresentação dos depósitos bancários individualizados e (iv) da intimação do real beneficiário, a fim de que este tenha prévia oportunidade de comprovar a origem dos recursos. Se apenas um desses requisitos não for cumprido, o fato jurídico tributário não se sustenta, porque insustentável o suporte fático. Mas essa verificação do cumprimento procedimental é posterior à existência do fato jurídico tributário, necessitando, antes, de ato jurídico que instaure a revisão.

No âmbito do Direito Tributário, o procedimento administrativo é inteiramente *ex lege*, prescrevendo até acerca do documento que pode ser tomado como prova de determinado fato, bem como acerca da prova necessária e inafastável para a aplicação das presunções legais.

Ao tratar de fato jurídico tributário, temos por referência a atividade na esfera administrativa, na qual impera a vinculação ao procedimento. De início é o procedimento que legitima o produto, por meio de atos e termos organizados para o efetivo desempenho da função administrativa ou jurisdicional e que são tendentes a controlar a legalidade dos atos de constituição do fato jurídico tributário. Por meio do procedimento previsto em lei é que a Administração Pública, desde a fase de tradução dos suportes fáticos, garante o exercício futuro de defesa dos administrados e limita o conteúdo das valorações que lhe cabem. O procedimento também favorece a Administração Pública, porque permite o controle e o aperfeiçoamento de seus atos para que atinjam o objetivo fiel da aplicação da lei.

CAPÍTULO III

ELEMENTOS DO FATO JURÍDICO TRIBUTÁRIO EM ATO DE REVISÃO

"A pretexto de 'moralizar' o direito, de 'humanizá-lo', e de fazer seja lá o que for, acaba-se sempre por enfraquecer o direito, amolecê-lo, arrancar-lhe os nervos e esvaziá-lo de sua substância.

Se diante de uma lei o Órgão Executivo ou o Órgão Judiciário intenta a sua moralização ou aperfeiçoamento mediante uma 'interpretação' que, moldando-a e adaptando-a ao caso concreto, afaste ou reduza a injustiça ou imperfeição, então, o que se está fazendo, na verdade, é subordinar a lei ao critério de moral ou de perfeição da própria pessoa humana que exerce a função executiva ou judiciária. É extrair da lei precisamente aquilo que a faz jurídica, esquecendo-se que a regra jurídica foi e é a única solução que o homem encontrou para regrar uma sociedade formada e mantida por indivíduos que professam as mais diversas e até contraditórias regras de Moral e Perfeição".

Alfredo Augusto Becker[89]

1. O Paradoxo dos Elementos Colaterais

A norma geral e abstrata só atinge concretude com a positivação do direito na produção de norma individual e concreta.

89. *Carnaval tributário*, 2ª ed, São Paulo, Lejus, 1999, p. 102.

A produção da norma individual e concreta está contaminada por índices de eventos relatados nos fatos jurídicos. Dizemos índices de eventos na acepção do termo usado pela semiótica, para a qual os signos podem se apresentar de três formas, quais sejam, ícones, índices ou símbolos. O processo cognoscitivo caracteriza-se pela ideia gerada a partir da associação entre o objeto e o signo. Na definição de Clarice von Oertzen de Araújo,[90] os ícones possuem similaridade com o objeto (*e.g.*, foto), ao passo que os índices mantêm alguma relação existencial com o objeto que representam (*e.g.*, fumaça indica fogo), e, por fim, os símbolos possuem relações convencionais com o objeto que denotam (é a própria palavra).

Temos variados métodos hermenêuticos: axiológico, histórico, sociológico, teleológico, lógico sistemático etc., sendo que em todos os métodos estão presentes o enfoque do intérprete e sua carga axiológica. Como dizem os estudiosos de Vilém Flusser,[91] é uma questão de tradução. Cada método hermenêutico neutraliza um aspecto e privilegia outro, mas haverá sempre o enfoque do intérprete e a vontade humana.

Um mesmo evento poderá sofrer diferentes versões, a depender da linguagem que lhe corresponda, fatos econômicos, sociais, contábeis, históricos, políticos, e tantos outros, como o jurídico. Se haverá sempre uma linguagem correspondente, a depender do sistema de referência, é ontologicamente impossível o "fato puro". Também podemos já afirmar que o fato possível de propagar efeitos no mundo jurídico é o fato jurídico tão somente, ainda que sua base objetiva seja a mesma tomada para um fato econômico ou contábil, como sói ocorrer no Direito Tributário.

O fato jurídico tributário, como produto de lei e de atividade administrativa vinculada, tem sempre natureza jurídica,

---

90. *Fato e evento tributário* – uma análise semiótica, in Eurico Marcos Diniz de Santi (coord.), *Curso de especialização em direito tributário*: estudos analíticos em homenagem a Paulo de Barros Carvalho, Rio de Janeiro, Forense, 2005, p. 336.

91. Florence Haret e Jerson Carneiro (coords.), *Vilém Flusser e juristas*: comemoração dos 25 anos do grupo de estudos de Paulo de Barros Carvalho, São Paulo, Noeses, 2009, passim.

rechaçando-se, portanto, as interpretações de cunho econômico, social, dentre outras. Queremos com tal assertiva esclarecer que, apesar de o suporte fático do fato jurídico referir-se eventualmente a uma realidade econômica (auferir renda), por exemplo, ele é sempre uma tradução jurídica dessa realidade. Também o conjunto dos suportes fáticos que compõe o fato jurídico tributário deve ser interpretado tão somente no contexto jurídico. É por isso que o Código Tributário Nacional assevera que o fato gerador da obrigação tributária é a situação definida em lei. Da mesma forma é o fato jurídico tributário, que na hipótese da norma abstrata se subsume.

A Semiótica distingue o objeto imediato, representado *no* signo, do objeto dinâmico, representado *pelo* signo. O objeto imediato é inerente ao signo e pertence ao universo linguístico. O objeto dinâmico, contudo, não depende do signo e pode ser imaginário. Para o mesmo objeto dinâmico podem existir inúmeros objetos imediatos.

O objeto dinâmico não cabe numa única representação, nem no conjunto de representações. É por isso que Clarice von Oertzen de Araújo[92] diz que "toda codificação é uma representação parcial do universo codificado". Haverá sempre algum aspecto, alguma peculiaridade do objeto dinâmico que será representada por um outro signo (objeto imediato) ou jamais será representada.

Uma metalinguagem é redutora da linguagem-objeto. O fato jurídico é apenas um recorte do fato social. Quando o legislador elabora a norma abstrata, ele seleciona aspectos do fato social para compor a hipótese de incidência da norma. A realidade jurídica da hipótese de incidência reduz as complexidades do acontecimento social. O fato jurídico da norma concreta recorta um acontecimento social, preferindo-o segundo um ponto de vista jurídico, para enquadrá-lo à hipótese de incidência.

92. *Fato e evento tributário* – uma análise semiótica, in Eurico Marcos Diniz de Santi, *Curso de especialização em direito tributário*: estudos analíticos em homenagem a Paulo de Barros Carvalho, Rio de Janeiro, Forense, 2005, p. 339.

Percebemos, assim, o isolamento temático da realidade social na constituição do fato jurídico, que, por decorrência lógica, jamais corresponderá à inteireza do evento ocorrido no mundo fenomênico. Não existe uma cópia fiel de nada. Um fato social é verdadeiro quando constituído pela linguagem social, conforme as regras da respectiva comunidade. Um fato jurídico é verdadeiro quando constituído pela linguagem jurídica, conforme as regras do sistema. No sistema do Direito Positivo, a verdade é jurídica e se concretiza pela versão do evento em linguagem apropriada, conjugada com a observância de uma forma preestabelecida.

Considerando que temos por escopo de conhecimento a norma individual e concreta, já que nela está o fato jurídico tributário, incluímos como requisito da verdade jurídica não só a coerência internormativa, mas também a coerência intranormativa intraproposicional e interproposicional. No caso concreto, a verdade jurídica depende também da coerência no contexto intranormativo.

Se, de um lado, não há que se procurar, por inalcançável, o fato puro, por outro lado, não há que se admitir enunciados contraditórios, verdadeiro e falso no mesmo contexto, por ferirem a lógica, ferindo a verdade aceita. Entre dois enunciados que se contradizem, apenas um prevalece.

O enunciado que prevalece é aquele que melhor se amolda à ordem jurídica. O fato jurídico tributário não é a ausência de substância econômica. O fato jurídico tributário tampouco é o indesejado perante a mente do intérprete que pretende alcançar maior espectro de abrangência da regra tributária. O fato jurídico tributário não é sequer a sonegação fiscal, que corresponde a um ilícito e jamais a um fato imponível de incidência fiscal.

Bem sabemos que historicamente em nosso país a tributação ainda corresponde, muitas vezes, a um conjunto de normas de rejeição social. Justamente para impedir a invasão do Estado em seu patrimônio, pessoas físicas e jurídicas procuram meios para impedir determinada obrigação fiscal. Assim, uma norma que tenha eficácia jurídica, algumas vezes, não alcança satisfatoriamente eficácia social, do que decorre a proliferação, de um lado, de normas antielisivas específicas, e, de outro lado, de lançamentos de ofício fulcrados em simulação ou em valores e princípios que teriam o condão de desconectar o fato jurídico de seu suporte fático.

Neste último caso, parece-nos que fica comprometido o próprio fato jurídico tributário. Dentre os enunciados do fato deve estar justamente a tradução jurídica dos acontecimentos do mundo – suportes fáticos de constatação. Se não houver esse enunciado, não há fato jurídico tributário. A prova que pressupõe a negação da situação anterior depende do enunciado que demonstra a existência de um fato, ato ou negócio que se sobreponha àquele negado. Como afirma Torquato Castro Jr.,[93] é inexplicável em termos sistêmicos a negação, sem pressupor a positivação.

Semanticamente, o fato jurídico tributário é o produto do conjunto dos enunciados do(s) suporte(s) fático(s). Para o fato jurídico tributário, não importa se houve fraude, se houve simulação, se houve boa ou má intenção. O que importa é a existência de, pelo menos, um enunciado jurídico que aponte para a ocorrência do fato colhido juridicamente na norma de incidência tributária (hipótese lícita de imposição fiscal), e esse enunciado deve prevalecer sobre outros enunciados que porventura deem outra tradução ao(s) suporte(s) fático(s). O acontecimento é um objeto dinâmico (mediato), cujos índices são objetos imediatos representados por codificação jurídica. É essa representação parcial juridicamente codificada que importa.

O que produz eficácia jurídica no âmbito fiscal é somente o fato jurídico tributário. Os seus suportes fáticos só produzem, *per si*, eficácia jurídica quando eles mesmos ocupam a posição sintática de antecedente em outra norma. O ato jurídico enquanto suporte fático do fato jurídico tributário não

93. "Tentando reconstruir o esquema lógico da regra negativa, de invalidação, sem pressupor uma regra positiva de validação resulta inexplicável, em termos puramente sistêmicos" (*A pragmática das nulidades e a teoria do ato jurídico inexistente*, São Paulo, Noeses, p. 129).

produz eficácia jurídica tributária; repetimos, a sua existência e os seus efeitos implicam, em maior ou menor grau, a avaliação da ocorrência ou não da hipótese de incidência tributária.

O suporte fático não se confunde com o fato jurídico tributário. Um ato jurídico (tomado por suporte fático) existente e válido pode não ter gerado efeitos de fato, enquanto que um ato jurídico (outro ato tomado por suporte fático) que tem vícios de nulidade pode ter gerado efeitos que se perpetuaram no tempo. Muitas vezes, são os efeitos verificados que denotam a materialidade da incidência tributária, pouco importando se os seus efeitos são desejáveis ou indesejáveis à arrecadação ou se os atos que lhe antecederam possuem vícios insanáveis segundo as regras jurídicas que lhe disciplinam.

Kelsen cuidou da vontade no plano das normas gerais e abstratas, delimitando seu campo de atuação na gênese normativa, como mero elemento para a criação da norma jurídica. Para esse pensador, a vontade não fundamenta a norma, é fato que não se confunde com o *dever ser*. Criada a norma, integra ela o mundo do *dever ser*, e seu sentido apenas em outras normas se fundamenta, afastando-se da vontade. A legitimidade da norma depende da competência para a sua expedição em todo o processo de positivação.

Críticos de Kelsen preocupam-se com o excesso de formalismo em detrimento dos valores intrínsecos ou extrínsecos do conteúdo prescritivo das normas. Já, para aqueles que convivem com a Teoria Pura de Kelsen, a vontade está presente no ordenamento jurídico, mas sua influência dependeria da atividade humana, criando e expelindo norma do sistema, segundo a forma para tanto prevista e adequando, assim, as condutas à realidade desejada. A própria implementação do método sistemático de interpretação e de controle de constitucionalidade, em detrimento do método literal, prestigia o plano das significações.[94]

---

94. No campo da Gnoseologia (Teoria do Conhecimento), Kant, em Crítica da Razão Pura, já apregoava que a linguagem era o instrumento que ligava o sujeito ao objeto do conhecimento.

Com o surgimento da corrente filosófica conhecida como giro linguístico, que teve por marco inicial a obra de Wittgenstein – *Tractatus logico-philosophicus*, a própria relação do sujeito cognoscente com o objeto depende da linguagem, pelo que o conhecimento depende do meio social, do tempo histórico e da vivência, nela inserida a carga axiológica do sujeito cognoscente. Tirando os eventos que não dependem da vontade humana, como é o caso do nascimento e da morte, via de regra, os fatos dependem da vontade humana e até mesmo do seu empenho para se concretizar. Mas, a vontade humana, na acepção ampla de fazer acontecer, não é por si só importante como elemento de qualificação de um determinado fato jurídico.

São acaloradas as discussões acerca da vontade ou intenção das partes como elemento a influenciar o fato jurídico tributário. Entendemos que a vontade ou a intenção das partes não pode ser, a princípio e por princípio, fator determinante para a constituição do fato jurídico tributário. Esse fato tem relação de causa e efeito com a obrigação tributária, sendo certo que o tributo é devido independentemente da vontade do contribuinte. O tributo também é devido independentemente de quem pratica o fato, podendo inclusive ser pessoa incapaz para a prática de atos no âmbito cível, *ex vi* do disposto no art. 126 do Código Tributário Nacional.[95] A vontade das partes é determinante apenas no âmbito das obrigações *ex voluntate*, em contraposição às obrigações *ex lege*.

Quando a Teoria Geral do Direito cuida da interpretação das normas gerais e abstratas, tende ela a defender a interpretação teleológica, buscando o máximo de eficácia da norma, ao pautar-se, na medida do possível, em seu espírito e finalidade, fazendo-a, a partir daí, produzir efeitos concretos no processo

95. "Art. 126. A capacidade tributária passiva independe:
I - da capacidade civil das pessoas naturais;
II - de achar-se a pessoa natural sujeita a medidas que importem privação ou limitação do exercício de atividades civis, comerciais ou profissionais, ou da administração direta de seus bens ou negócios;
III - de estar a pessoa jurídica regularmente constituída, bastando que configure uma unidade econômica ou profissional."

de positivação. A própria Lei de Introdução às Normas do Direito Brasileiro, em seu art. 5º, assevera que a aplicação da lei atenderá aos fins sociais a que ela se dirige e às exigências do bem comum. Mas, o antecedente da norma individual e concreta no âmbito do Direito Tributário não comporta tal abstração, pelo simples fato de que ela não é puramente prescritiva, pressupondo antes a codificação jurídica dos signos dos fatos hipoteticamente previstos na norma de incidência.

Somente a ordem jurídica é que pode conferir maior ou menor peso à forma e à vontade, bem como às consequências de uma eventual discrepância entre a vontade exteriorizada e a vontade formalizada. A vontade (não a intenção) só importa quando ocupa a posição de suporte fático necessário do ato ou negócio jurídico. Imaginemos uma sociedade: está no suporte fático o *animus* de se associar. Sem este *animus* não resta configurado o ato jurídico de associação. Mas, mesmo nessa hipótese, a vontade possível de se aferir não é abstrata, e sim concretamente expressa em atos passíveis de descrição. Nessa medida e somente nessa medida, a vontade influenciará o fato jurídico tributário, daí não mais como vontade pura e simples, mas como atos externados e passíveis de descrição, que têm relação de causa e efeito, por previsão legal, com a própria caracterização do ato jurídico.

Ao final e ao cabo, para a constituição do fato jurídico tributário, o que importa não são os elementos que caracterizam um eventual ilícito ou a inexistência de elementos por si só, mas, sim, a comprovação da existência de elementos que caracterizam a ocorrência de um ato lícito suficiente a denotar a configuração de determinada hipótese de incidência fiscal.

Quando a Administração Pública revisa o fato constituído pelo administrado, a comprovação da inexistência de determinados elementos, normalmente tomados por suportes fáticos, ou a alegação da existência de ilicitude adquire força, no limite, de prova da negação do fato constituído pelo particular que, contudo, não tem o condão de, *per si*, demonstrar a existência dos elementos lícitos suficientes à incidência tributária.

O conflito entre a posição do fisco e a posição do contribuinte nada mais é do que o conflito que se instaura para estabelecer enunciado, a tradução do produto de encadeamento dos suportes fáticos, que prevalece. É sempre uma questão de prova para determinar a linguagem que prevalece, se é a linguagem do contribuinte ou do fisco nos atos de revisão. A discussão que gira em torno da prova culmina costumeiramente no que se tem denominado de busca da verdade material.

A distinção entre verdade material e verdade formal é apenas epistemológica e não ontológica. Didaticamente, usamos o termo *verdade formal* para determinar a situação em que um fato apresentado possui presunção de validade. É uma questão de inversão do ônus da prova. A verdade material, por sua vez, aponta para o procedimento. O procedimento será apto a legitimar o produto quanto mais buscar aproximar a versão em linguagem jurídica do objeto dinâmico, pela flexibilidade na produção, apresentação e averiguação das provas.

Insistimos que o objeto dinâmico (evento) não se confunde com a versão codificada, correspondente ao fato processualmente comprovado e juridicamente qualificado como subsumível à hipótese de incidência. Isso não quer dizer, todavia, que se abandona a necessidade da correspondência entre o fato jurídico tributário e o corte efetuado na realidade fenomênica. Ao contrário, o corte do objeto deve obedecer à finalidade do conhecimento dos elementos jurídicos fundamentais do objeto conhecido no contexto do sistema de referência.

Se o fato jurídico tributário é o produto do conjunto da tradução dos suportes fáticos, o que importa é, de um lado, que a versão de cada um obedeça ao conjunto de seus critérios identificadores e, de outro lado, que o conjunto denuncie a existência de um enunciado jurídico que aponte para a ocorrência do fato colhido na norma de incidência tributária. Assim, o ato que constitui o fato jurídico tributário deve denunciar: (i) a tradução dos suportes fáticos do fato jurídico tributário; e (ii) a suficiência do conjunto de elementos que compõe o enunciado subsumível à hipótese de incidência.[96] A revisão do fato jurídico tributário depende de prova. A prova e os meios de prova são apenas aqueles juridicamente estabelecidos. Se tais elementos não são jurídicos, o fato apresentado também não é juridicamente relevante.

2. A Prova nos Atos de Revisão

Se houver publicidade do ato de constituição do fato jurídico tributário, veiculado em suporte físico habilitado pelo sistema, o fato é conhecido e dele decorre a relação jurídica efectual. As demais relações de validade só são verificadas se instaurado o contencioso, a requerimento das partes ou se houver revisão de ofício pela Administração Pública.

O fato jurídico tributário é válido, por possuir relação de pertinencialidade com o sistema, seja ele correspondente a uma realidade factualmente normatizada, seja ele correspondente a uma realidade positivada por subsunção do suporte fático à norma geral e abstrata de presunção legal, ou seja, construído a partir de suporte fático subsumido à ficção legal. As normas que prescrevem fato imponível por presunção ou por ficção são também normas jurídicas válidas até que retiradas do ordenamento jurídico por outra norma, tendo em vista que criadas por órgão competente, em procedimento previsto no ordenamento.

Na constituição originária do fato jurídico tributário, a declaração é meio suficiente de sua prova, correspondendo a um ato de especial formalidade, atribuída pelo regime jurídico

96. Nesse sentido, Lourival Vilanova assevera que: "[...] ainda que numa linguagem tipificadora descreva hipóteses genéricas de fatos jurídicos, tipos de sujeitos-de-direito, de objetos de prestações jurídicas, de quadros genéricos de vínculos obrigacionais, sempre há um conteúdo de significação concreta (conotação) nos conceitos do direito positivo, apontando (denotação) para certos fatos do mundo que se tornaram elementos do universo jurídico. Por isso, dizemos que a linguagem que compõe o direito positivo é uma linguagem-de-objetos, uma linguagem conotativa e denotativamente qualificada, feita para o universo da conduta humana." (Lógica jurídica, in *Escritos JURÍDICOS E FILOSÓFICOS*, vol. 2, São Paulo, Axis Mundi, 2003, p. 177).

de seu objeto. Sobre a constituição originária do fato jurídico tributário, como já tratamos no capítulo II, corresponde este ao fato constituído pelo particular na hipótese de tributos sujeitos ao lançamento por homologação ou ao fato constituído pela Administração Pública, na hipótese de tributos sujeitos ao lançamento originalmente de ofício (art. 149, I, do Código Tributário Nacional). Nesses casos, a declaração veiculada na notificação administrativa, ou no documento (suporte físico habilitado pelo sistema), apresentados, respectivamente, pela Administração ou pelo particular, é suficiente para denunciar o fato jurídico tributário.

Não raro denomina-se confissão a declaração do contribuinte que constitui o fato jurídico tributário, a exemplo do que ocorre nos parcelamentos. A confissão no Código de Processo Civil é a admissão de um fato como verdadeiro pela parte, contrariamente aos seus interesses. No contexto que tratamos, a confissão não ocorre na fase litigiosa, nada obstante lá também ela possa ocorrer. A confissão, no caso dos parcelamentos sem relação com trâmite prévio de medida judicial, corresponde a uma declaração espontânea suficiente à constituição do fato jurídico tributário, assim como faz a declaração original, para possibilitar o seu pagamento.[97] Na hipótese de constituição do fato jurídico tributário sem prévio contencioso, o que se tem é uma declaração, por vezes erroneamente denominada de confissão pelas respectivas normas, que pretendem lhe atribuir caráter irrevogável e irretratável, o que merece ressalvas.

Em se tratando de declaração ou de confissão, que torna incontroversos os fatos por ela alcançados, de se lembrar que a natureza da obrigação tributária é *ex lege*. Por essa razão é

---

97. Susy Gomes Hoffmann (*Teoria da prova no direito tributário*, Campinas, Coppola, 1999, p. 210) expõe: "A confissão por parte do sujeito passivo deve ser vista com restrições, pois a obrigação tributária, perante o princípio da legalidade, decorre exclusivamente de lei e não da vontade das partes, de modo que, mesmo que o sujeito passivo confesse em algum momento do processo a ocorrência do fato jurídico tributário na forma enunciada no lançamento tributário e, posteriormente reste provado que aquele fato não ocorreu, a sua manifestação de vontade demonstrada na confissão não terá o condão de validar a obrigação".

que a revisão pode ser questionada pelo contribuinte se demonstrada sua insubsistência.

Receba a denominação de confissão ou de declaração, tem-se, desde logo, o notório conhecimento do fato. É o ordenamento jurídico que prescreve se a declaração é ou não suficiente como prova. Em se tratando de declaração, a sua inconsistência ou não correspondência com o fato que se pretende comprovado pode ser objeto de alegação e prova por ambas as partes – por aquele que declarou ou pelo outro sujeito da relação jurídica.

Mesmo se a hipótese for de efetiva confissão de dívida, em se tratando de obrigação *ex lege*, a sua revisão, requerida pelo contribuinte, desde que efetuada no prazo (decadencial ou prescricional) e conforme o procedimento legalmente previsto, é sempre possível, já que o próprio Estado deve proteger o direito fundamental de o contribuinte ser exigido na medida da lei. Por essa razão, o Superior Tribunal de Justiça reiteradamente se pronuncia pelo direito de o contribuinte rever confissão de dívida que se demonstrou ilíquida, seja por força de declaração de inconstitucionalidade da lei que fundamenta a sua exigência, seja em razão de defeito causador de nulidade do ato jurídico.[98]

---

98. Citamos, a título de exemplo, o trecho das seguintes ementas:
"É ilíquida a CDA erigida em função de saldo de débito fiscal confessado pelo contribuinte, cujo parcelamento não foi totalmente adimplido, mas no qual se insere a cobrança de contribuição declarada inconstitucional. (Superior Tribunal de Justiça, Primeira Seção, Recurso Especial nº 1.133.027/SP, Relator Ministro Mauro Campbell Marques, Relator para acórdão Ministro Luiz Fux, julgamento em 13.10.2010).
"A confissão da dívida não inibe o questionamento judicial da obrigação tributária, no que se refere aos seus aspectos jurídicos. Quanto aos aspectos fáticos sobre os quais incide a norma tributária, a regra é que não se pode rever judicialmente a confissão de dívida efetuada com o escopo de obter parcelamento de débitos tributários. No entanto, como na situação presente, a matéria de fato constante de confissão de dívida pode ser invalidada quando ocorre defeito causador de nulidade do ato jurídico (v.g. erro, dolo, simulação e fraude). Precedentes: REsp. n. 927.097/RS, Primeira Turma, Rel. Min. Teori Albino Zavascki, julgado em 8.5.2007; REsp 948.094/PE, Rel. Min. Teori Albino Zavascki, Primeira Turma, julgado em 06.09.2007; REsp 947.233/RJ, Rel. Min. Luiz Fux, Primeira Turma, julgado em 23.06.2009; REsp 1.074.186/RS, Rel. Min. Denise Arruda, Primeira Turma, julgado em 17.11.2009; REsp 1.065.940/SP, Rel. Min. Francisco Falcão, Primeira Turma, julgado em 18.09.2008. (Superior Tribunal de Justiça, Segunda Turma, Recurso Especial nº 258.565/RS, Relator Ministro Francisco Peçanha Martins, julgamento em 20.08.2002).

Nada impede que o fato jurídico tributário tenha sido, na origem, erroneamente constituído. O erro pode se referir à eleição, à tradução, ou aos efeitos dos suportes fáticos, ou, ainda, à subsunção do fato à norma de incidência. A constituição viciada do fato jurídico tributário acarreta a necessidade de revisão do ato que o constituiu *contra lege*. Da revisão, como anteriormente demonstrado, pode decorrer complementação ou negação do fato jurídico revisto.

Explicamos que a revisão pode ser feita pelo próprio administrado, no exercício de retificação de seus atos, ou pela Administração Pública, sendo, por qualquer um desses agentes, para a finalidade de complementação ou de constituição de novo fato jurídico, neste caso pela negação. Lembramos também que os órgãos jurisdicionais típicos e atípicos são agentes competentes para o ajuste da obrigação decorrente do fato jurídico tributário por meio de sua revisão, desde que não criem nova exação.

A Administração Pública pode revisar atos próprios de lançamento originariamente de ofício ou atos do sujeito passivo. O sujeito passivo, por sua vez, só revisa atos próprios. O administrado não tem prerrogativa para alterar o fato jurídico tributário constituído pela Administração Pública. Eventual rejeição pelo sujeito passivo de lançamento, originariamente de ofício ou por revisão da Administração Pública, demanda provocação de tarefa jurisdicional, devendo ser objeto de apreciação dos Tribunais Administrativos ou Judiciais.

Se o administrado aceita o lançamento de ofício, o fato jurídico fica definitivamente constituído, podendo apenas ser revisto pela Administração nas previsões específicas dos incisos VIII e IX do art. 149 do Código Tributário Nacional, hipóteses taxativas de revisão de atos próprios de constituição do fato jurídico tributário. Por outro lado, instaurada a fase litigiosa, o fato jurídico tributário passará por testes de validade, inclusive a partir da apreciação de provas.

A revisão do fato jurídico pelo particular corresponde a um ato jurídico e a uma norma jurídica. É uma norma jurídica porque modifica a situação vigente. É um ato jurídico porque se consubstancia no conjunto de atos e fatos procedimentais, os quais culminam com a publicidade da norma que substitui a anterior, complementando ou negando o enunciado anterior acerca do fato jurídico tributário. Para o particular, não há que se falar em ato administrativo de revisão do fato jurídico tributário, mas é ato jurídico *ex lege*, porquanto vinculado ao regime jurídico de Direito Público.

A presunção de validade da declaração do contribuinte pode ser elidida por ele mesmo, em ato de revisão. Nos dias de hoje, a grande maioria dos fatos jurídicos tributários são constituídos por meio de declaração do contribuinte, em razão da esmagadora preferência legislativa pelo lançamento por homologação, por meio do qual é o contribuinte que constitui o fato jurídico tributário e o crédito tributário, antecipando-se com o pagamento. Considerando que é o contribuinte que constitui o fato jurídico, os valores por ele informados são reconhecidos como devidos, com força de confissão (sem retirar o direito de revisão), tanto assim que, se não adimplido o correspondente crédito tributário, a obrigação é, de imediato, passível de inscrição em dívida ativa, seguida de cobrança por meio de ação de execução fiscal (Lei 6.830/80).

Se, de um lado, transferiu-se, em grande parte, ao sujeito passivo a obrigação de constituir o fato jurídico tributário, por outro lado, outorgou-se a ele o direito de revisar o seu ato. É o sistema vigente no momento da revisão efetuada pelo contribuinte que determinará a forma que deve ser observada para o ato de revisão do particular. É nas normas vigentes no sistema de referência, quando do ato de revisão, que se encontrará o efeito atribuído à declaração de revisão, vale dizer, se esta será suficiente à complementação ou substituição integral do fato jurídico revisado, bem como se a declaração demandará instrução probatória para atingir eficácia.

Uma coisa é o administrado retificar suas declarações ou apresentá-las a destempo. Outra coisa é o administrado revisar o fato jurídico tributário por meio de retificação de declaração ou apresentação de declaração a destempo e após o início de procedimento para averiguação do fato jurídico tributário pela Administração. A legislação tem preferido dar à retificação da declaração (revisão) a mesma força que a própria declaração (constituição originária), substituindo-a quando a retificação é feita espontaneamente, antes de qualquer procedimento fiscal ou da inscrição em dívida ativa. Após esses momentos, o direito do contribuinte de revisar o seu ato pressupõe, via de regra, o ônus de provar o erro por ele cometido.[99]

É no cotejo da situação concreta com o condicionante do tempo da revisão que no sistema vigente se encontrará a previsão acerca do efeito probatório da declaração do contribuinte como suficiente ou não. A força probante da declaração também varia de acordo com a finalidade da revisão, se para negação ou complementação do fato antes denunciado.

Quando a revisão é feita pela Administração Pública, a norma é expedida por meio de ato jurídico de natureza administrativa. O direito determina, em prol da proteção individual dos cidadãos, a atuação da Administração Pública segundo o princípio da legalidade, que gerou toda uma regulação das formas de exteriorização e controle da função dos atos do Estado. Nessa linha, o ato administrativo não obedece a qualquer autonomia de vontade, mas exclusivamente à previsão da lei.

Basta a veiculação de norma individual e concreta para a autoridade administrativa denunciar originariamente o fato jurídico tributário. Diferentemente, quando a autoridade administrativa revisita o fato jurídico que foi originariamente denunciado pelo administrado, como previsto nos incisos II, III, IV, V e VII do art. 149 do Código Tributário Nacional, ela deve, desde logo, juntar todas as provas necessárias e suficientes a comprovar o

99. Após a inscrição em dívida ativa, o crédito tributário adquire presunção de liquidez e certeza, nos termos do art. 204 do Código Tributário Nacional.

fato sobre o qual recai a exação e a demonstrar a tradução dos suportes fáticos.[100] Francesco Tesauro[101] comenta que deve ser anulado o ato administrativo que não contiver a prova e os juízos que demonstrem a subsistência do motivo do lançamento:

> Se a administração financeira emitiu um ato de lançamento sem coletar e produzir em juízo provas que demonstrassem a subsistência dos pressupostos com base nos quais o ato foi emanado, o juiz deve imediatamente sancionar tal omissão, anulando o ato e não sanar o vício, sub-rogando-se à administração no desenvolvimento de instrução primária, que a administração omitiu.

A presunção de validade do fato jurídico tributário originalmente constituído pelo particular impõe a inversão do ônus da prova para o fisco. Inverter o ônus da prova não significa atribuir responsabilidade a alguém, mas tornar necessário que seja constituída prova em contrário, ainda que por meio de indício, valendo-se da prova por presunção. Se a prova não for constituída ou não for suficiente a elidir a presunção de validade primeira, então vale o que se originariamente apresentou.

Não tratamos aqui da prova como instrumento por meio do qual se forma a convicção do juiz a respeito de fatos controvertidos, mas da demonstração *a priori* do conjunto suficiente dos suportes fáticos. Se ele se tornará ou não controvertido, é matéria para os atos de revisão subsequentes, que ocorrem com o início do litígio, administrativo ou judicial.

Se a revisão do fato jurídico tributário pressupõe a sua negação, em contraposição ao ato de revisão que produz

---

100. O sistema pode prever forma diversa para a revisão, pela Administração, do lançamento efetuado de ofício, ou seja, nas hipóteses dos incisos VIII e IX, do art. 149 do Código Tributário Nacional. Neste caso, a par de eventual inconstitucionalidade ou ilegalidade, pode, assim como ocorre para o contribuinte, ser que uma notificação substitua a anterior, a depender da prescrição do ordenamento jurídico em cada subsistema tributário.

101. *"Ancora sui poteri istruttori della Commissione Tributarie"*, in Rivista di Diritto Finanziario e Scienza delle Finanze, 47, 2ª parte, Milano, março 1988, pp. 14-15 apud Paulo Celso B. Bonilha, *Da prova no processo administrativo tributário*, 2ª ed., São Paulo, Dialética, 1997, p. 78.

complementação, há modificação total ou parcial dos enunciados dos respectivos suportes fáticos, podendo ser considerados novos suportes fáticos. Relativamente a um fato ou ato jurídico em sentido amplo, que se consubstancie em suporte fático, a administração tributária precisa não só provar o suporte fático de constatação, enunciado denotativo da hipótese de incidência, como também precisa desqualificar os enunciados dos suportes fáticos outrora apresentados pelo particular como suficientes para impedir a configuração do fato pretendido pela fiscalização.

O ônus da prova, como menciona Susy Gomes Hoffmann,[102] tem dois aspectos, subjetivo e objetivo. O primeiro é uma *regra de julgamento*, para efeito de assunção de consequências e riscos em razão de insuficiência da prova. Já o aspecto objetivo, aplicável ao nosso escopo, é *regra de conduta*, que estabelece o que deve ser provado pelo contribuinte ou pelo fisco. A prova juridiciza ou desjuridiciza, para determinados fins, o ato jurídico em sentido estrito, por meio da articulação de um juízo a respeito de valores e de fatos que, por sua vez, são baseados em material de prova, a exemplo dos documentos e da argumentação.

A prova é um fato jurídico em sentido amplo, que não se confunde com o próprio fato jurídico tributário. No colóquio de Fabiana Del Padre Tomé,[103] "com a nota fiscal, por exemplo, tem-se prova, mas o fato jurídico tributário consistente na operação de circulação de mercadorias fica condicionado ao pronunciamento do destinatário".

A versão dos fatos só pode ser conhecida se apresentada em suporte físico habilitado pelo sistema. A revisão pela autoridade administrativa, por exemplo, deve ser veiculada em auto de infração, na forma determinada pelo ordenamento para preenchimento. A revisão pelo particular precisa ser

---

102. *Breves considerações sobre as provas no processo administrativo tributário*, in Congresso do IBET III - Interpretação e Estado do Direito, São Paulo, Noeses, 2006, p. 821.

103. *A prova no direito tributário*, São Paulo, Noeses, 2005, p. 59.

efetuada em veículo hábil, cuja forma depende do momento e do objeto da revisão.[104] Tanto as provas (se necessárias), quanto a declaração do contribuinte ou do fisco (se suficientes) terão validade desde que vinculadas ao procedimento de sua produção. É a validade formal. Nesse plano, temos ainda a necessidade de observar a licitude da prova ou do meio de denúncia do suporte fático e do fato jurídico tributário.

A licitude pode se relacionar ao aspecto formal, correspondente à produção da prova no processo, o que não é objeto imediato de nosso estudo, uma vez que nos reportamos à apresentação válida do fato jurídico tributário e não ao momento contencioso posterior. A licitude, sob o enfoque material, é relativa à coleta de dados e à formação da prova dos suportes fáticos do fato jurídico tributário em ato de revisão. A prova ilícita não é suficiente a demonstrar e a validar o seu objeto: "sendo o Direito uma ciência, o meio justifica o fim, mas não este aquele."[105]

A subsistência das provas depende de aspectos materiais, ou seja, da relação de correspondência entre o fato jurídico apresentado e os dados – suportes fáticos, que devem ser colhidos para que se possa imputar relação jurídica. O fato jurídico tributário pode ser provado por todas as modalidades de prova admitidas em Direito e pelos meios moralmente legítimos, que também formam a convicção do julgador (art. 5º, LVI, da CF).[106]

---

104. Atualmente, temos que, se espontânea, no âmbito do subsistema tributário federal, a declaração retificadora substitui integralmente a declaração retificada, sendo absolutamente diferente e demandando instrução probatória, se para um determinado erro for requerida a sua correção no curso de procedimento ou processo administrativo ou no curso de processo judicial.

105. Supremo Tribunal Federal (Pleno), Recurso Extraordinário nº 166.772/RS, Relator: Ministro Marco Aurélio, publicado em 16.12.1994.

106. Marcos Vinicius Neder (in *"Aspectos Formais e Materiais no Direito Probatório"*, in Marcos Vinicius Neder; Eurico Marcos Diniz De Santi e Maria Rita Ferragut (coords.), *A prova no processo tributário*, São Paulo, Dialética, 2010, p. 24), a este respeito, esclarece que não há taxatividade no ordenamento sobre as provas admissíveis e bem lembra a diferença entre fonte de prova e meio de prova: "A legislação brasileira enumera os meios de prova admissíveis de forma não exaustiva, já que outros podem surgir legitimamente como consequência da experiência. Atribui-se a Carnelutti a

A autoridade administrativa pode se valer de provas pré-constituídas ou documentos colhidos em processos estranhos ao procedimento por ela desempenhado. Isso não significa constituir fato jurídico simplesmente com base em prova emprestada; ao revés, trata-se de provas que possuem dados a serem utilizados no juízo e mediante motivação específica e própria da revisão. A prova emprestada não se confunde com o estímulo produzido pelas provas para a execução de atos fiscalizatórios. Desde que estejam todas as provas no ordenamento e na condição de que sejam utilizadas com as feições referidas a cada finalidade, nada impede a utilização das provas noutro processo colhidas.[107]

Vamos além nesse ponto, para lembrar que, muitas vezes, não só é possível, como é necessário anexar ao lançamento um resultado ou prova apurados em outro procedimento, ou ao menos referenciá-los na constituição de um fato jurídico tributário, mormente quando este fato depende de anterior positivação para confirmação jurídica prévia de um fato que, no contexto da revisão, assume a posição sintática de suporte fático.

Sem a menor possibilidade de taxatividade nas hipóteses em que é necessária a utilização da conclusão ou das provas pré-constituídas em outros processos, discorremos sobre o caso de lançamento de Imposto sobre a Renda e tributos reflexos, de entidade que perde o predicado de instituição imune,[108] o que fazemos como demonstração pragmática da pluralidade de provas e da necessidade de comprovação dos suportes fáticos em atos de revisão.

---

diferenciação pioneira entre fontes e meios de prova. As fontes de prova são elementos probatórios que já existem antes do processo (documento, testemunha, escrituração fiscal) e os meios de prova são as atuações realizadas no curso do processo, com as quais as fontes se incorporam no processo (declarações, perícias, diligências)".

107. Em consonância com nosso entendimento, foi positivada, no ordenamento jurídico, a possibilidade de o juiz autorizar a utilização de provas produzidas em outros processos, ponderando seu valor à luz do caso concreto e sempre submetidas ao contraditório: "Art. 372. O juiz poderá admitir a utilização de prova produzida em outro processo, atribuindo-lhe o valor que considerar adequado, observado o contraditório."

108. Art. 150, VI, "a" a "e", da CF.

Para que possa ser constituído o fato jurídico tributário, em ato de revisão, com a finalidade de cobrança de tributos nunca antes devidos por entidade que gozava de imunidade, além de todos os suportes fáticos relativos ao próprio fato jurídico tributário, há que se verificar a comprovação do suporte fático relativo à perda da imunidade. Este suporte fático é, por sua vez, fato jurídico em outra norma. Enquanto fato jurídico em outra norma, possui ele suportes fáticos, neste caso, consubstanciados nas provas dos requisitos que ensejam a suspensão da imunidade tributária. O fato jurídico da suspensão da imunidade, demonstrado em outro processo, serve de suporte fático dos fatos jurídicos tributários de IRPJ e demais tributos reflexos então constituídos.

A insuficiência de suportes fáticos é motivo acolhido como preliminar de nulidade na constituição de fato jurídico tributário, como tantas vezes já decidido, inclusive pelos Tribunais Administrativos.[109]

Inegável que as próprias normas que disciplinam os meios de prova requerem juízo de valor, assim como a qualificação jurídica do fato depende de interpretação, de seleção e de preferibilidade na coleta dos dados de fato. A preferibilidade também é produto de juízo de valor. A carga axiológica

---

109. Citamos como exemplo os Acórdãos nº 108-09.558, sessão de 06.03.2008 e nº 107-07.720, sessão de 11.08.2004, do então Conselho de Contribuintes (atual CARF), cujas ementas estão abaixo reproduzidas, respectivamente:
PRELIMINAR — NULIDADE DO ATO DECLARATÓRIO DE SUSPENSÃO DA IMUNIDADE TRIBUTÁRIA — NULIDADE DO LANÇAMENTO DECORRENTE. Uma vez declarada a nulidade por vício formal do ato declaratório suspensivo de imunidade é de se reconhecer a nulidade do lançamento tributário decorrente daquela suspensão, em virtude do desaparecimento de seu fundamento.
NORMAS PROCESSUAIS - SUSPENSÃO DA IMUNIDADE TRIBUTÁRIA - INSTITUIÇÃO DE EDUCAÇÃO - ANOS-BASE DE 1986 A 1990 - A suspensão da imunidade tributária das instituições de educação integra o rol dos atos privativos da autoridade tributária da jurisdição da entidade, nos precisos termos do § 1° do art. 14 do Código Tributário Nacional. Somente após o ato formal de suspensão da imunidade pela autoridade competente e que se abre ao auditor fiscal, que detém a prerrogativa de constituição do lançamento tributário, a possibilidade de agir. A legislação nunca contemplou a possibilidade de suspensão de imunidade pelo próprio auditor fiscal, como verificado nestes autos. (Precedentes: Ac. CSRF/01-0.200/81 e Ac. 101-93.465).

inerente ao sujeito cognoscente poderá corresponder a valores do próprio Direito, de moral social e até mesmo de utilidade, dentre outros. A autoridade administrativa, na tradução do suporte fático, pode, inclusive, preferir valer-se de valores que atinjam a finalidade que pretende, para orientar a sua compreensão da realidade.

Ao analisar os suportes fáticos, o intérprete pode se socorrer da experiência colateral jurídica ou de caráter extrajurídico. Ou seja, o fato ou o ato objeto de interpretação pode ser conceituado também por meio de conceitos apreendidos de outras proposições jurídicas (não apenas daquelas relacionadas ao fato jurídico que tem o objeto interpretando como suporte fático) ou de proposição extrajurídica. Auxilia-nos Aurora Tomazini de Carvalho,[110] para explicar a experiência colateral:

> A experiência colateral, para o intérprete, será a procura de qualquer outro signo que lhe traga mais informações sobre o objeto dinâmico. Sempre que o jurista, diante de alguns enunciados prescritivos (objeto imediato), busca outras proposições dentro do próprio direito, para colher mais aspectos de seus objetos dinâmicos, e, assim, melhor compreendê-los, estamos diante de uma experiência colateral jurídica. Quando, porém, abandona os textos do direito positivo, indo ao encontro de outros enunciados (econômicos, políticos, históricos etc.) sai da esfera do jurídico, realizando uma experiência colateral de caráter extrajurídico.

A experiência colateral extrajurídica não entra para o Direito, porquanto não vertida em linguagem competente. Entretanto, se a experiência colateral é juridicizada, ela tem força probatória, tantas vezes de importância singular. É o que ocorre com a prova pericial, ou mesmo com documentos e alegações colocados em determinado processo, por meio de procedimento legal, que implicam signo que pode se sobrepor ao anterior, alterando a versão do objeto interpretado e, por decorrência, do fato jurídico.

---

110. *Curso de teoria geral do direito*: constructivismo lógico-semântico, São Paulo, Noeses, 2009, p. 523.

O enunciado do suporte fático torna-se, nessa medida, uma questão de prova, cuja gravidade depende da relação de cada enunciado com o sistema jurídico. Para fins fiscais, o que antes já é fato jurídico, e assim não deixa de ser, é tomado apenas numa versão que considera os elementos que importam para o Direito Tributário. Sempre que houver revisão, a prova do fato jurídico tributário é molecular ou complexa, em que diversos enunciados são entrelaçados por meio de conectivos.

Como já dissemos, o fato jurídico tributário pressupõe a afirmação da ocorrência dos suportes fáticos que lhe servem de base. A prova da ocorrência pode ser por presunção legal *juris tantum*, por presunção absoluta, por ficção ou por demonstração factual. Exatamente ao encontro de nosso pensamento é a tese de Florence Haret,[111] para quem a presunção é norma, divergindo o tipo de presunção pela função que exerce no sistema jurídico. As presunções legais ou de conteúdo hipotético são prova, porque tratam do tipo em abstrato, apresentando os critérios jurídicos para construir o fato em linguagem competente. Já as *presunções hominis* são meios de prova, porque cuidam da introdução dos enunciados fáticos mediante provas em direitos admitidas. Na linguagem de proporção, como quer Florence,[112] "os meios de prova – presunção expedida pelo aplicador – estão para a forma, ao passo que as provas – presunção prescrita pelo legislador – para o conteúdo de regras jurídicas". A ficção jurídica, por sua vez, é contraditória a qualquer versão possível do objeto dinâmico, tratando-se de norma que torna possível o que jamais de outra forma geraria os pretendidos efeitos jurídicos.

Especialmente no caso de presunções legais e ficções jurídicas, o fato jurídico tributário, respectivamente, não necessariamente terá ou jamais terá relação de correspondência com o evento. Nesses casos, a relação de correspondência do fato jurídico tributário

---

111. *Teoria e prática das presunções no direito tributário*, São Paulo, Noeses, 2010, pp. 158-159.

112. Ibidem, p. 100.

é com o suporte fático que deve ser colhido para a subsunção com a norma geral e abstrata de presunção legal ou de ficção, já que a presunção legal e a ficção não são meio, mas a própria prova.

O meio e o conteúdo de que deverá se revestir a apresentação dos suportes fáticos, pressupostos do fato jurídico tributário, é uma relação material e procedimental. É procedimental, porque o ordenamento jurídico prescreve o meio necessário e suficiente à sua recepção, sempre por publicidade. É também material, porque o ordenamento jurídico prescreve qual o tipo de ocorrência cujo conteúdo subsume-se ao conceito de determinado suporte fático.

O ônus da prova recai sobre aquele a quem aproveita o reconhecimento do fato, mas a sua distribuição e intensidade dependem de prescrição de ordem material, uma vez que a lei pode fixar o alcance de determinada prova ou até uma relação de correspondência (presunção) entre signo e fato, ou de ficção jurídica, determinando que da comprovação de um fato necessariamente decorre a conclusão acerca de outro.[113-114] Mas o fato-signo estabelecido na norma de presunção legal, como indício suficiente, ou na norma de ficção, não pode ser presumido, sob pena de admitir presunção da presunção ou presunção da ficção e, com isso, inflacionar a insegurança jurídica.

---

113. Nesse sentido, entendemos que andou bem o legislador ao possibilitar a atribuição do ônus da prova de forma diversa, no contexto do processo, permitindo a revisão do fato jurídico tributário, por meio da cooperação entre as partes (art. 6º do Código de Processo Civil de 2015).

114. Art. 373. O ônus da prova incumbe:
§ 1º Nos casos previstos em lei ou diante de peculiaridades da causa relacionadas à impossibilidade ou à excessiva dificuldade de cumprir o encargo nos termos do *caput* ou à maior facilidade de obtenção da prova do fato contrário, poderá o juiz atribuir o ônus da prova de modo diverso, desde que o faça por decisão fundamentada, caso em que deverá dar à parte a oportunidade de se desincumbir do ônus que lhe foi atribuído.
§ 2º A decisão prevista no § 1º deste artigo não pode gerar situação em que a desincumbência do encargo pela parte seja impossível ou excessivamente difícil.
§ 3º A distribuição diversa do ônus da prova também pode ocorrer por convenção das partes, salvo quando:
I - recair sobre direito indisponível da parte;
II - tornar excessivamente difícil a uma parte o exercício do direito.
§ 4º A convenção de que trata o § 3º pode ser celebrada antes ou durante o processo.

Qualquer que seja a prova, é necessário que se considere a integralidade das informações válidas. Um documento não pode ser e não ser válido ao mesmo tempo. A Administração Pública, quando averigua o suporte fático em ato de revisão, não é parte em processo, agindo sem outro interesse que não a aferição da verdade jurídica. Dessa premissa, depreende-se a conclusão de que todos os dados devem ser considerados. No caso da escrita contábil e fiscal, por exemplo, devem ser considerados os dados que implicam resultados favoráveis ou desfavoráveis à exação fiscal, na medida em que a escrita contábil e fiscal da empresa, se não considerada imprestável, é prova legal e não mero elemento de prova, já que é juridicamente tomada como ponto de referência para a mensuração de tributo.[115]

O mesmo se verifica em relação aos fatos e atos jurídicos. Como bem lembra Marcos Vinícius Neder,[116] "o documento público tem presunção de autenticidade que lhe dá atributo de fé e confiança *erga omnes*". As declarações em documentos particulares presumem-se verdadeiras em relação aos signatários. Transfere-se, assim, para a Administração Pública o ônus de provar a não oponibilidade ao fisco dos fatos escriturados contabilmente,[117] assim como elidir a presunção de validade da prova do contribuinte, decorrente da validade formal dos fatos e atos jurídicos apresentados.

Isso se aplica relativamente a qualquer prova que implique uma realidade demonstrada num contexto. Se não houver disposição específica acerca da comprovação de um determinado suporte fático e este qualificar-se como formalmente válido, ele é prova legal e prevalece até que a Administração

---

115. Cf. Enrico Allorio, *Diritto processuale tributário*, 5ª ed., Unione Tipográfico-Editrice Torinese, Turim, 1969, p. 353, *apud* Paulo Celso B. Bonilha, *Da prova no processo administrativo tributário*, 2ª ed., São Paulo, Dialética, 1997, p. 88.

116. "Aspectos formais e materiais no direito probatório", in Marcos Vinicius Neder, Eurico Marcos Diniz De Santi e Maria Rita Ferragut (coords.), *A prova no processo tributário*, São Paulo, Dialética, 2010, p. 25.

117. Este tipo de disposição encontra-se não só reconhecida no Código Tributário Nacional, como no velho Código Comercial (artigo 23).

Pública demonstre a sua inoponibilidade ao fisco, por meio de proposição jurídica prevalecente, suportada em prova de suporte fático que elide a presunção de validade da prova então pré-constituída.

Tal resultado depende de ação fiscal de investigação e demonstração, de um lado, da insubsistência da prova pré-constituída acerca do fato em sentido lato, que goza de presunção de validade; e de outro lado, do fato verificado a partir da revisão.[118] A proposição do fato jurídico tributário depende da adequação dos enunciados descritivos dos elementos que lhe servem de suporte fático.

A adequação dos enunciados descritivos desses elementos é testada empiricamente, na análise do conjunto fático que compõe o caso concreto. Os enunciados devem ser tomados no conjunto que conforma a prova do fato jurídico tributário, porquanto necessária a coerência intranormativa intraproposicional. A proposição antecedente, que prescreve o fato jurídico tributário, não pode conter internamente enunciados descritivos contraditórios. Valemo-nos nessa parte da regra do terceiro excluído, pela qual dois enunciados contraditórios não podem ser ambos falsos ou ambos verdadeiros no mesmo conjunto.

3. A Materialidade do Fato Jurídico Tributário

Na norma geral e abstrata, a hipótese fática prevê uma situação, correspondente a um fato ou a um conjunto de fatos, considerada relevante para a incidência tributária. Essa situação consubstancia-se, no âmbito do Direito Tributário,

---

118. Ricardo Mariz de Oliveira (*O valor probante dos documentos particulares e fiscais e dos lançamentos contábeis face ao fisco, in* Direito Tributário Atual vol. 10, São Paulo, Resenha Tributária, 1990), em parecer sobre a comprovação de despesas regularmente escrituradas na contabilidade, cita o Parecer Normativo CST n. 10/76 e o Parecer Normativo CST n. 10/85, os quais mencionam, respectivamente, que a comprovação das despesas é feita com documentos de praxe – recibos, notas fiscais etc. – bastando que sejam idôneos, e que certos negócios comprovam-se por contrato, comprovado mediante inscrição no Registro de Títulos e Documentos e cujos lançamentos contábeis com eles acordam.

na hipótese de incidência tributária. A materialidade da hipótese de incidência tributária corresponde a um determinado comportamento humano, representado por um verbo seguido de um complemento. O verbo descreve uma ação ou omissão praticada pelo sujeito passivo ou, ainda, um estado em que ele se encontra, como respectivamente vender ou permanecer.

O enunciado denotativo do fato jurídico tributário deve ser capaz de enquadrar a situação fenomênica no enunciado conotativo da norma geral e abstrata. Normalmente, o conteúdo do fato jurídico tributário é formado por dois ou mais fatos em sentido lato, podendo ser de diversos gêneros e espécies. Independentemente da pluricidade de previsões, não é a integralidade de cada evento que compõe o fato jurídico tributário, mas apenas os elementos que o ordenamento jurídico recortou para suporte fático.

No que tange ao suporte fático da materialidade de incidência tributária, a norma veiculada no art. 116 do Código Tributário Nacional claramente distingue a materialidade que corresponde a uma situação de fato da materialidade que corresponde a uma situação jurídica. Quando a materialidade corresponde a uma situação de fato, tem-se por suficiente o suporte fático quando verificadas as circunstâncias para que produza os efeitos próprios. Quando a materialidade é uma situação jurídica, "é no respectivo ramo do direito e nos princípios gerais que o intérprete vai verificar se esta 'situação jurídica' já se constituiu, já está produzindo efeitos".[119]

Quando o ato ou o negócio jurídico for subordinado a evento futuro e incerto, o Sistema Tributário Nacional[120]

---

119. Ruy Barbosa Nogueira, *Curso de direito tributário*, 15ª ed., São Paulo, Saraiva, 1999, p 82.

120. Código Tributário Nacional:
"Art. 117. Para os efeitos do inciso II do artigo anterior e salvo disposição de lei em contrário, os atos ou negócios jurídicos condicionais reputam-se perfeitos e acabados:
I - sendo suspensiva a condição, desde o momento de seu implemento;
II - sendo resolutória a condição, desde o momento da prática do ato ou da celebração do negócio."

determina que ele se reputará perfeito e acabado (i) desde o implemento da condição, se ela for suspensiva, ou (ii) desde o momento da própria prática do ato ou celebração do negócio, quando a condição for resolutória. A condição é suspensiva quando a eficácia do negócio jurídico fica condicionada ao seu implemento.[121] A condição é resolutória quando o negócio jurídico vigora antes do seu implemento e, sobrevindo a extinção do direito, fica ressalvada a boa-fé dos atos já praticados.[122]

Exatamente como relata Aliomar Baleeiro,[123] "a cláusula resolutória é irrelevante, do ponto de vista do Direito Tributário: o fato de ela estar pendente não tolhe o Fisco de arrecadar o imposto cabível pelo ato jurídico ou pelo negócio em que aquela condição foi inserida". Quando um ato jurídico tem condição suspensiva, por outro lado, não há direito adquirido nem obrigação no regime jurídico próprio, só tem expectativa de direito. A expectativa de direito não é fato jurídico tributário.

O aspecto material do fato jurídico tributário é bastante complexo, porquanto consiste na própria descrição dos dados substanciais que servem de suporte à incidência tributária. Geraldo Ataliba,[124] em sua sempre atual obra "Hipótese de Incidência Tributária", já tratava da complexidade do aspecto material do fato jurídico tributário, que deve fornecer o critério básico para se apurar o *quantum debeatur*, "além de servir de fulcro para o discrímen que permite formular a única classificação jurídica dos tributos, desdobrando-os em espécies e subespécies".

---

121. Código Civil:
"Art. 125. Subordinando-se a eficácia do negócio jurídico à condição suspensiva, enquanto esta se não verificar, não se terá adquirido o direito, a que ele visa".

122. Código Civil:
"Art. 126. Se alguém dispuser de uma coisa sob condição suspensiva, e, pendente esta, fizer quanto àquelas novas disposições, estas não terão valor, realizada a condição, se com ela forem incompatíveis".
"Art. 127. Se for resolutiva a condição, enquanto esta se não realizar, vigorará o negócio jurídico, podendo exercer-se desde a conclusão deste o direito por ele estabelecido."

123. *Direito tributário brasileiro*, 10ª ed., Rio de Janeiro, Forense, 1992, p. 460.

124. *Hipótese de incidência tributária*, 5ª ed., 6ª tiragem, São Paulo, Malheiros, 1997, p. 96.

Se é assim em relação ao fato jurídico tributário originalmente constituído, mais complexa ainda é a materialidade do fato jurídico tributário fruto de revisão. Nesse ponto, precisamos retornar às fórmulas sintáticas possíveis do fato jurídico tributário em ato de revisão.

Em suma: (i) ou bem se tem a consideração da situação jurídica anterior para a sua complementação, sem desjuridicização dos efeitos da norma individual e concreta revisada, adentrando ela como suporte fático de constatação para formar com outro suporte fático de constatação complementar um todo suficiente à constituição do fato jurídico tributário e da obrigação complementar, (ii) ou bem se tem a negação da situação jurídica revisada, que adentra no fato jurídico tributário como suporte fático de revisão, a fim de que lhe seja retirado o atributo de oponibilidade, ao menos para a finalidade revisional.

Muito bem, na revisão para complementação, ou seja, sem negação dos efeitos da norma revisada, para que o fato jurídico tributário corresponda a uma projeção factual da hipótese tributária prevista na norma geral e abstrata, é necessário que o fato jurídico revisto com o novo fato se conjugue, compondo, juntamente com os efeitos não desconsiderados (relação jurídica), um mesmo todo. Ilustramos:

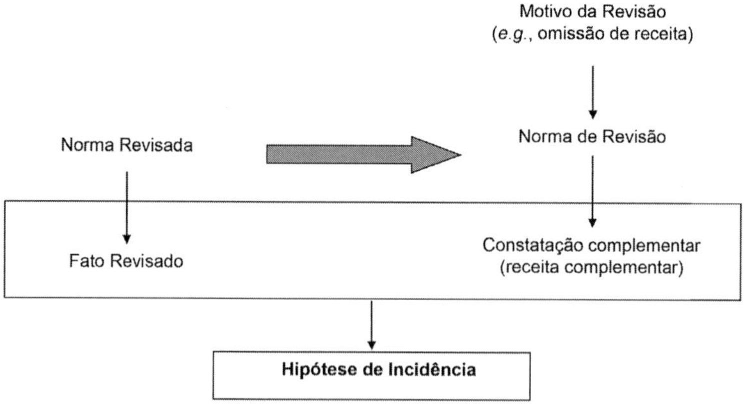

Mais complexa ainda é a situação em que há uma negação da norma revisada, ao menos para os fins da revisão. Vale dizer, na revisão para constituição de fato jurídico tributário inteiramente novo, que pressupõe a negação da situação jurídica revisada, de duas uma: (i) a negação surte efeito de comando jurídico para desjuridicização dos efeitos da norma revisada, daí advindo todas as consequências de imputação, o que é obrigatório ser feito sempre que não houver limite no exercício de competência, ou (ii) a negação da norma revisada presta-se apenas como raciocínio lógico e probatório para a constituição do novo fato jurídico tributário. Ilustramos:

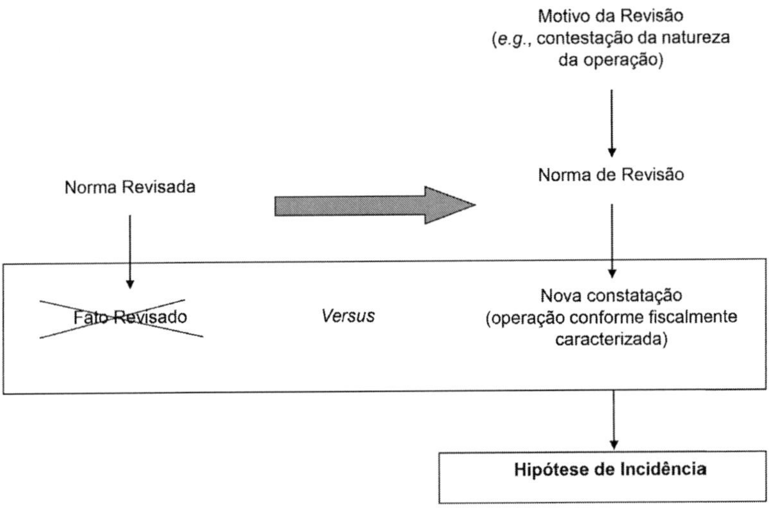

Nessa hipótese, há minimamente o suporte fático que corresponde ao comportamento humano sobre o qual incide a hipótese de incidência tributária (suporte fático de constatação); o suporte fático relativo ao fato anterior e à relação jurídica anterior, ambos negados (suportes fáticos de revisão); e o suporte fático correspondente ao ato de enunciação submetido à revisão.

Como já mencionado, optamos por didaticamente segregar os suportes fáticos em *suporte fático de constatação* e *suporte fático de revisão*. Enquadram-se na classe dos suportes fáticos de constatação os elementos materiais positivamente constatados como passíveis de subsunção à hipótese de incidência. Os suportes fáticos de revisão correspondem ao conjunto dos demais elementos fáticos que devem ser considerados na composição do fato jurídico em ato de revisão, seja para complementação ou com negação da situação jurídica revisada. Os suportes fáticos de revisão correspondem aos fatos ou atos revisados para substituição no ordenamento jurídico ou para tirar-lhes o predicado de oposição à constituição do fato jurídico tributário.

Na norma individual e concreta, porque a situação não é mais hipotética, a materialidade depende do(s) suporte(s) fático(s) de constatação, cujo conjunto se subsume ao comportamento humano previsto como materialidade da hipótese de incidência; e, no caso de revisão, também depende dos suportes fáticos de revisão, porque resultantes da devolução da matéria fática. Se não houver a negação em linguagem apropriada do fato ou da norma anterior (revisão com negação) ou se não houver a devolução para complementação da enunciação anterior (revisão para complementação), não há possibilidade de subsunção do resultado da revisão à hipótese fática de incidência tributária prevista na norma geral e abstrata.

Temos, assim, como conjunto suficiente de suporte fático, o conjunto do(s) suporte(s) fático(s) de constatação e do(s) suporte(s) fático(s) de revisão, pelo qual se demonstra o fato jurídico tributário em ato de revisão. Todos os enunciados compõem o enunciado da própria materialidade do fato jurídico tributário, então constituído por ato de revisão.

Cada um desses suportes fáticos são também fatos jurídicos em sentido lato. Ainda, cada um desses suportes fáticos pode ser simples ou composto. Quando composto o suporte fático, tem ele presunção de validade a partir do instante da última ocorrência dentre todas as ocorrências necessárias à sua configuração. Tem-se, nesse momento, a presunção de legitimidade do fato jurídico que, para efeito da revisão, ocupa a posição sintática de suporte fático.

A configuração do fato jurídico tributário pressupõe a enunciação válida, enquanto produto do conjunto de enunciados acerca de todos os suportes fáticos, que se consubstanciam em elementos necessários à demonstração da ocorrência da materialidade da hipótese de incidência tributária. Admitimos, assim, que a proposição do fato jurídico tributário, ao menos em ato de revisão, é composta de um variável número de enunciados que denotam a materialidade enunciada na hipótese da norma geral e abstrata de incidência tributária.

Enquanto na hipótese da norma geral e abstrata temos um enunciado relativo ao aspecto material, a proposição antecedente da norma individual e concreta – fruto de revisão – demanda *n* enunciados que apenas no seu conjunto denotam o enunciado do aspecto material da hipótese de incidência. Isso não quer dizer que admitimos dividir temporalmente o fato jurídico tributário em espontâneo, continuado, periódico ou complexo. Adiante, trataremos do aspecto temporal do fato jurídico tributário, a fim de rechaçar essas hipóteses.

A prova do fato jurídico tributário é umbilicalmente dependente da prova dos suportes fáticos necessários, partindo desta para subsumir o conceito à norma geral e abstrata de incidência tributária. É a regra jurídica que determina qual é a prova suficiente do suporte fático. O fato jurídico tributário é que produz o efeito jurídico da relação jurídica tributária. Esse mesmo fato jurídico, produto de revisão, geralmente sofre reincidência para ser suporte fático de fato jurídico que produz efeitos de implicação de sanção ou para ser suporte fático de fato jurídico que implica efeito constitutivo de relação jurídica de obrigação de fazer, obrigação instrumental.

Por outro lado, o fato jurídico tributário toma por suporte fático outros fatos jurídicos que, por seu turno, também sofrem reincidências. Quando o suporte fático suficiente corresponde a um conjunto de enunciados convergentes de uma multiplicidade de fatos, cada um desses fatos pode ser suporte fático de mais de uma regra jurídica.

No brilhantismo de Pontes de Miranda,[125] o fato jurídico pode propagar vários efeitos, reforçando nosso pensar, guardadas as diferentes premissas adotadas, sobre a multiplicidade de elementos que compõem o conjunto suficiente de suportes fáticos, e cada elemento (jurídico) pode compor outro conjunto de suportes fáticos ou ser ele mesmo o produto, fato jurídico (antecedente da norma): "elementos diferentes podem juntar-se de modo que haja elementos comuns, que façam jurídico certo fato (suporte fático mínimo comum), e elementos que, junto àqueles, determinem o suporte fático de outras regras. Em estados diferentes, passa-se o mesmo".

Para a constituição do fato jurídico tributário, desce-se ao conjunto suficiente de suportes fáticos. O conjunto suficiente combina fatos ou atos jurídicos, tomados na qualidade de suportes fáticos de constatação ou de revisão. Esses fatos ou atos são sempre juridicizados, na medida em que compõem o fato jurídico tributário e, portanto, a norma jurídica a eles se reporta. Tais fatos ou atos podem possuir os seus próprios suportes fáticos, que nessa relação ocupam a posição sintática de *suporte fático mediato*. A condição de *suporte fático mediato* é relacional: é a condição daquele que ocupa a posição sintática de suporte fático do fato que, em determinada norma, assume a posição de *suporte fático imediato*.

É o caso de determinada conduta que é suporte fático de fato jurídico para a relação jurídica no âmbito cível e sofre reincidências para efeito de outros ramos do direito, tornando-se, por exemplo, elemento que compõe o suporte fático do fato jurídico tributário. Ou seja, a conduta pode corresponder, a um só tempo, ao *suporte fático imediato* de fato jurídico para implicar relação de Direito Civil e ao *suporte fático mediato* (mediatamente relacionado) de um eventual fato jurídico tributário em ato de revisão.

---

125. *Tratado de direito privado, parte geral* – Tomo I, 2ª ed., Rio de Janeiro, Borsói, 1954, p. 27.

Definimos, por enquanto, o conjunto suficiente de suportes fáticos (SFs) como o produto da reunião do(s) suporte(s) fático(s) de constatação (SFc) com o(s) suporte(s) fático(s) de revisão (SFr), bem como verificamos que cada suporte fático, de constatação ou de revisão, dependendo da sua natureza pode possuir o seu próprio suporte fático, que nessa relação sintática assume a posição de suporte fático mediato (SFm).

Passamos à análise do conjunto suficiente de suportes fáticos em face do código lícito/ilícito que organiza o sistema jurídico. Sabemos que semanticamente é impossível um fato jurídico tributário ilícito,[126] já que tributo não se confunde com sanção. Não negamos, contudo, que o fato jurídico tributário pode conter dentre seus suportes fáticos o descumprimento de uma obrigação legal, que por decorrência faz nascer um fato jurídico não tributário, mas que se presta apenas como *suporte fático mediato* do fato jurídico tributário. É o caso, por exemplo, do crédito de ICMS ou de IPI sem a correspondente entrada da mercadoria no estabelecimento.[127]

Ora, se o tributo não é sanção, a cobrança de tributo não ocorre em função do fato jurídico ilícito. Ou bem se estabelece para o fato ilícito sanção isoladamente prevista na norma geral e abstrata, ou bem incide tributo, porque o fato ilícito entra como *suporte fático mediato.* É o conjunto dos suportes fáticos que conforma a situação lícita que denota a materialidade da hipótese de incidência tributária.

Feitas essas considerações, vislumbramos quatro formas de se chegar ao fato jurídico tributário (FJT) em ato de revisão, o que é denotado pelo conjunto suficiente de suportes fáticos (SFs), sendo este o conjunto fático e aquele o produto da subsunção dos enunciados dos suportes fáticos ao conceito da norma geral e abstrata de incidência tributária.

---

126. *Vide* Capítulo II, item 2.

127. Essa questão deve ser tratada em separado daquela em que o ato ilícito, culposo ou doloso, compõe o suporte fático do fato jurídico tributário para efeito de atribuição de responsabilidade no cumprimento de obrigação tributária.

A partir do código lícito/ilícito e considerando a classificação do ato de revisão pelo tratamento conferido à norma revisada – revisão para complementação do fato/obrigação ou revisão com negação da situação jurídica revisada –, apresentamos os quatro tipos de conjunto suficiente de suportes fáticos: (i) conjunto suficiente, sem ilícito, em ato de revisão para complementação;[128] (ii) conjunto suficiente, com ilícito, em ato de revisão para complementação;[129] (iii) conjunto suficiente, sem ilícito, em ato de revisão com negação;[130] (iv) conjunto suficiente, com ilícito, em ato de revisão com negação.[131]

Se não há ilícito no suporte fático e a revisão não nega os efeitos da norma expedida pelo particular, a única ilicitude que encontramos não está na composição do fato jurídico tributário, mas decorre justamente da sua não composição completa no tempo e na forma descrita em lei, pelo que a sanção se reporta apenas à obrigação complementar constituída, correspondente à parcela descumprida da relação jurídica prescrita em lei.

Quando o ilícito compõe a revisão, a exemplo da falta de escrituração de mercadoria entrada no estabelecimento, temos fato ou ato ilícito e fato ou ato lícito, compondo o conjunto de suportes fáticos apenas mediatos da nova constatação, que, sem negar os efeitos da norma revisada, afere obrigação complementar de ICMS, jamais podendo imputar ao ilícito a natureza de *per si* configurar-se em fato gerador.

O mesmo ocorre no caso de haver ilícito como suporte fático mediato em revisão que nega qualquer validade à norma expedida pelo particular. Por hipótese, pensamos numa pessoa que exerce informalmente atividade empresarial, sem emissão de nota fiscal e sem qualquer registro em órgãos competentes (suporte fático mediato de ilicitude), declarando

---

128. SFs {SFc2 (SFm 1,2,3...). SFr . SFc1 [FJT1 . (SaRSp)]}

129. SFs {SFc2 [(SFm 1,2,3...). (SFmi)] . SFr . SFc1 [FJT1 . (SaRSp)]}

130. SFs {SFrn -[(FJT1 . SaRSp).(SFm 1, 2, 3...)]. SFr (SFm 1, 2, 3...) . SFc (SFm 1, 2, 3...)}

131. SFs {SFrn -[(FJT1 . SaRSp).(SFm 1, 2, 3...)]. SFr (SFm 1, 2, 3...) . SFc (SFmi,1, 2, 3...)}

renda de locação na pessoa física. A ilicitude da sua conduta – exercício irregular de mercancia – é suporte fático mediato e ilícito (SFmi) da aquisição de renda [SFc (SFmi, 2, 3..)] e da requalificação do fato – suporte lícito –, renda cuja disponibilidade é aferida por atividade habitual de natureza empresarial.

A constatação, em ato de revisão, de desenvolvimento de atividade habitual de natureza empresarial, que não corresponde a rendimento de pessoa física oriundo de locação, implica negação do fato jurídico originalmente constituído (-FJT1), pela negação da natureza dos rendimentos declarados (-SFm1,2...) e na constatação de renda de pessoa jurídica. Disso decorre também a negação da relação jurídica anteriormente vigente [-(SaRSp)] e a revisão da enunciação (SFr) feita pelo sujeito passivo. De qualquer forma, o elemento nuclear da materialidade do fato jurídico tributário é a aquisição de renda na forma requalificada (suporte lícito de incidência fiscal).

3.1. Relação entre Responsabilidade Tributária e Fato Jurídico Tributário

Já tratamos da ilicitude no suporte fático mediato, mas não podemos nos esquecer das situações em que o tributo é cobrado por descumprimento de responsabilidade legal. No plano das normas gerais e abstratas, o ordenamento pode escolher por sujeito passivo pessoa não contribuinte, desde que tenha algum vínculo com o fato jurídico tributário ou com o sujeito que o praticou.

A norma de incidência tributária não se confunde com a norma de responsabilidade, cujo suporte fático é um fato não tributário. Até aqui não temos outra implicação quanto à materialidade do fato jurídico tributário, que não a integração da relação de responsabilidade tributária e da materialidade praticada por outrem, como suportes fáticos do fato jurídico tributário.

Deixamos de discorrer especificamente acerca das relações jurídicas de solidariedade, de sucessão e de subsidiariedade, porque tais relações entram na exposição de motivos da revisão, tão somente como suporte fático do consequente da norma individual e concreta, a fim de suportar o aspecto pessoal. Não impactam, contudo, no fato jurídico tributário. Apenas ressalvamos a necessidade de comprovação do próprio suporte fático – solidariedade, sucessão ou subsidiariedade –, que pode já estar no ordenamento por fato jurídico anterior.

Ilustrativamente, se existe um suporte fático referente à relação de responsabilidade por sucessão, a baixa do registro da sociedade no órgão competente é fato jurídico suficiente daquele suporte fático. Em outras situações, a comprovação do suporte fático é veiculada no mesmo documento que veicula o próprio fato jurídico tributário. É o que depreendemos quando analisamos um lançamento que, para atribuir no consequente da norma individual e concreta a responsabilidade ao sócio, comprova o próprio suporte fático da dissolução irregular da sociedade. Nada impede, todavia, que a dissolução irregular tenha sido anteriormente constatada e introduzida como fato jurídico no ordenamento, também pela demonstração da ausência de adoção dos atos denotativos da dissolução regular.[132]

Retornando ao nosso objeto, causam efeito na materialidade do fato jurídico tributário as hipóteses de responsabilidade por substituição ou por infração. Na substituição tributária *para frente*, independentemente das questões tão levantadas pela doutrina acerca de sua eventual inconstitucionalidade em face das garantias e direitos individuais,[133] a norma prevê a tributação de fatos futuros e presumidos. Aceitamos o fato

---

132. Daniel Monteiro Peixoto (*Dissolução de Sociedades e a Responsabilidade Tributária no Contexto de Regras de Direito Tributário e de Direito Societário*, in Congresso Nacional de Estudos Tributários VI - Sistema Tributário Brasileiro e a Crise Atual, São Paulo, Noeses, 2009, p. 252) enumera os atos jurídicos que denotam a dissolução regular, dentre eles, nomeação de liquidante; averbação do instrumento de dissolução; inventário; partilha do remanescente etc.

133. Respeitável doutrina defende a inconstitucionalidade da Emenda Constitucional nº 03/1993 que incluiu o § 7º ao art. 150 da Constituição Federal. Mas fato é que o Supremo Tribunal Federal, desde 1999 julgou constitucional o regime de substituição tributária (acórdão do Pleno no Recurso Extraordinário nº 213.396/SP, julgamento em 02.08.1999).

presumido, residindo problema no suporte fático correspondente a evento futuro e incerto. Isso porque o fato jurídico tributário pressupõe suporte fático de ocorrência concreta de um determinado evento, como ensina José Eduardo Soares de Melo:[134] "o aspecto material consiste em determinados negócios jurídicos, estados, situações, serviços e obras públicas, dispostos na Constituição, que representem fenômeno revelador de riqueza (aspecto econômico) [...]" Se assim é, partindo da validade da norma de substituição tributária, os suportes fáticos de constatação (SFc) correspondem ao evento praticado pelo substituto e ao evento que enseja a aplicação da regra de substituição tributária, ambos empiricamente verificáveis, o resto deles decorre por presunção legal.

Porque na norma individual e concreta conjugam-se os dados que traduzem os fatos imponíveis das normas gerais e abstratas de incidência tributária e de responsabilidade, na descrição do aspecto material do fato jurídico tributário de substituição *para frente*, deve constar a operação praticada pelo substituto e a ocorrência do evento que enseja a aplicação da substituição tributária, com a descrição dos elementos necessários à aplicação da regra de presunção (substituição tributária), *e.g.* a natureza do produto, a sua destinação e finalidade ou o que quer que o ordenamento tenha elegido por suporte fático de regra de substituição.

Deparamo-nos agora com o ilícito não tributário, correspondente ao descumprimento de uma obrigação imposta por responsabilidade legal e que serve de suporte fático de fato jurídico tributário, por força de disposição de lei. É o que costumeiramente ocorre com os lançamentos fundamentados em desobediência de uma obrigação de fazer, como a retenção e a responsabilidade *in vigilando* ou *in eligendo*.

O fato jurídico da retenção é fato próprio do administrado, mas cujo efeito não lhe corresponde. É o administrado que pratica o ato que enseja a retenção (por exemplo, tomar serviço de

134. *Curso de direito tributário*, 8ª ed., São Paulo, Dialética, 2008, p. 250.

outrem, cuja natureza ou especificidade do caso implica uma obrigação de reter). O efeito (renda auferida com a prestação de serviço) é verificado por outrem, o prestador do serviço. É por essa razão que os fatos jurídicos tributários nesse caso pressupõem, em razão do princípio da capacidade contributiva, regra que permite o sujeito passivo na relação jurídica tributária ressarcir-se (por retenção) do tributo gerado em função do fato jurídico realizador da riqueza auferida por outrem.

O mesmo fundamento tem qualquer norma de substituição tributária, sempre no pressuposto do reembolso do sujeito passivo, pelo tributo pago sobre fato que não lhe é próprio. O problema reside quando o tributo incide, constituindo-se o fato jurídico tributário, mas não há a possibilidade de reembolso pelo sujeito passivo, seja porque ele cometeu o ilícito de deixar de reter, seja porque praticou ilícito relativo à responsabilidade *in vigilando* ou *in eligendo.*[135]

Sobre a cobrança de tributo nesses casos, de se verificar que o ato ilícito adentra como suporte fático de revisão, imediatamente relacionado ao fato jurídico tributário e não mais como suporte fático mediato, já que se reporta a uma situação ilícita no contexto daquele sujeito passivo, integrando-se com ocorrência lícita que implicou, em princípio, tributação de outrem. Como exemplos, de pronto lembramo-nos dos lançamentos fundamentados em quebra de diferimento ou crédito indevido em razão de inidoneidade do fornecedor.

Apesar de tais casos implicarem cobrança de tributo, para a interpretação dos respectivos suportes fáticos de ilicitude, a jurisprudência de forma escorreita confere-lhes o tratamento atribuído às infrações subjetivas e não objetivas, porquanto

135. A legislação, ao menos no âmbito federal, tem caminhado por punir o contribuinte pelo seu ato ilícito e por devolver ao realizador da hipótese de incidência o fato jurídico tributário e a obrigação dele decorrente. Nesse sentido, a despeito da previsão de retenção exclusiva na fonte, se possível a devolução do fato a quem lhe aproveita, a legislação assim determina, ex vi do Parecer Normativo nº 1/2002 que desautoriza a responsabilização da fonte pagadora pelo recolhimento de IRRF depois de encerrado o período de apuração, tendo em vista o dever do contribuinte de oferecer os rendimentos à tributação quando da entrega da declaração.

a infração não é relacionada ao fato imponível, mas à relação não tributária entre particulares, determinando a apuração da responsabilidade subjetiva pelo ato culposo ou doloso.

Parece-nos deonticamente lógico que, quando um fato ou ato ilícito é suporte fático imediato do fato jurídico tributário, a ausência de mínimo elemento culposo, por princípio, fulmina a própria materialidade do fato jurídico tributário e fulmina o fundamento da revisão.[136]

3.2. Fato Jurídico Tributário Presumido e Ficto

A despeito das diversas acepções do termo *presunção*, pode ela ser tomada como norma jurídica, no seu sentido deôntico completo, como antecedente ou como consequente, e pode ainda ser tomada simplesmente como meio de prova – como raciocínio lógico, que parte de um fato conhecido (indício) para se chegar a um fato desconhecido. Por isso, podemos dizer que a presunção pode ser prova ou meio de prova. Para a presunção como meio de prova, o fato presumido é uma consequência verossímil do fato conhecido. Noutro giro, para a presunção como prova, o fato presumido é consequência de determinação legal.

De acordo com Florence Haret,[137] tanto a presunção legal absoluta quanto a presunção legal relativa pode ser prova, porque o direito de contestação do fato não modifica a sua natureza normativa. Só as presunções *hominis* são meio de prova. Para a mesma autora, cujo pensamento é com o nosso absolutamente concordante, as presunções *hominis* estão para a forma de apresentação do fato jurídico, ao passo que as presunções legais estão para o conteúdo de regras jurídicas. Nas presunções legais, o valor jurídico é compositivo da norma, justificando a presunção pela relação meio-fim, daí que a finalidade da presunção é diretriz fundamental no processo de positivação.

---

136. Tratamos especificamente desta questão no capítulo VII, ao abordar a sanção em relação ao fato jurídico tributário.

137. *Teoria e prática das presunções no direito tributário*, São Paulo, Noeses, 2010, p. 100.

O Direito Tributário há muito admitiu a presunção legal e a presunção *hominis* para a constituição do fato jurídico tributário. Sejam os suportes fáticos lícitos ou ilícitos, podem ser eles provados por meio da comprovação objetiva do indício. Como bem ensina Moacyr Amaral Santos,[138] "a prova por presunção constitui um silogismo, em que a premissa maior é o princípio geral, a premissa menor é o fato conhecido e a conclusão é o fato que se deseja conhecer". Dada uma relação de natureza ordinária entre o indício e aquilo que se apresenta como verdadeiro no maior número de casos compreendidos na espécie, os raciocínios dedutivo (conclusão a partir do indício) e indutivo (premissa maior) são válidos para o fato jurídico tributário.

Seja pela prova diretamente relacionada ao evento, seja pela prova por presunção, não há absoluta certeza da ocorrência do evento na forma como descrita no fato jurídico, dada a impossibilidade do conceito de verdade absoluta. Por outro lado, toma-se como verdade a probabilidade da ocorrência fática, em função da gravidade, precisão e concordância, inerentes ao raciocínio presuntivo. Novamente nas lições de Moacyr Amaral Santos,[139] no que tange aos requisitos da gravidade, da precisão e da concordância, "[...] graves, isto é, geradoras de probabilidade com eficácia de criar convicção; precisas, no sentido de se não prestarem a dúvidas ou contradições lógicas; concordantes, ou seja, convergentes para o mesmo resultado".

O indício grave é aquele intensamente vinculado ao fato probando, dada a natureza ordinária das coisas. Haverá precisão se um indício não puder ser vinculado, com a mesma ou maior intensidade, com outro fato que não o probando. O requisito da concordância, por sua vez, corresponde à necessária convergência de todos os indícios para a mesma conclusão de um fato probando.

A presunção *hominis* nunca altera a materialidade do fato imponível, correspondendo à atividade do intérprete, ao

---

138. *Prova judiciária no cível e comercial*, São Paulo, Max Limonad, 1969, pp. 393-394.

139. Idem, p.395.

examinar as provas. Tão comumente se identifica a presunção *hominis* nos lançamentos para glosa de despesas, por exemplo, nos quais, a partir dos suportes fáticos representados pelas despesas efetivamente incorridas, procede, o operador, a um raciocínio presuntivo sobre a necessidade e usualidade das despesas, aceitando-as ou não como suporte fático mediato. Ou seja, a presunção simples reporta-se tanto à interpretação do suporte fático mediato no caso concreto como à relação dos suportes fáticos mediatos com o suporte fático imediato e às relações entre os suportes imediatos.

Diferente é o caso da presunção legal, que prevê o indício como prova suficiente do fato jurídico tributário. Apesar de as presunções, por princípio, admitirem prova em contrário, fato é que a presunção legal de início estabelece o indício como suporte fático de constatação do fato jurídico tributário, podendo implicar alteração de sua materialidade no caso concreto. Mais grave é a situação em que se admite uma presunção de forma absoluta, como muitas vezes são tratadas as situações de substituição tributária, retirando da presunção a sua natureza de prova correspondente com a realidade.

Quando utilizada a presunção *hominis* como prova, o fato jurídico é denunciado em sua inteireza, melhor dizendo, sem alteração do suporte fático de constatação. Já na presunção legal, a prova de ao menos um suporte fático de constatação corresponde à prova do fato, em razão da disposição legal, que determina que o indício deve implicar existência de um determinado fato. Em face do direito posto, relativamente ao específico raciocínio presuntivo inserto na norma de presunção legal, a autoridade não precisa provar o fato jurídico ou a sua probabilidade de correspondência com a realidade, devendo tão somente provar o fato indiciário. O mesmo se verifica em relação ao contribuinte, mas este não se utiliza da presunção legal para provar fato jurídico, apenas para imputar-lhe efeitos.

Por essa razão que, em nossa íntima convicção, sempre preferimos a presunção simples, porque nela não se altera jamais o suporte fático de constatação, mas tão somente tem-se abertura cognitiva na tradução dos suportes fáticos. Não deixamos de aceitar, contudo, a constituição do fato jurídico tributário por presunção legal, mas na ciência de que, nesse caso, o suporte fático de constatação reporta-se à ocorrência do indício, do signo presuntivo ao qual a norma atribuiu efeitos de propagar a incidência tributária. Nem por isso o fato jurídico tributário é arbitrário, pois antes submetido a critério legalmente previsto para sua constituição.

Dito isso, resta-nos observar que, nos atos de revisão, se o fato jurídico do substituído (no caso da substituição tributária) ou a conclusão relativa a qualquer outro fato aferido por presunção legal já for empiricamente verificável, a materialidade do fato jurídico tributário não pode se pautar apenas no indício, devendo considerar por suporte fático de constatação o fato demonstrado à época da revisão e suas implicações efetivamente experimentadas.

Elucidativa é a hipótese de revisão de fato jurídico tributário em face de descumprimento de substituição *para frente*. Normalmente, deve ser constituído o fato jurídico em face da conjugação da norma geral e abstrata de incidência tributária e da norma de substituição tributária. Ocorre que, dado o curso de tempo, quando da revisão, verifica-se que, apesar da ocorrência do suporte fático da substituição tributária, não ocorreu o fato jurídico tributário do substituído, porque este deu uma destinação tal ao produto (*e.g.* brinde) que impede a presunção da pauta fiscal de substituição tributária, razão pela qual este fato entra como suporte fático de revisão que impede a constituição do fato jurídico de substituição tributária.

Avançando no tema, desde os jusnaturalistas até os adeptos do pós-positivismo, admite-se a necessidade de método interpretativo e de carga axiológica, variando apenas as preferências metodológicas, a forma, a intensidade ou o momento de influência dos valores. Não podemos, entretanto, cometer o erro de admitir a ficção como consequência natural da carga axiológica presente na construção do fato jurídico.

A construção do fato jurídico pretende assegurar a verdade pelas provas, pelo procedimento e pela coerência da exposição. Nesse passo, rechaçamos a ficção como prova do fato jurídico, posto que não é ela fruto de carga axiológica e não tem comprometimento com a realidade; ao contrário, por excelência corresponde à impossibilidade do real, regulando deonticamente comportamentos e qualificando pessoas, situações e coisas, como se de outras se tratassem.

Cristiano Carvalho[140] classifica as ficções em primeiro, segundo e terceiro grau. A ficção de primeiro grau corresponde à desconsideração da realidade objetiva. A ficção de segundo grau relaciona-se à desconsideração da realidade institucional. E a ficção de terceiro grau é a desconsideração da realidade linguística. Esclarece ainda o mesmo autor que

> [...] nem sempre a locução normativa é clara ao expor que tal instituição social ou jurídica, para determinados efeitos, deve ser considerada como se fosse outra coisa, mas simplesmente alterando conceitos sociais ou jurídicos e redefinindo-os, como se realmente fossem daquela forma.

A despeito de nossa divergência em relação às conclusões adotadas pelo ilustre professor quanto à validade da ficção, porquanto vislumbramos este instituto como prescrição jurídica que se opõe ao fato como produto de prova, assumimos que a proposição antecedente da norma individual e concreta que contenha fato jurídico tributário por ficção é essencialmente prescritiva, subsumindo um fato eleito pela lei à norma que o equipara a outro fato. A função descritiva dessa proposição é apenas relacionada ao fato cujos efeitos foram, por ficção, estabelecidos em lei.

Tomando por referência a conduta do agente competente no ato de revisão do fato jurídico tributário, averiguamos enorme distanciamento entre a conduta adotada em caso de presunção

140. Cristiano Carvalho, *Ficções jurídicas no direito tributário*, São Paulo, Noeses, 2008, p. 255.

legal e aquela adotada em caso de ficção jurídica. Apesar de ambas poderem alterar a eleição de suporte fático, tomando outro fato como suporte fático de constatação no caso concreto, na hipótese de presunção legal, dado o lapso de tempo entre a revisão e a ocorrência do fato, integra também por suporte fático o fato efetivamente ocorrido ou os seus efeitos, ao passo que, na hipótese de ficção jurídica, há uma desconsideração completa da ocorrência factual, ainda que por prova apresentada.

A prova do suporte fático de constatação sob a égide da ficção jurídica corresponde a um acontecimento previsto na norma de ficção, que, por si só, desconsidera o acontecimento que deveria ser tomado por suporte fático segundo a norma de competência tributária. Mas, se a lei estipulou que um determinado fato é a prova do suporte fático de constatação e se é a regra geral que determina a prova por ficção do suporte fático, descrevendo os seus elementos conotativos, ao administrado e à autoridade administrativa só cumpre descrever os elementos denotativos daquele suporte fático previsto na regra de ficção jurídica, apesar da ciência quanto à impossibilidade da subsunção de seu conceito à norma geral e abstrata de incidência tributária. A inconstitucionalidade e a ilegalidade não podem ser declaradas pelos agentes juridicamente incompetentes.

Não por outra razão que o Poder Judiciário, que tem maior competência cognitiva para a valoração do fato, tem procurado ajustar as disposições legais, adotando a ficção jurídica como presunção *juris tantum*, aproximando o suporte fático adotado pela norma geral e abstrata do suporte fático que deveria ser tomado em face da competência tributária. É o que verificamos nos votos exarados pelo Supremo Tribunal Federal no caso da tributação sobre o lucro auferido no exterior.

Sempre tormentosa qualquer determinação legal de ficção jurídica ou de presunção absoluta, pela impossibilidade ou dificuldade que tratamos de adoção de suporte fático que corresponda ou ao menos se aproxime à tradução jurídica da realidade fenomênica. Daí a preocupação do Poder Judiciário em admiti-la somente na medida em que crível tratar-se, em verdade, de suporte fático correspondente ao fato imponível possível pela norma de competência tributária.

É nesse ponto que se verifica a divergência instaurada no Supremo Tribunal Federal sobre a interpretação do art. 74 da Medida Provisória nº 2.158-35/2001 – norma que dispunha sobre a tributação dos lucros auferidos no exterior.[141] Parte dos Ministros entendeu não ser crível a relação de correspondência entre o dispositivo legal e a competência jurídica, pelo que afastaram o dispositivo por inconstitucionalidade – votos dos Ministros Marco Aurélio, Sepúlveda Pertence, Ricardo Lewandowski e Celso de Mello. De outro lado, parte dos ministros entendeu que é possível o ajuste da norma a determinadas situações, então apenas para essas situações aceita-se o dispositivo legal – voto da Ministra Ellen Gracie, assumindo que apenas quando há controle societário é possível admitir-se como passível de distribuição o lucro auferido no exterior e voto do Ministro Joaquim Barbosa, que adota um novo critério, admitindo a constitucionalidade mesmo de uma ficção jurídica, mas de forma condicional, vale dizer, desde que de conteúdo antievasivo. E, por fim, o entendimento dos Ministros Nelson Jobim e Eros Grau,[142] segundo os quais não se trataria de ficção jurídica, em razão e apenas na medida em que se tributaria o método de equivalência patrimonial – MEP (o que tomamos com ressalvas dado o verdadeiro significado do MEP), reconhecendo, nesse diapasão, a possibilidade de incidência tributária.[143-144]

141. Matéria atualmente tratada pela Lei 12.973/2014, arts. 77 e seguintes.

142. Os Ministros Ayres Britto e Cezar Peluso também votaram no sentido de julgar improcedente a ação direta, para dar interpretação conforme ao artigo 74 da Medida Provisória nº 2.158-35/2001.

143. ADI 2588, relatora Ministra Ellen Gracie, redator para acórdão Ministro Joaquim Barbosa, julgado em 10.04.2013, publicado em DJe em 11.02.2014.

144. A matéria é tão controversa e recebeu tantas críticas da doutrina que, mesmo ao final do julgamento, não se alcançou um resultado claro, em decorrência da introdução de critérios jurídicos diversos (i) localização em paraíso fiscal ou não e (ii) ser controlada ou coligada. Após a formalização do voto médio, verificou-se que o art. 74 da MP 2.158-35/2001 seria inconstitucional para coligadas sediadas em países sem tributação favorecida ou que não sejam paraísos fiscais, enquanto que seria

4. Coordenadas de Tempo e Espaço

O suporte fático de nova constatação sempre é interpretado considerando-se as suas coordenadas de tempo e espaço. Tendo em vista que o conjunto suficiente de suportes fáticos, nos atos de revisão, é o produto da conjugação de um ou mais suportes fáticos de constatação e de revisão, reiteramos que as coordenadas de tempo e espaço dos suportes fáticos de revisão não se confundem com as coordenadas de tempo e espaço dos suportes fáticos de constatação, os quais, podemos dizer, representam o aspecto nuclear da materialidade do fato jurídico tributário.

As coordenadas de tempo e espaço dos suportes fáticos de revisão importam apenas como limite para a revisão, tendo em vista o prazo decadencial e a competência tributária. Também são outras as coordenadas de tempo e espaço dos suportes fáticos mediatos que, por sua vez, podem sequer corresponder às coordenadas de tempo e espaço dos suportes fáticos de constatação e de revisão – suportes fáticos imediatos.

Feitas essas advertências, tratamos dos aspectos temporal e especial do fato jurídico tributário em ato de revisão.

4.1 Aspecto Temporal do Fato Jurídico Tributário

O ordenamento jurídico é prospectivo. O tempo do fato jurídico tributário é posterior ao tempo da entrada em vigor da lei que prevê a respectiva tributação, salvo quando a lei simplesmente interpreta sem inovar a ordem jurídica, nem

constitucional para controladas sediadas em países com tributação favorecida ou que sejam paraísos fiscais. A ausência de certeza quanto a controladas fora de paraíso fiscal e coligadas em paraíso fiscal, requisitou nova apreciação pela Corte Constitucional, que atualmente já se manifestou em relação à constitucionalidade do dispositivo quanto à controladas fora de paraísos fiscal – Posteriormente o Supremo Tribunal Federal atestou a constitucionalidade da aplicabilidade da norma à controladas fora de paraíso fiscal, nos autos do Recurso Extraordinário n. 541090 / SC, de relatoria do Ministro Joaquim Barbosa, Relator para acórdão Min. Teori Zavascki, Tribunal Pleno, julgamento em 19.04.2013.

mesmo por meio de contrariedade à interpretação firmada de forma menos gravosa à situação do sujeito passivo. Temos, então, que os fatos passados sempre entram para o Direito tão somente como fatos jurídicos, de efeitos cujo tempo de incidência é o presente.

O tempo *no* fato é o exato instante em que se realiza o evento. O tempo *do* fato é o momento em que o enunciado denotativo da hipótese normativa ingressa no sistema jurídico, seja por tarefa do administrado, seja por tarefa da Administração Pública. O tempo em que se completa cada revisão é o tempo *do* fato.

Ainda quanto aos critérios temporais que se inter-relacionam com o fato jurídico tributário, não podemos nos esquecer do tempo dos suportes fáticos. Robson Maia Lins[145] lembra que existe também o tempo para a constituição do fato e do seu consequente na escrituração interna do sujeito passivo (nosso tempo do suporte fático mediato) e o tempo do pagamento do tributo. Lembramos que cada suporte fático tem o seu tempo. Enquanto fato ou ato jurídico, o suporte fático tem o tempo *no* fato e o tempo *do* fato, sendo somente a partir deste habilitado como fato a ocupar a posição sintática de suporte fático.

O ato da Administração ou do particular na constituição do fato jurídico tributário está no tempo presente, momento da produção do ato, incorporando o passado, subsumindo-o à lei vigente ao tempo da ocorrência naquele passado e gerando efeitos para o futuro. Os atos são sempre prospectivos, tomando o passado por suporte fático. Quando o fato jurídico tributário é revisado, o procedimento é regrado pela lei do presente, do momento da nova produção jurídica, e reporta-se para o tempo da

145. *Mora e a denúncia espontânea no direito tributário*, *in* Congresso Nacional de Estudos Tributários V - Direito Tributário, linguagem e método, São Paulo, Noeses, 2008, p. 359. O mesmo autor adiciona: "Assim devemos considerar que há três prazos distintos, com alguns aspectos que se entrelaçam normativamente: (i) prazo para constituição do tributo na escrituração interna do sujeito passivo, (ii) prazo para pagamento do tributo; e (iii) prazo para entrega da DCTF à Receita Federal do Brasil". O tempo da entrega da obrigação acessória que dá publicidade, concluindo a constituição do fato jurídico tributário e da respectiva obrigação, de que trata o autor, é o tempo do fato de que tratamos.

produção do fato jurídico em revisão (tempo *dos* suportes fáticos de revisão), para o tempo dos suportes fáticos de constatação (tempo *no* fato) e para o tempo *dos* suportes fáticos mediatos.

O tempo *do* fato jurídico tributário não se confunde com o tempo da vigência da norma à qual o fato se subsume. Aquele é o instante em que se considera completado no mundo o fato suficiente à sua configuração. Este é o espaço de tempo em que a norma geral e abstrata é apta para regulamentar conduta. É o presente da aplicação do Direito reconstituindo o passado do fato.

O fato jurídico tributário pode ser relatado diversas vezes, no curso do processo de positivação e até no reinício desse processo, com a publicação de decisões administrativas ou judiciais. Mas o tempo em que expedidos esses relatos[146] não se confunde com o tempo do fato em si.

O tempo *no* fato pode ser o tempo efetivo da ocorrência fenomênica, o tempo descrito na norma geral e abstrata de presunção legal ou aquele prescrito por ficção jurídica. Deixando à parte a ficção, que, de absurda para justificar a incidência fiscal, é indescritível pela lógica deôntica, a presunção se presta a determinar o marco temporal no qual se dá por ocorrido o fato, por isso eventualmente alterando a sua própria materialidade.

O momento da ocorrência do fato imponível (tempo *no* fato) pode ser o último dia do exercício financeiro (como para o Imposto sobre a Renda) ou um momento específico (como é o caso da saída da mercadoria do estabelecimento, para efeito de ICMS). Estes os tempos *no* fato, que não se confundem, respectivamente, com o conjunto de ocorrências havidas, ao longo do exercício financeiro, ou com a circulação da mercadoria. O relato do marco temporal não se confunde com o relato da materialidade.

---

146. O Código Tributário Nacional, no art. 100, combinado com o art. 103 veicula regra relativa às normas complementares, consubstanciadas nos atos normativos e nas decisões de jurisdição administrativa, entre outras, determinando que estas passem a entrar em vigor, respectivamente, na data de sua publicação e 30 (trinta) dias após sua publicação.

Pensemos no imposto sobre a renda real, para cujo fato jurídico importa a renda ou acréscimo patrimonial auferido pela pessoa jurídica, ao longo do exercício financeiro. Ora, ainda que o fato jurídico tributário, nesse caso, comporte um conjunto de suportes fáticos, o momento da ocorrência se consuma num átimo, que é aquele previsto como instante último que caracteriza o momento da ocorrência do fato imponível (31 de dezembro de cada ano calendário). A previsão para antecipação do pagamento implica apenas a possibilidade de cobranças que se impõem no curso do ano-calendário e que são submetidas a ajuste quando do término do período (tempo *no* fato).

A coerência lógica não nos permite adotar os pagamentos antecipados como obrigação relacionada a fato pendente ou futuro. Só podemos concluir que a antecipação corresponde, *per si*, a um fato jurídico, cuja constitucionalidade só se fundamenta na medida em que, desde logo, pela aplicação das normas gerais e abstratas, até a norma fundamental, não se cogita negar o dever da Administração Pública de imputar esses pagamentos e de devolvê-los, após o confronto necessário do fato jurídico de antecipação com o fato jurídico tributário que o substitui quando da expedição de norma individual e concreta, prescrevendo a única obrigação tributária então devida.

O fato subsumível à regra-matriz de incidência tributária é um só, e o tempo é um só. Por isso, tão tormentosa a questão das tributações exclusivas, que não aceitam ajuste na constatação do fato jurídico tributário. Se houver vários fatos jurídicos, então existem respectivamente distintas obrigações jurídicas e vice-versa. Ocorre que só existem vários fatos jurídicos tributários válidos se houver competência tributária autorizante.

Não há que se falar em aplicação da legislação tributária aos fatos geradores futuros e aos pendentes. A hipótese de incidência é sempre prospectiva. Para a norma abstrata, nada ocorreu no mundo fenomênico, a proposição é hipotética. Na norma concreta, o fato já ocorreu e foi constituído em fato jurídico tributário pelo relato competente, pelo que impossível o fato jurídico futuro, pendente ou complexivo. O tempo *no* fato é um só, é o tempo da sua conclusão e não qualquer outro. Não se confunde este tempo com o tempo dos atos que se sucederam até a sua completa formação.

Retornando à questão da substituição tributária, a despeito dos limites constitucionais ao direito de tributar antes da respectiva ocorrência no mundo fenomênico do fato imponível,[147] o que interessa ao estudo da norma geral e abstrata, partindo da presunção de validade da norma de substituição tributária, temos que ela define o momento da ocorrência do fato jurídico, ainda que por presunção, e assumimos que esse é o tempo *no* fato e que ele corresponde ao momento em que se torna presumível a materialidade.

Nessa toada, em razão do que anteriormente dissemos sobre o aspecto material do fato jurídico na substituição tributária, vislumbramos que o elemento *tempo* é aquele em que se verifica a ocorrência da operação realizada em concreto e que ensejou a relação jurídica não tributária de substituição, sendo, portanto, desconectado da materialidade do próprio fato jurídico tributário, a qual se reporta às operações ocorridas (por presunção) posteriormente.

O tempo *no* fato não é o tempo das operações ocorridas e abarcadas pela substituição *para trás,*[148] como também não é o tempo futuro das operações presumidas na substituição *para frente*. O relato é o do tempo do fato ocorrido que ensejou a regra de substituição. Por isso mesmo que a falta de conexão entre o tempo *no* fato e a ocorrência na experiência da materialidade presumida não impede que, em ato de revisão, se não houver determinação expressa proibitiva, a materialidade seja revisitada em face dos dados colhidos da experiência.

Diferentemente da substituição tributária, no caso de relação jurídica de solidariedade ou de sucessão, para efeito

147. Art. 150 e seguintes da CF.

148. No diferimento, o momento não é aquele ao qual se reporta o fato gerador, mas o momento em que finda o diferimento.

de fato jurídico tributário, o tempo *no* fato não é o tempo da relação jurídica de sucessão ou solidariedade, mas o tempo previsto na norma geral e abstrata de incidência tributária. É para este tempo que se reportam as regras de decadência, sendo que a prescrição se reporta ao tempo do fato jurídico tributário e ao tempo da relação jurídica de solidariedade ou de sucessão. Isso porque a solidariedade e a sucessão não afetam o fato jurídico tributário, mas tão somente o aspecto pessoal da relação obrigacional.

A proposição do fato jurídico tributário sempre deverá apontar o exato momento em que se considera completa a materialidade, pouco importando se nela entrar como suporte fático um conjunto de atos ou elementos. Se não houver a enunciação do momento em que a materialidade se completa, o fato jurídico não subsiste, já que a lei aplicável só pode ser aquela vigente no momento da ocorrência do fato (tempo *no* fato), e não de quaisquer outros elementos.

A irretroatividade das leis tributárias é norma e valor que estabelece limite objetivo ao poder de tributar, protegendo o direito adquirido, o ato jurídico perfeito e a coisa julgada – art. 5º, inciso XXXVI e art. 150, inciso III, ambos da Lei Maior. A norma de incidência tributária só projeta seus efeitos para o futuro, o que não se confunde com poderes de investigação ou processos de fiscalização, regidos pelo tempo *do* fato.[149]

A retroação legislativa material não é permitida, sequer quando benéfica, salvo nas hipóteses do art. 106 do Código Tributário Nacional.[150] Aqui, desde logo, duas advertências: a

---

149. Código Tributário Nacional:
"Art. 144, § 1º Aplica-se ao lançamento a legislação que, posteriormente à ocorrência do fato gerador da obrigação, tenha instituído novos critérios de apuração ou processos de fiscalização, ampliado os poderes de investigação das autoridades administrativas, ou outorgado ao crédito maiores garantias ou privilégios, exceto, neste último caso, para o efeito de atribuir responsabilidade tributária a terceiros. [...]".

150. "Art. 106. A lei aplica-se a ato ou fato pretérito:
I - em qualquer caso, quando seja expressamente interpretativa, excluída a aplicação de penalidade à infração dos dispositivos interpretados;
II - tratando-se de ato não definitivamente julgado:

primeira, o tempo não retroage, apenas prescreve direitos que reparam no futuro os efeitos do passado; a segunda, em se tratando de fato jurídico tributário que possui suporte fático de ilicitude,[151] o inciso II, 'a', do art. 106 do diploma legal referenciado, expressamente determina que, se não definitivamente julgado, aplica-se a lei do presente para retirar-lhe o predicado de ilicitude, do que pode decorrer a própria desconstituição do fato jurídico tributário (se constituído) ou oposição à sua revisão.[152]

Sabemos que é o fato jurídico que se subsume ao conceito da hipótese de incidência, mas não podemos negar que, para chegar ao fato jurídico, porque este se reporta a dados da experiência, devemos descer aos seus suportes fáticos, também ricos de conteúdo. Em ato de revisão, a interpretação é ainda mais complexa, porque outros elementos se agregam ao conjunto dos enunciados que conformam o conceito do fato subsumível à imposição fiscal, a exemplo da enunciação anterior e até mesmo de fato ou ato ilícitos.

A interpretação e a produção normativa (tempo *do* fato) do presente pressupõem a ocorrência passada de cada um desses elementos. O tempo presente é o tempo da revisão do fato jurídico e da produção de nova norma individual e concreta, que, por sua vez, gera novos efeitos. Porque a norma de revisão gera novos efeitos, da revisão do fato jurídico nunca se retorna

---

a) quando deixe de defini-lo como infração;
b) quando deixe de tratá-lo como contrário a qualquer exigência de ação ou omissão, desde que não tenha sido fraudulento e não tenha implicado em falta de pagamento de tributo;
c) quando lhe comine penalidade menos severa que a prevista na lei vigente ao tempo da sua prática."

151. Reportamo-nos aqui ao suporte fático de ilicitude imediatamente relacionado ao fato jurídico tributário, como tratamos no item 2 deste capítulo.

152. No mesmo sentido, merece aplausos o disposto no art. 24, recentemente acrescentado à Lei de Introdução às normas do Direito Brasileiro – LINDB, segundo o qual ao tempo em que revisitado o lançamento – ato administrativo – deve ser considerada qual era a interpretação vigente ao tempo *no* fato (tempo da efetiva ocorrência fenomênica). A jurisprudência determinará se àquele tempo a ocorrência poderia ser tida como lícita ou ilícita, muitas vezes determinando a pertinência ou não da constituição do fato jurídico tributário.

ao passado para alterar a natureza ou os efeitos dos suportes fáticos, que, antes de ocuparem a posição de suportes fáticos, já eram e não deixaram de ser fatos jurídicos em sentido lato.

O efeito prospectivo de um lançamento, por exemplo, o ajuste de prejuízo fiscal (que gera efeitos futuros), não se confunde com atribuição de efeito retroativo: este proibido; e aquele necessário. Aqui, bastante necessária, por elucidativa, a análise pragmática. Tomamos de apoio um lançamento de ofício para a exigência de Imposto sobre a Renda da Pessoa Física, decorrente de omissão de rendimentos recebidos da Pessoa Jurídica de que era sócia. Pretendeu a autoridade administrativa, após lançamento de Imposto sobre a Renda da Pessoa Jurídica e Contribuição Social sobre o Lucro Líquido, em razão de nova conceituação dada aos suportes fáticos, atribuir ao novo fato jurídico tributário não só o efeito prospectivo, correspondente à obrigação de pagar os tributos, como também o efeito de retornar ao passado para afetar o suporte fático, desjuridicizando-o e atribuindo-lhe novas feições.

Ou seja, pretendeu a autoridade lançadora que a obrigação então constituída para a pessoa jurídica de pagar tributos (IRPJ e CSLL) retroagisse para afetar o próprio suporte fático, inclusive mediato (contabilidade da pessoa jurídica), e reduzisse o saldo de lucros disponíveis para a distribuição, do que decorreu o lançamento na Pessoa Física por excesso de distribuição.

A despeito da existência de decisões conflitantes sobre a matéria, proferidas em última instância pelo Tribunal Administrativo,[153] já nos posicionamos que, quando um evento passado dá origem a uma obrigação presente, o fato presente não retroage para novamente implicar outros efeitos, formando um ciclo de afetações do tempo *no* fato pelo tempo *do* fato.

153. Nesse sentido, vide os acórdãos proferidos pela 1ª Turma da Câmara Superior de Recursos Fiscais, nos processos nº 10940.002543/2004-37 (Acórdão nº 9101-00.542, sessão de 11.03.2010); 10940.002542/2004-92 (Acórdão CSRF/9101-00.541, sessão de 11.03.2010) e 10940.002545/2004-26 (Acórdão CSRF/9101-00.789, sessão de 14.12.2010).

4.2. Aspecto Espacial do Fato Jurídico Tributário

O fato jurídico tributário comporta também em seu enunciado a descrição em concreto do aspecto espacial previsto na hipótese de incidência tributária, apontando o local em que se considera ocorrida a materialidade de incidência fiscal.

A norma geral e abstrata pode prever o local de ocorrência do fato imponível como sendo qualquer ponto do território nacional ou um local especificamente previsto. Mesmo quando alcança ocorrências no exterior – porquanto no Brasil vige o princípio da tributação em bases universais[154] –, considera-se ocorrida a materialidade no território nacional, em razão do princípio da fonte produtora de riqueza.

Assim como ocorre com a coordenada de tempo, o local da ocorrência do evento pode não manter absoluta identidade com o local da ocorrência do processo de positivação, como pode ser, ainda, diverso do próprio local em que a norma abstrata estipula como ocorrido o evento.

No que tange à previsão normativa sobre as coordenadas de espaço, Paulo de Barros Carvalho,[155] tratando das hipóteses normativas, divide-as em três formas compositivas:

> a) hipótese cujo critério espacial faz menção a determinado local para a ocorrência do fato típico;
>
> b) hipótese em que o critério espacial alude a áreas específicas, de tal sorte que o acontecimento apenas ocorrerá se dentro delas estiver geograficamente contido; e
>
> c) hipótese de critério espacial bem genérico, onde todo e qualquer fato, que suceda sob o manto da vigência territorial da lei instituidora, estará apto a desencadear seus efeitos peculiares.

Aproximando essas três formas compositivas da ocorrência concreta do fato, temos que, no enunciado do aspecto

---

154. Em nosso pensar, competência neste caso atribuída exclusivamente à União Federal.

155. *Curso de direito tributário*, 13ª ed., São Paulo, Saraiva, 2000, p. 256.

espacial do fato jurídico tributário, a descrição da localidade da ocorrência deve considerar, de um lado, as opções do legislador no que tange à percussão espacial dos eventos para fins fiscais, como elucidado pelo Professor Paulo de Barros Carvalho, e, de outro lado, o critério técnico de que dispõe o Direito para considerar que um evento ocorreu em um determinado espaço. O critério técnico para aferição do local em que se considera ocorrido o evento é eleito pelo legislador dentre as hipóteses autorizadas pela competência tributária, como no caso da eleição de nacionalidade, de fonte ou de resultado.

O local da efetiva ocorrência do evento não tem necessariamente identidade com o local em que se considera ocorrido o evento, conforme critério eleito legislativamente. Lembramos por amostragem a disposição do artigo 127 do Código Tributário Nacional, que conceitua domicílio tributário, criando, inclusive, hipótese presuntiva para sua identificação. Como verifica Renato Lopes Becho:[156]

> Pode ser que o contribuinte tenha como domicílio tributário a cidade em que se encontra sua sede. Entretanto, pode ser que não seja ali que se realize as ocorrências fáticas conhecidas como a materialidade do tributo, em exemplo que interfere com o ISS. O domicílio pode ser um, e o critério espacial fixar como o local da prestação do serviço.

Da mesma forma, no âmbito do ICMS, por exemplo, são constituídos fatos jurídicos tributários com a finalidade de cobrança do tributo devido na importação. Não raro, a autoridade administrativa relata no aspecto espacial o local da entrada física da mercadoria. O Supremo Tribunal Federal,[157] entre-

---

156. In Marcelo Magalhães Peixoto e Rodrigo Santos Masset (coord.), *Comentários ao Código Tributário Nacional*. São Paulo, MP, 2005, p. 1.017.

157. Decisão, por exemplo, da Segunda Turma do STF, no AgRg no RE nº 600.559/SP, Relator Min. Joaquim Barbosa, julgamento em 14.09.2010, publicado em 08.10.2010: TRIBUTÁRIO. IMPOSTO SOBRE OPERAÇÃO DE CIRCULAÇÃO DE MERCADORIAS E PRESTAÇÃO DE SERVIÇOS. ICMS. IMPORTAÇÃO. SUJEIÇÃO ATIVA. ESTADO EM QUE LOCALIZADO O DESTINATÁRIO JURÍDICO DAS MERCADORIAS. 1. Segundo orientação firmada por esta Corte, nas operações das quais

tanto, decidiu que o critério adotado pelo legislador para configurar o espaço em que se considera ocorrido o fato jurídico tributário é o do domicílio do importador, devendo constar, na descrição do fato jurídico tributário, este espaço e não aquele.

Ou seja, no relato do aspecto espacial do fato jurídico tributário deverá estar enunciado o local em que se considera ocorrida a materialidade, conforme o critério adotado pelo Direito, respeitando a percussão tributária da hipótese de incidência. Exemplificamos: (i) proposição que deverá apontar a exata localização de um imóvel no perímetro urbano de um Município, como é o caso do IPTU; (ii) proposição que deverá apontar a exata localização onde foi exercida uma determinada atividade, como no caso do ISS, quando há um deslocamento da competência para o local da prestação do serviço; (iii) proposição que deverá apontar, pelo critério de fonte ou nacionalidade, um determinado espaço dentro do território nacional, como no caso da tributação em bases universais do Imposto sobre a Renda e da Contribuição Social sobre o Lucro Líquido.

Há dificuldade no relato do aspecto espacial do fato jurídico tributário quando é utilizado critério ilegítimo de percussão tributária, para a finalidade de usurpação de competência. Usurpar competência é ferir o pacto federativo, como ensina Luis Eduardo Schoueri:[158] "o Brasil adota um regime de rígida repartição (horizontal) de competências tributárias, impedindo-se,

resultem a importação de bem do exterior, o Imposto sobre Circulação de Mercadorias e Serviços - ICMS é devido ao estado onde estiver situado o domicílio ou o estabelecimento do destinatário jurídico do bem, pouco importando se o desembaraço ocorreu por meio de ente federativo diverso. 2. A pesquisa sobre o "destinatário jurídico" não se esgota no exame formal da estrutura ou do modelo de importação ou de negócios adotado. Outros dados, como a utilização a ser dada ao bem e posteriores operações de circulação, tributadas ou não, são relevantes para desate da controvérsia. No caso em exame, a própria empresa-agravante reconhece que o destinatário dos bens, entidade que iria dar-lhes função econômica, estava localizado em Taubaté/SP. Nesse sentido, competia à parte-agravante indicar a legitimidade do estabelecimento formalmente apontado como importador, fosse ela econômica, de propósito negocial ou jurídica. Agravo regimental ao qual se nega provimento.

158. *Normas tributárias indutoras e intervenção econômica*, Rio de Janeiro, Forense, 2005, p. 352.

daí, que duas pessoas jurídicas de direito público venham a se beneficiar da mesma manifestação de capacidade contributiva".

Nesse ponto, uma ressalva: a relação entre o aspecto espacial do antecedente e o aspecto pessoal do consequente da mesma norma individual e concreta não pode implicar incoerência intranormativa interproposicional, em face da competência para arrecadar (sujeito ativo) e da outorga conferida pelo ordenamento para reter ou pagar tributo correspondente à riqueza auferida por outrem (sujeição passiva).

Tratemos então da coordenada de espaço do fato jurídico em face de substituição tributária. Assim como abordamos em relação ao aspecto temporal, a substituição tributária afeta a coordenada espacial do próprio fato jurídico tributário. Assumimos anteriormente que o fato jurídico da substituição não se confunde com o fato jurídico tributário no plano das normas gerais e abstratas; mas, já demonstramos que, no relato do fato jurídico tributário, os enunciados interagem, e o mesmo se passa em ato de revisão.

No relato do fato jurídico tributário, o aspecto espacial corresponde ao local em que ocorreu a operação que ensejou a relação jurídica não tributária de substituição. No caso da substituição *para frente*, é por presunção que se dão por ocorridas, em determinado local, as operações futuras; por isso, sempre no pressuposto da verificação concreta de que tais operações naquele espaço ocorrem. Se, em ato de revisão, verificar-se que as operações presumidas não ocorreram naquele espaço, então, em observância à competência tributária indelegável, impõe-se a devolução dos valores e a aplicação de uma nova substituição.

Também como técnica de substituição, temos a determinação para a retenção de tributo de outrem. Por questão de competência tributária, o local da ocorrência da relação jurídica que enseja a substituição tributária deve, necessariamente, corresponder ao local em que se considera ocorrida a materialidade do fato jurídico tributário. A proposição prescritiva do fato jurídico tributário subsume-se ao conceito normativo aferido a partir da conjugação do disposto nas normas gerais e abstratas de substituição e de incidência tributária, nesta considerando-se também, conjuntamente, o critério eleito pelo legislador para o local em que se considera ocorrida a materialidade e a percussão espacial concedida ao evento.

Em cada ato de revisão, todos os elementos devem ser conjugados para se configurar suporte fático de ilicitude (correspondente à não retenção ou ao não pagamento do valor retido) e suporte fático de constatação (correspondente à materialidade de incidência fiscal). Vejamos hipótese em que, em ato de primeira revisão, constitui-se fato jurídico tributário que tem, para efeito de cobrança de ISS, suporte fático da ilicitude da não retenção pelo sujeito passivo, em um determinado Município, do ISS devido pelo prestador.

Ocorre que, nesse caso hipotético, a materialidade corresponde à prestação de um serviço para o qual não há o deslocamento de competência na norma geral e abstrata, ou seja, a competência tributária é do Município no qual estabelecido o prestador, independentemente do local de prestação do serviço. Ora, se prestador e tomador estão no mesmo Município, em face da obrigação de retenção descumprida, é legítimo o fato jurídico tributário então constituído. De outra parte, impõe-se, em novo ato de revisão, o cancelamento do fato jurídico tributário, se prestador e tomador não estão no mesmo Município, não se configurando o suporte fático de ilicitude, pressuposto da revisão anterior.

5. Relação entre os Enunciados dos Suportes Fáticos do Fato Jurídico Tributário em Atos de Revisão

Demonstramos aqui e ali que, em razão dos atos de revisão do fato jurídico tributário, incluem-se nele suportes fáticos de constatação e de revisão. O fato jurídico tributário pode ter um ou mais suportes fáticos de constatação e de revisão, a depender, como vimos, se é produto de revisão para complementação ou com negação da situação jurídica anteriormente apresentada.

Deontologicamente não é possível admitir lacuna. Os comportamentos são sempre regulados pelo Direito. Se um evento não se enquadrar pelas provas, incluindo as presunções, como suporte fático de constatação, ou se um conjunto de enunciados não corresponder em conceito à materialidade prevista na norma geral e abstrata de incidência tributária, não se tem fato jurídico tributário, em vista da tipicidade que impera nesse ramo jurídico. Por isso, não há suporte fático de constatação desnecessário ou prescindível.

Também não há suporte fático de revisão que possa ser ignorado. Se é suporte fático de revisão, é porque a consideração da enunciação da norma revisada atua na conformação do fato jurídico tributário (no caso de revisão para complementação), ou a sua negação é pressuposto lógico da constituição do novo fato (no caso de revisão com negação). O que pode existir são suportes fáticos mediatos, de que lança mão o agente revisor, que sejam necessários ou desnecessários à configuração dos suportes fáticos de constatação e de revisão.

No plano semântico, a proposição do fato jurídico tributário tem relação de validade com os enunciados dos suportes fáticos necessários. O mesmo fato ou ato pode ser conteúdo de fato jurídico tributário de duas ou mais regras jurídicas e propriamente fato jurídico em outras normas. Negócio jurídico de alienação de participação societária, por exemplo, é fato jurídico no âmbito civil e suporte fático de fato jurídico tributário.

A proposição do fato jurídico tributário em ato de revisão é válida se válidos forem os enunciados dos suportes fáticos necessários e suficientes à sua configuração. Os enunciados dos suportes fáticos, por sua vez, reportam-se aos elementos (suportes fáticos mediatos) que o caracterizam, conforme regime próprio. Para que o enunciado de um suporte fático seja válido, ele deve existir a partir de enunciação na forma e código do sistema a que ele se reporta, devidamente recepcionado pelo Direito Tributário. Antes disso, não há suporte fático.[159]

---

159. Exemplo disso é a impossibilidade de a Administração Pública revisar um fato jurídico tributário, tomando por motivo a existência de um suporte fático correspondente, por hipótese, à utilização de saldo de IRPJ, o qual entende insuficiente em razão da não aceitação de uma despesa, se não houve o lançamento relativo a

Levando em conta a composição do fato jurídico tributário em ato de revisão, pelos suportes fáticos necessários de constatação e de revisão, e considerando os suportes fáticos mediatos, necessários ou não, concluímos que, a relação de validade do fato jurídico tributário com os enunciados que o compõem depende:

(i) Da validade de cada enunciado de suporte fático necessário (de constatação e de revisão). Se apenas um enunciado de suporte fático necessário não gozar de validade, é cientificamente inválida a proposição do fato jurídico tributário. Entretanto, para o Direito Positivo, o fato é válido até que outra norma, em ato de revisão, infirme tal condição. Se outra norma retira o fato jurídico do ordenamento, ele deixa de existir juridicamente, mas os fatos que compuseram o conjunto de elementos que lhe é denotativo não deixam, por isso, de permanecer na condição jurídica antes de serem tomados para suportes fáticos.

(ii) Da convergência dos enunciados dos suportes fáticos necessários para a mesma finalidade, não podendo existir entre eles contradição ou contrariedade. A proposição do fato jurídico tributário será válida ainda que haja enunciados de suportes fáticos mediatos em excesso, desde que nenhum dos enunciados dos suportes fáticos mediatos esteja em posição de contradição com os enunciados dos suportes fáticos necessários, admitindo-se apenas contrariedade entre os enunciados dos suportes fáticos mediatos desnecessários.

(iii) Da suficiência do conjunto dos enunciados dos suportes fáticos necessários a denotar o fato subsumível à hipótese de incidência tributária.

esta glosa de despesa. Neste caso, não há a configuração suficiente do suporte fático necessário à transformação ou complementação do fato jurídico tributário.

CAPÍTULO IV

FATO JURÍDICO TRIBUTÁRIO E A RELAÇÃO DE INTERSEÇÃO NORMATIVA

> "[...] a intertextualidade é formada pelo intenso diálogo que os textos mantêm entre si, sejam eles passados, presentes ou futuros, pouco importando as relações de dependência que houver entre eles. Assim que inseridos no sistema, iniciam a conversação com outros conteúdos, intrassistêmicos e extrassistêmicos, num denso intercâmbio de comunicações".
>
> ***Paulo de Barros Carvalho***[160]

1. Direito Tributário: Um Direito de Sobreposição

Quando pensamos na incidência tributária, imediatamente vem à mente que o fato deve se subsumir integralmente à figura delineada na lei (*Tatbestand*). Tanto assim que a insuficiência de suporte fático impede a incidência tributária, o mesmo se passando com a insuficiência da própria hipótese, o que se verifica quando a lei descreve tipo impossível ou não descreve suficientemente o tipo tributário. Isso porque cumpre ao agente competente subsumir o conceito do fato ocorrido ao

160. *Direito tributário, linguagem e método*, 2ª ed., São Paulo, Noeses, 2008, p. 193.

conceito da hipótese normativa, em todos os seus aspectos. Os tipos tributários não podem ser alargados ou mitigados, mas é inegável que existe recorte para o conhecimento dos eventos ocorridos no mundo fenomênico, adentrando eles no campo deôntico, os quais, se tomados como suportes fáticos, compõem um conjunto que denota a hipótese de incidência tributária.

Para o reconhecimento jurídico dos eventos ocorridos no mundo, o operador do direito deve partir dos elementos que compõem o fato em sentido lato e verificar se o conjunto desses elementos se subsume a um determinado conceito, sendo certo que esse conceito pode estar veiculado em qualquer texto. Daí porque fundamental assumir a intertextualidade como pressuposto de juízo válido do conceito do fato imponível, bem como do conceito da materialidade em concreto (fato jurídico tributário). Oportuno aqui transcrever conclusão de Tácio Lacerda Gama:[161]

> Isto porque o próprio sentido de um texto só é elaborado em face do sentido de outros textos que com ele se vinculam, de forma ostensiva ou velada. E mais, é com a intertextualidade ostensiva, confeccionada a partir de citações e referências, que se legitimam interpretações, sendo essa, inegavelmente, a finalidade primeira de toda dogmática jurídica.

A função da Ciência do Direito é justamente falar do seu objeto – o Direito Positivo –, partindo dos textos de todos os seus ramos didaticamente segregados, bem como de outros sistemas aos quais o Direito Positivo se reporta. A separação do Direito em diversos ramos é corte meramente didático com fins analíticos, pela simples razão, como afirma Alfredo Augusto Becker,[162] de "não poder existir regra jurídica independente da totalidade do sistema jurídico [...]". O mesmo autor, citando Emilio Betti, reforça a fenomenologia jurídica do sistema único, que o professor da Universidade de Roma denominou "cânone hermenêutico da totalidade do sistema jurídico".

---

161. *Competência tributária* – fundamentos para uma teoria da nulidade, São Paulo, Noeses, 2009, p. 299.

162. *Teoria geral de direito tributário*, 4ª ed., São Paulo, Noeses, 2007, p. 33 e p. 129.

No escólio de Regina Helena Costa,[163] a autonomia didática do Direito Tributário restringe-se à "homogeneidade das normas que perfazem seu objeto, qual seja, a disciplina das relações jurídicas pertinentes à exigência dos tributos". Como bem lembra a ilustre professora, são institutos peculiares do Direito Tributário, dentre outros, o lançamento, a isenção, a denúncia espontânea, assim como identificamos princípios próprios, a exemplo da capacidade contributiva.

O Direito Positivo, ao regular condutas intersubjetivas, oferece inúmeros e variáveis conteúdos, frutos da experiência sociocultural, com flagrante carga axiológica. As divisões em vários ramos do sistema jurídico é providência metodológica que possibilita a aproximação do objeto de conhecimento, mas não é limitante da tarefa de interpretar. Para interpretar, inclusive com o fim de descrever o evento e constituir o fato jurídico tributário, o operador do direito compõe significações da mensagem.

Assim como a norma jurídica é uma estrutura construída a partir das significações extraídas da leitura dos documentos do Direito Positivo, o fato jurídico é produto de construção epistemológica a partir da tradução dos suportes fáticos. O Direito Tributário está inserido no sistema jurídico, mais especificamente no âmbito do Direito Público, já que disciplina relações em que o Estado é parte. Em se tratando de relação sistêmica, as partes estão lado a lado, tocando-se. Também os ramos do ordenamento jurídico se inter-relacionam. Não por outra razão que a doutrina seguiu no sentido de atribuir ao Direito Tributário a característica de direito de sobreposição.

A tradução dos suportes fáticos não raramente depende da compreensão de institutos de Direito Positivo metodologicamente separados do campo do Direito Tributário que lhes aproveita. É por essa razão que o ordenamento jurídico, caracterizado como sistema pela Ciência do Direito, pressupõe

163. *Curso de direito tributário*: Constituição e Código Tributário Nacional, São Paulo, Saraiva, 2009, p. 11.

a intertextualidade. Nos dizeres de Paulo de Barros Carvalho,[164] a intertextualidade é "o intenso diálogo que os textos mantêm entre si, sejam eles passados, presentes ou futuros, pouco importando as relações de dependência estabelecidas entre eles". O mestre segrega os dois níveis característicos em que a intertextualidade se apresenta: (i) intertextualidade intrajurídica, que se estabelece entre os vários ramos do ordenamento; e (ii) intertextualidade jurídica, que abrange todos os setores que têm o Direito como objeto.

A Ciência do Direito, reportando-se aos textos de Direito Positivo, analisa o dado e apresenta a regra para sua interpretação. A compatibilização entre o conceito do fato imponível e o fato jurídico tributário torna exigível ou não o cumprimento da conduta prescrita. Não é difícil verificar a multiplicidade de interpretações que se pode atribuir para uma mesma situação (fato concreto), principalmente quando o operador do direito tem que conjugar os conceitos do regime jurídico pertinentes à materialidade colhida para a tributação, com o conceito do fato imponível, aferido pelas feições que lhe são atribuídas pela norma tributária. A melhor interpretação será aquela que estiver mais legitimada no Direito Positivo, sempre na premissa de que o próprio Direito sofre metamorfoses, provocadas por experiências e circunstâncias sociais que, de certa forma, alteram valores, tornando dinâmica a interpretação.

Importa esclarecer que se toda materialidade do fato jurídico tributário é jurídica, já que inserida no sistema por veículo hábil e agente competente, então o suporte fático do fato jurídico tributário será sempre um conceito jurídico, e não um conceito de outra ordem qualquer. Com isso, queremos dizer que a materialidade do fato jurídico tributário poderá se reportar, ainda que mediatamente, a um objeto tratado por outro sistema, mas desde que inserido no sistema jurídico e com os efeitos que este lhe atribui. José Luiz Fiorin[165] bem discursa sobre o que queremos demonstrar:

---

164. *Direito tributário, linguagem e método*, 2ª ed., São Paulo, Noeses, 2008, p. 193.

165. *Introdução ao pensamento de Bakhtin*. São Paulo, Ática, 2006, p. 19, *apud* Tácio

> Não há nenhum objeto que não pareça cercado, envolto, embebido em discurso alheio. Por isso, todo discurso que fale de qualquer objeto não está voltado para a realidade em si, mas para os discursos que a circundam. Por conseguinte, toda palavra dialoga com outras palavras, constitui-se a partir de outras palavras, está rodeada de outras palavras.

Nessa medida, os suportes fáticos têm sempre a natureza de fato ou ato jurídico porque a norma jurídica lhe atribuiu efeito jurídico. Nada obstante, o Direito pode colher elementos regidos por outras ciências, hipótese em que o produto é introduzido pelas provas no âmbito deôntico, com os efeitos juridicamente determinados.

São elementos regidos por outras ciências os dados contábeis,[166] físicos, biológicos e todos aqueles afetos às ciências ônticas ou ideais. Tais fatos são traduzidos segundo os signos e as regras das respectivas ciências. Essa afirmativa não implica outra de que, como muitos pretendem, a interpretação colha *ipso facto* tais elementos na composição do fato jurídico tributário. Os elementos regidos por outros sistemas devem ser interpretados respeitando-se a autonomia daquele respectivo sistema.

Em outras palavras, para se analisar o fato jurídico tributário, o intérprete deve buscar o conceito do objeto a que ele se reporta. Se esse objeto é também sujeito ao sistema do Direito Positivo, então é lá que estarão as regras para a sua interpretação, observando-se o regime jurídico ao qual o objeto se submete. Noutro giro, se esse objeto se reporta a elementos regidos por outras ciências, por exemplo, as Ciências Contábeis, então deverá se submeter também às regras do sistema daquela específica ciência, para efeito da tradução do suporte fático do fato jurídico tributário.

Lacerda Gama, *Competência tributária* – fundamentos para uma teoria da nulidade, São Paulo, Noeses, 2009, p. 295.

166. Os dados contábeis devem ser tratados em separado, já que em muitos aspectos foram recepcionados pelo Direito, seja no âmbito Cível, seja no âmbito Tributário.

Anotamos, nesse ponto, o pressuposto e o limite da utilização da linguagem das outras ciências. Quando o Direito Tributário toma por materialidade algo cuja interpretação importa na aferição de elementos objeto de outra ciência, então a utilização da linguagem desta outra ciência é pressuposto de validade da interpretação, conotativa ou denotativa, do suporte fático (arts. 109 e 110 do Código Tributário Nacional). Por outro lado, essa interpretação sofre limites estabelecidos nos próprios textos de Direito Positivo e na Ciência do Direito, ao determinar os efeitos implicantes da tradução do suporte fático (produto).

Bastante elucidativa é a norma prescrita no art. 30, *caput*, do Decreto 70.235/72, que determina que os "laudos ou pareceres do Laboratório Nacional de Análises, do Instituto Nacional de Tecnologia e de outros órgãos federais congêneres serão adotados nos aspectos técnicos de sua competência, salvo se comprovada a improcedência desses laudos ou pareceres". A lei do processo administrativo fiscal federal observa a preponderância da linguagem das outras ciências para a análise dos suportes fáticos, cujos dados são afetos às outras ciências. Entretanto, a mesma norma ressalva que, a partir da adoção das conclusões acerca da interpretação desses dados, cumpre à linguagem jurídica atribuir os efeitos fiscais ao produto do conhecimento. Por isso ressalva que não se considera como aspecto técnico a classificação fiscal de produtos (efeito jurídico). A essência, a função ou a característica de um produto é matéria de outra ciência. Respeitada a interpretação que cabe à linguagem daquela ciência, a classificação fiscal é submetida ao conhecimento jurídico.

E de outra forma não poderia ser, porquanto o princípio da aplicação das regras científicas na prova impede que o julgador desconsidere, sem motivação legal, informação técnica ou científica. A própria Lei Complementar 95/98, que dispõe sobre a elaboração, a redação, a alteração e a consolidação das leis, em seu art. 11,[167] assevera que a redação das disposições normati-

167. "Art. 11. As disposições normativas serão redigidas com clareza, precisão e ordem lógica, observadas, para esse propósito, as seguintes normas:
I - para a obtenção de clareza:

vas deve ser clara, utilizando as palavras e as expressões em sentido comum, desde que não versem sobre assunto técnico, hipótese em que vale a nomenclatura própria do subsistema que rege a materialidade colhida. Logicamente, a aplicação do direito a um caso concreto representa uma relação entre conceitos. O fato que se subsume à hipótese normativa depende do conceito dos seus elementos denotativos, extraídos de regras de interpretação intrassistêmicas ou intersistêmicas.

2. Fechamento Operacional do Sistema Jurídico-Tributário

O sistema da realidade social é composto por vários subsistemas comunicacionais. Esses subsistemas sociais possuem critério e forma de processar informações da realidade social. Cada sistema busca, na realidade, o objeto que deseja disciplinar e traz para dentro de si, com comunicação própria, atribuindo-lhe tratamento normativo específico.[168]

A Teoria de Luhmann, ao tratar da autopoiese do sistema jurídico, auxilia na defesa de que cada sistema processa as informações da realidade social segundo o código normativo próprio, concluindo que, para uma mesma realidade, podem se aferir diferentes produtos cognitivos, dependendo do sistema a que se sujeitou o processamento das informações. Luhmann defende o fechamento operacional de cada sistema social, observando o respectivo tratamento normativo.

Os críticos da teoria de Luhmann argumentam que o Direito tem uma pluralidade de suportes fáticos, o que implica interferências intersistêmicas. Quando pensamos no Direito

a) usar as palavras e as expressões em seu sentido comum, salvo quando a norma versar sobre assunto técnico, hipótese em que se empregará a nomenclatura própria da área em que se esteja legislando; [...]."

168. Teoria de Luhmann, tratada por vários autores, dentre eles Marcelo Neves (*Entre Têmis e Leviatã*: uma relação difícil: o Estado democrático de direito a partir e além de Luhmann e Habermas, São Paulo, Martins Fontes, 2006) e Aurora Tomazini de Carvalho (*Curso de teoria geral do direito*: o constructivismo lógico-semântico, São Paulo, Noeses, 2009, capítulo IV).

Público, mais especificamente no Direito Tributário, que regra condutas com o fim de estabelecer relações jurídicas obrigacionais, não raro lhe falta autonomia operacional. Isso porque se reporta a suportes fáticos que podem corresponder a outros fatos, atos ou negócios jurídicos. A falta de autonomia pode ser ainda maior, caso em que, de fato, o Direito Positivo estatal terá por referência não só elementos de todo o sistema jurídico, mas também elementos colhidos pelo Direito em outros sistemas, como quando ele se vale de conceitos contábeis, biológicos ou físicos.

Ora, nada obstante o fechamento operacional, cada subsistema da realidade social, como é o sistema jurídico, possui abertura cognitiva, vale dizer, abertura de conteúdo e de aplicação. Nem por isso é insubsistente a aplicação da teoria de Luhmann, posto que possível e necessária a sistematização da interpretação e a relação de conceitos na intertextualidade intersistêmica, respeitando-se os códigos de cada sistema e traduzindo os conceitos para a sua recepção por outro sistema.

Para a teoria geral aplicada ao fato jurídico em concreto, não importam as relações intersistêmicas que se estabelecem na elaboração da norma abstrata, mas, a partir da disposição legal, sempre que houver uma referência a um determinado elemento, é a este elemento que a interpretação se reporta para a constituição do fato jurídico, observando, ato contínuo, se o sistema jurídico estabeleceu exceções ou critérios diversos para a recepção de um conceito oriundo de outro sistema comunicacional. É por meio dessa interpretação que se afere o conceito do suporte fático e a sua tradução ao fato jurídico tributário.

Ilustramos o discurso tratando da recepção jurídica das normas de contabilidade. A par de toda a doutrina que se desenvolve acerca da juridicização das normas contábeis, porquanto recepcionadas pelo Direito Privado e especialmente tratadas pela Comissão de Valores Mobiliários, fato é que, (i) de um lado, os lançamentos contábeis propriamente ditos, os sistemas de partidas dobradas, pertencem ao sistema ideal da contabilidade e são traduzidos pelo Direito Privado; e, (ii) de outro lado, ainda que recepcionadas pelo Direito Privado, o Direito Tributário, enquanto subsistema, lhes impõe tratamento próprio, sempre quanto aos seus efeitos.

Vejamos, então, a título exemplificativo, a recepção pelo Direito Tributário de determinados conceitos afetos a outras ciências. No caso da depreciação, por exemplo, a Contabilidade determina que seja constantemente avaliada a vida útil econômica estimada do bem. Já o Direito Tributário autoriza o contribuinte a usar um critério jurídico desconexo daquele, vale dizer, admite critério determinado por pauta fiscal.[169] É um nítido caso de recepção de um conceito pelo Direito, mas de tratamento diverso quanto aos efeitos.[170]

Muitas vezes é necessário regramento específico de divergência no tratamento dos efeitos pelo Direito Tributário em razão de fato superveniente, a fim de evitar distorções na interpretação do fato subsumível à hipótese de incidência, mormente quando há, posteriormente, a edição da norma de incidência fiscal, alteração no sistema normativo que cuida dos suportes fáticos colhidos pelo Direito Tributário. Quanto mais abrangente o expresso regramento na alteração da ordem jurídica, maior a segurança na interpretação do fato.

Essa discussão tornou-se muito acirrada com as alterações nas normas legais de contabilidade, em razão das modificações na Lei das S.A. (Lei 6.404/76),[171] do que decorreu os mais recentes Pronunciamentos Técnicos Contábeis. As novas

---

169. Sobre esse aspecto, recomendamos a leitura do Parecer Normativo da Receita Federal nº 01, de 29.07.2011, publicado em 09.08.2011.

170. Já no caso do ágio, há um tratamento fiscal específico, diverso da Contabilidade, mas esse tratamento específico é afetado pela natureza do ágio contabilizado; e a natureza do ágio, por sua vez, discute-se que porquanto não especificamente regulada pelo Direito Tributário de forma diversa, observa as regulamentações da Contabilidade, por sinal, nesse aspecto, recepcionada pelo Direito Privado, a partir dos Pronunciamentos Contábeis.

171. Alterada diretamente pelas Leis 11.638/2007 e 11.941/2009. Vale mencionar ainda as alterações veiculadas pela Lei 12.973/2014, que tratou substancialmente dos efeitos fiscais das normas legais de contabilidade.

regras contábeis alteraram em muito as normas de reconhecimento e mensuração dos fatos. Essa alteração não pode ensejar *per si* uma modificação na ordem jurídica, criando exação ou exoneração fiscal não prevista em lei. Daí a importância de regramento superveniente para ajustar os efeitos, o que se não ocorrido, torna necessário, caso a caso, a consideração das normas que devem orientar a interpretação dos suportes fáticos, se aquelas vigentes quando o Direito Tributário lhes colheu para suporte ou se as atuais, o que, sem dúvida, gera insegurança jurídica na aplicação do Direito ao caso concreto.

De resto, a regra geral é a de que cada suporte fático deve ser conceituado a partir da subsunção do conjunto de seus elementos ao conjunto de elementos que denotam o conceito da hipótese de incidência normativa, conforme o sistema próprio do fato. Este fato é então adotado conforme as regras próprias do sistema ou subsistema que lhe colheu para suporte fático. Valemo-nos, neste ponto, de Gregorio Robles:[172]

> É certo que há uma referência a uma suposta realidade natural, mas o que o ordenamento faz é delimitar sua própria realidade, que é a realidade do direito. Essa delimitação artificial consiste em constituir tal realidade jurídica e, simultaneamente, em regulá-la. O homicídio não existe na realidade natural, mas apenas na realidade normativa (direito, moral, religião, etc.). Sempre existirá, na realidade natural, o matar, mas matar não é o mesmo que cometer homicídio. Para cometer homicídio é necessário cumprir os requisitos exigidos pela norma: capacidade, ação com determinadas características etc.

Um objeto compõe uma classe quando satisfaz os critérios para tanto eleitos, conforme o direito posto. No que tange à intertextualidade intrassistêmica, cabe à Ciência do Direito examinar o objeto do comando prescritivo em relação a todos os subsistemas do Direito e perquirir, como ensina Paulo Ayres Barreto,[173] sobre o suporte com base na acepção jurídi-

---

172. *O direito como texto*, São Paulo, Manole, 2005, p. 13.

173. *Contribuições*: regime jurídico, destinação e controle, São Paulo, Noeses, 2006, p. 205.

ca preexistente ou avaliar se ocorreu alteração na sistemática da ordem jurídica.

A autonomia do Direito Tributário é somente didática. O sistema jurídico integra esse grupo orgânico (Direito Tributário) à sua totalidade. Disso decorre que uma definição, um enunciado, uma decisão, vale para todas as situações que o Direito Positivo regular, salvo se ele próprio estipular diferenças quanto aos efeitos. Se o particular tratamento não estiver expresso em um determinado ramo do Direito, o fato vale com o mesmo significado que possui noutro ramo, em que originalmente entrou no mundo jurídico.[174] Alfredo Augusto Becker[175] cita esclarecedores comentários acerca da tradução dos suportes fáticos:

> O "marido" de Direito Tributário – com razão adverte LUIGI VITTORIO BERLIRI – não pode ser outro que o marido do Direito Civil e canônico, isto é, aquele que é unido à mulher pelo vínculo do matrimônio. O "grau de oficial" ao qual se refere o artigo 7º. da lei do imposto de renda, não pode ser outro que aquele resultante dos regulamentos militares. Exatamente como a "maltose" o "tártaro" e o "cróton" aos quais as normas tributárias fazem referência (a propósito do imposto de fabricação sobre glicose e sobre óleos de sementes), não podem ser senão a maltose, o tártaro e o cróton da merceologia. Tanto não é possível pensar em um marido (de "Direito Tributário"), em um oficial, em um domínio útil, em um débito quirografário (de "Direito Tributário"), quanto impossível seria pensar em uma maltose, em um tártaro, em um cróton (de "Direito Tributário").

No subsistema do Direito Tributário, a prescrição da norma geral e abstrata atende exclusivamente às finalidades fiscais. O agente cognoscente, para a constituição do fato jurídico tributário, deverá investigar o evento ocorrido no mundo fenomênico tomando por base a prescrição da norma tributária em conjunto com a prescrição da norma de outro subsistema

---

174. Alfredo Augusto Becker, *Teoria geral do direito tributário*, 4ª ed., São Paulo, Noeses, 2007, p. 130.

175. Luigi Vittorio Berliri, *L'Imposta di Ricchezza Mobile*, Milano, 1949, p. 323, *apud* Alfredo Augusto Becker, *Teoria geral do direito tributário*, 4ª ed., São Paulo, Noeses, 2007, p. 131.

jurídico ou de outra Ciência, aos quais o suporte fático pertence. Claro que, para que a lei tributária atribua efeito jurídico diverso daquele previsto no regime próprio da materialidade colhida, a disposição deve ser expressa ou, excepcionalmente, há que ponderar e demonstrar a alteração superveniente na normatização preexistente do fato colhido por suporte fático.

Sobre esse aspecto, imaginemos que a autoridade administrativa pudesse, no momento da constituição de um fato jurídico tributário, adotar princípio, critério ou norma não afeta ao âmbito do Direito Privado para qualificar ou desqualificar um fato jurídico conceituado pelo Direito Civil. Ao assim proceder, estaria a autoridade administrativa usurpando-se da competência da União, que tem o monopólio legislativo no campo do Direito Privado.

Não negamos, contudo, a possibilidade de divergência entre o efeito econômico, muitas vezes colhido como suporte fático de incidência tributária, e a qualificação jurídica do respectivo fato ou ato jurídico. Admitir tal divergência poderia parecer implicar abandono do jurídico estabelecido pelo subsistema a que o suporte fático está afeto (a exemplo do Direito Privado), mas esse abandono não é permitido e nem verdadeiro. O que aceitamos é a possibilidade de o Direito Tributário colher por suporte os efeitos econômicos de determinado ato, o que não se confunde com a interpretação econômica em detrimento da jurídica.

Sobre o efeito econômico, Klaus Tipke e Joachim Lang[176] dizem que decisivo é o que economicamente se realiza. Um negócio jurídico ineficaz, por exemplo, pode ter consequências tributárias "até o ponto e o momento em que os partícipes deixam ocorrer e constituir o resultado econômico do negócio jurídico ineficaz, a despeito da ineficácia, portanto, realizam o negócio jurídico e através dele influenciam a capacidade contributiva 'econômica'." Os mesmos doutrinadores alemães asseveram que, naquele sistema jurídico, se

176. *Direito tributário (Steurrecht)*, trad. de Luiz Dória Furquim, Porto Alegre, Sergio Antonio Fabris Ed., 2008, p. 326.

o negócio jurídico é só posteriormente ineficaz, só existem consequências tributárias derrogatórias se houver prescrições especiais das leis tributárias.

Em raciocínio lógico-dedutivo dessa premissa, passam a analisar o fenômeno da elusão fiscal, e algumas considerações que efetuaram são agora objeto de considerações sob a égide do nosso sistema jurídico. Concluem eles que a elusão combatida em âmbito mundial, como nos Estados Unidos, com a pretoriana *substance over form doctrine,* não precisa sequer ser legalmente especificada, em razão da interpretação teleológica das normas tributárias. "A situação de fato apropriada é determinada através de motivação extratributária da forma; nisto devem se considerar não somente razões econômicas, mas também não econômicas [...]".[177] Desta conclusão discordamos.

Admitimos que o suporte fático do fato jurídico tributário assim como a elaboração da regra jurídica tributária sejam os "estimulantes econômicos",[178] mas estes suportes fáticos só podem ser analisados pelo Direito Positivo nas feições jurídicas que lhes foram atribuídas. O pré-jurídico não é jurídico e não entra no sistema, sob pena de deixar ao cargo de cada intérprete, nas diversas competências, usurpar-se de outras competências para aumentar ou diminuir a carga tributária.

Não temos, por outro lado, a prepotência de defender que a forma sempre prevalece sobre a substância jurídica dos atos. O ordenamento pátrio converge com os ordenamentos jurídicos estrangeiros para a busca da substância jurídica, sendo que essa não é uma tendência só atual, mas quase natural e intrínseca ao ser humano, em descobrir a essência das coisas. Basta verificar desde quando o homem busca descobrir o conceito real ou a melhor definição da verdade.

177. A diferença entre elusão fiscal e sonegação fiscal residiria apenas na punibilidade, considerando o que os autores denominam de "situação de fato apropriada" ao preceito legal (Klaus Tipke e Joachim Lang, *Direito Tributário (Steurrecht)*, trad. de Luiz Dória Furquim, Porto Alegre, Sergio Antonio Fabris Ed., 2008, p. 329).

178. Ver Alfredo Augusto Becker, *Teoria geral do direito tributário*, 4ª ed., São Paulo, Noeses, 2007.

O que se tem verificado na atualidade é uma maior necessidade de positivação de normas que regulem a busca da substância jurídica para o enquadramento dos fatos jurídicos. Muito provavelmente essa tendência surgiu especialmente em razão da proliferação de negócios jurídicos e espécies societárias. Mas o subsistema tributário não mudou, tampouco mudou o Direito Positivo. Ousamos dizer que até mesmo nos ordenamentos jurídicos consuetudinários, o Direito Tributário diferencia-se em razão da exigência de tratamento positivado, porquanto aquele que sofre a exação não participa da decisão e não integra voluntariamente, mas *ex lege*, a relação jurídica obrigacional.

Daí que insistimos que os fatos ou atos jurídicos recepcionados pelo Direito Tributário, como suportes fáticos, se não houver norma expressamente estabelecendo divergência específica, são interpretados de acordo com os signos e códigos do sistema jurídico e com as regras do subsistema a que pertencem antes de serem suportes fáticos. Isto não quer dizer que prevalece sempre a forma jurídica, já que, no próprio subsistema a que pertence o fato jurídico em sentido lato, os elementos que o definem podem também privilegiar a substância jurídica, assim conceituada por aquele sistema. Os efeitos que o fato jurídico surte como suporte fático, no âmbito do Direito Tributário, são definidos pela regra deste subsistema. Se houver qualquer antinomia entre a aplicação das normas, prevalece aquela do regime próprio, coerente com os valores produzidos pelo ordenamento jurídico.

As dúvidas sobre a conotação do fato imponível são dirimidas por normas gerais e abstratas, relacionadas ao regime jurídico ao qual o fato imponível pertence. Por exemplo, se estamos diante de um tributo (ITBI) que pretende gravar a alienação de um bem imóvel, é no regime jurídico do Direito Privado que se buscarão os elementos necessários para que um determinado evento possa denotar a alienação.

De outra parte, em face de uma ocorrência que enseja a expedição de norma individual e concreta para a construção do fato jurídico tributário, o processo é inverso. Nessa tarefa, o agente cognoscente deverá verificar se os elementos do fato ocorrido no mundo fenomênico denotam o ato, negócio ou fato previsto como fato imponível na norma geral e abstrata que prevê a tributação.

Para tanto, a análise do evento concretamente ocorrido deve submeter-se ao regime jurídico ao qual está subordinado o próprio fato colhido para a incidência fiscal, porquanto esta é a materialidade onerada, pouco importando a denominação que se tenha atribuído ao fato. Como elucida Roque Antonio Carrazza:[179]

> [...] é ponto bem averiguado que, em direito, as realidades são reveladas pelo regime jurídico a que estão submetidas, e não pela designação recebida. Ou seja, um determinado ato ou negócio jurídico colhido como suporte fático para o fato jurídico tributário deve ser qualificado tão somente pelo conjunto de princípios e normas que incidem sobre aquele determinado objeto de direito.

Já demonstramos que o Direito Tributário colhe materialidades que se reportam a outros regimes jurídicos e a outras ciências, já que não é e nem poderia ser autossuficiente. Por isso, a linguagem da Ciência do Direito é tão importante na definição do fato jurídico tributário, regrando a interpretação dos textos nas relações intrassistêmicas e extrassistêmicas.

Quanto mais o Direito Tributário enumerar os elementos que excepcionam ou alteram, para fins fiscais, os efeitos próprios dos fatos submetidos às outras ciências ou dos fatos jurídicos em sentido lato, mais consistente será a proposição antecedente – fato imponível ou fato jurídico tributário – e mais legítima a interpretação.

Adotamos, também, a premissa de que a divisão entre os ramos do Direito é meramente didática. Nesse passo, a adoção do regime jurídico (a exemplo do Direito Privado) afeto à materialidade tomada pela norma tributária é pressuposto de validade para aferir a conotação do fato imponível ou a denotação do evento. O mesmo se passa com os elementos tratados por

---

179. *Reflexões sobre a obrigação tributária*, São Paulo, Noeses, 2010, p. 8.

outras ciências, aferidos pelas regras das respectivas ciências e introduzidos no ordenamento jurídico por procedimento legal. Em ambos os casos, para fins fiscais, posteriormente à conceituação do fato ou ato jurídico (suporte fático), deve ser averiguada a existência ou não de tratamento, pelo Direito Tributário, expressamente divergente quanto aos efeitos atribuídos ao fato.

O Direito Tributário pode dar tratamento expressamente divergente a um determinado fato conceituado em outra ciência ou em outro regime jurídico. Reiteramos que a divergência é nos efeitos, como ocorre, por exemplo, com o tratamento atribuído pelo Imposto sobre a Renda ao tributo vencido e não pago em razão de suspensão de exigibilidade.

De acordo com as normas contábeis, o tributo vencido e não pago é despesa e não provisão. Se é despesa, deveria afetar negativamente a base de cálculo do Imposto sobre a Renda. O Direito Tributário, entretanto, expressamente excepciona, do tratamento dado à despesa, o fato do tributo vencido que não foi pago em razão de certas hipóteses de suspensão de exigibilidade.[180]

No que tange à feição em que o Direito Tributário recebe um fato ou um ato jurídico, há que se lhe atribuir, por este subsistema, todos os efeitos próprios. Bastante elucidativo o caso concreto em que o Fisco Federal, ao analisar uma operação de reorganização societária, entendeu que o ato jurídico em questão correspondia a uma alienação de participação societária, e não a uma associação seguida de cisão. Ao assim defender, a fiscalização efetuou o lançamento de Imposto de Renda sobre o ganho de capital calculado em decorrência da alienação, mas, de outro lado, procedeu ao lançamento do Imposto de Renda Retido na Fonte – IRRF –, dada a ausência de identificação do destinatário final dos valores

180. Entendemos que o tributo vencido é uma obrigação *ex lege* e não uma provisão, porquanto não se trata de passivo de prazo ou valor incertos. A suspensão da exigibilidade não torna incerto o valor apurado e declarado pelo contribuinte. Por essa razão que, não existindo previsão específica para a indedutibilidade da despesa para efeito da apuração da CSLL, instaurou forte celeuma sobre a dedutibilidade na base de cálculo da CSLL dos tributos com exigibilidade suspensa. Citamos, exemplificadamente, os Processos Administrativos nº 19740.000209/2008-01 e nº 16327-001969/2006-59, julgados no Conselho Administrativo de Recursos Fiscais.

envolvidos na operação. Ao julgar o caso, o Tribunal Administrativo entendeu que deveria ser cancelada a exigência de IRRF, uma vez que, se o ato jurídico foi de alienação, para o qual foi atribuída a totalidade dos valores recebidos, não havia razão de alegar ausência de identificação de destinatário final. Aliás, ao concluir pela falta de identificação do destinatário final, estar-se-ia infirmando o fato jurídico de alienação de participação societária.[181-182]

Não merece reparos a decisão que aplica uniformidade no tratamento dado pelo Direito Tributário a determinado fato ou ato jurídico (suporte fático), o qual tem o condão de repercutir todos os efeitos próprios dentro do mesmo campo de competência tributária. Ilustramos:

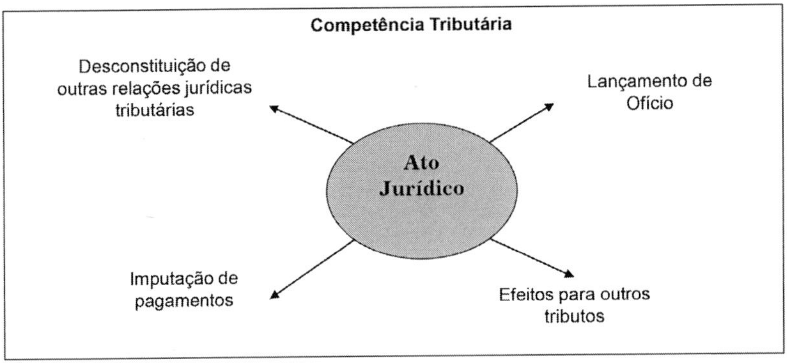

181. Conselho Administrativo de Recursos Fiscais, Acórdão nº 108-09.037, Recurso nº 147.639, Processo Administrativo nº 10680.002871/2005-22, sessão de 18.10.2006: OPERAÇÃO ÁGIO - SUBSCRIÇÃO DE PARTICIPAÇÃO COM ÁGIO E SUBSEQUENTE CISÃO - VERDADEIRA ALIENAÇÃO DE PARTICIPAÇÃO - Se os atos formalmente praticados, analisados pelo seu todo, demonstram não terem as partes outro objetivo que não se livrar de uma tributação específica, e seus substratos estão alheios às finalidades dos institutos utilizados ou não correspondem a uma verdadeira vivência dos riscos envolvidos no negócio escolhido, tais atos não são oponíveis ao fisco, devendo merecer o tratamento tributário que o verdadeiro ato dissimulado produz. Subscrição de participação com ágio, seguida de imediata cisão e entrega dos valores monetários referentes ao ágio, traduz verdadeira alienação de participação societária. [...]
IR-FONTE - AFASTAMENTO - O próprio lançamento tributário em razão da desconsideração do planejamento fiscal já atribuiu às respectivas saídas de valores a causa e seus beneficiários. [...]

182. A decisão foi mantida na Câmara Superior de Recursos Fiscais, Acórdão n. 9101-001.238, Recurso n. 147.639, Processo Administrativo n. 10680.002871/2005-22, sessão de 21.11.2011.

A materialidade colhida pelo Direito Tributário apresenta feição uniforme para todo o subsistema, vale dizer, tem o condão de erradicar todos os efeitos próprios no âmbito fiscal, ressalvado o limite imposto pela competência tributária.

3. Regras Interpretativas do Código Tributário Nacional

O Direito Tributário dá às materialidades que prescreve o efeito que lhe permite o fechamento operacional, enquanto subsistema.[183] Entretanto, na medida em que tais materialidades se reportam a outros ramos de Direito, os princípios gerais de Direito e as regras interpretativas do respectivo ramo que os rege é que devem nortear a sua caracterização como suporte fático. O mesmo se passa para fatos regrados por outros sistemas, tomados como suportes fáticos. É somente assim que se respeitam, de um lado, as regras do Sistema que originariamente trata do fato colhido para materialidade tributária e, doutro lado, o fechamento operacional do Direito Tributário para regular as relações Estado – Contribuinte, prescrevendo a incidência tributária.

Passamos, então, às regras de conhecimento dos elementos suficientes a denotar o fato jurídico tributário, ajustadas pelas normas de interpretação e integração especificamente previstas para a legislação tributária.

Os quatro itens, pertinentes ao processo interpretativo, arrolados no art. 108 do Código Tributário Nacional – analogia, princípios gerais de Direito Tributário, princípios gerais de Direito Público e equidade – não são endereçados ao alargamento da base tributável.

No que tange à analogia na interpretação das leis tributárias, não há que se adotá-la para criar tributo. Só se admite

---

183. Fazemos referência ao disposto no art. 109 do Código tributário Nacional: "Art. 109. Os princípios gerais de direito privado utilizam-se para pesquisa da definição, do conteúdo e do alcance de seus institutos, conceitos e formas, mas não para definição dos respectivos efeitos tributários."

a analogia se por meio dela se faz uma revelação, sem que o julgador se substitua ao legislador.[184] *A contrario sensu*, a analogia *iuris* se presta apenas para deixar de tributar, ressalvando-se as hipóteses de interpretação literal (termo que adotamos com ressalva, apenas no sentido de não admitir ampliação, o que não se confunde com a interpretação do texto no contexto jurídico). Este instituto é bastante utilizado, na experiência, nos casos de isenção, quando se explicita regra jurídica (art. 111 do Código Tributário Nacional).

Para a análise do suporte fático, a analogia não tem lugar, todo ele ocupado pela compreensão,[185] pela qual o sujeito cognoscente interpreta o suporte fático segundo as regras do sistema jurídico, considerando os efeitos e as regras específicas do subsistema que lhe colhe por suporte.

Os princípios gerais de Direito Tributário e os princípios gerais de Direito Público servem ora para orientar a produção legislativa, ora para orientar a interpretação da norma geral e abstrata no processo de positivação. Tendo em vista o que já falamos acerca dos limites da aplicação dos princípios na constituição do fato jurídico tributário, para a Administração Pública ou para o particular prevalece sempre a estrita legalidade na subsunção do fato ao conceito da norma (que pode ser o produto da convergência de diversas normas, como já defendemos) e a legalidade do procedimento para a constituição do fato jurídico tributário, com a expedição da norma individual e concreta.

---

184. Pontes de Miranda (*Tratado de direito privado, Prefácio*, 2ª ed., Borsói, Rio de Janeiro, 1954, p. XIV), tratando da analogia também na interpretação da norma geral e abstrata, divide em duas, e somente duas, as possibilidades de sua aplicação: "(A) quando se revela por analogia legal, analogia legis, o que em verdade se faz é explicitar que a) a regra legal exprimiu, no texto, princípio particular, e b) há princípio mais geral em que ele se contém. (B) quando se revela por analogia iuris, explicita-se regra jurídica que se há de ter como a), pois já existe, não escrita, no sistema jurídico. Fora de (A) e de (B), a chamada analogia é edicção de regra jurídica, contra o princípio da separação dos poderes".

185. Alfredo Augusto Becker, *Teoria geral do direito tributário*, 4ª ed., São Paulo, Noeses, 2007, p. 139.

A equidade também não serve para criar tributo, em razão do limite imposto pelo princípio da legalidade (art. 108, § 2º, do Código Tributário Nacional). Do mesmo modo, a equidade não se presta à dispensa pura e simples do pagamento do tributo devido, do que decorre que a equidade tem vez apenas quando se reporta às sanções e à configuração de ilícitos e responsabilidades, juntamente com o que dispõem as normas veiculadas pelos arts. 100, 106, inciso II, 138 e 172, todos do Código Tributário Nacional.[186]

Toda vez que o Direito Tributário colhe por suporte fático atos jurídicos *ex voluntate*, a sua classificação jurídica deve ser conforme a conotação atribuída ao conjunto de seus elementos, no seu regime próprio, e conforme os princípios gerais de Direito Privado, ainda que o Direito Tributário possa expressamente atribuir-lhes efeitos diversos, exclusivamente para fins fiscais.[187] Este método interpretativo do suporte fático do fato jurídico tributário está positivado em nosso ordenamento, por meio do art. 109 do Código Tributário Nacional.

Apenas a título elucidativo, apesar de alguns autores entenderem que o art. 109 é interpretado em conjunto com o art. 110 do Código Tributário Nacional, parece-nos que as disposições do art. 110 não tratam da interpretação do suporte fático do fato jurídico tributário, mas da própria atividade legislativa.[188] Ao proibir a lei tributária de alterar a definição, o conteúdo e o alcance dos institutos, conceitos e formas de Direito Privado – utilizados, expressa ou implicitamente pela Constituição Federal, pelas Constituições dos Estados, ou pelas Leis Orgânicas do Distrito Federal ou dos Municípios, para definir ou limitar competências tributárias –, o ordenamento jurídico

---

186. Deixamos de citar o art. 112 do CTN, porquanto, em nosso pensar, pode não se restringir à penalidade,

187. Código Tributário Nacional:
"Art. 109. Os princípios gerais de direito privado utilizam-se para pesquisa da definição, do conteúdo e do alcance de seus institutos, conceitos e formas, mas não para definição dos respectivos efeitos tributários."

188. Não precisava mencionar limitar, porque já estava definido em *constituir*.

assegurou a reserva estrita da lei no âmbito fiscal, impedindo a proliferação de legislações contrárias à norma fundamental.[189] Por esta norma, o legislador não pode positivar como suporte fático um ato jurídico de forma diversa do que faz o Direito Privado, com o fim de ampliar ou reduzir o campo de competência que lhe foi outorgado pelo ordenamento. Tampouco pode a norma individual e concreta, expedida em ato de revisão.

Não negamos a aplicabilidade desta norma ao nosso estudo, porquanto, ainda que para outra finalidade, reforça o que já está positivado pelo art. 109 do mesmo *Codex*, no sentido de que a classificação jurídica dos fatos e atos jurídicos estatuídos à luz do Direito Privado só podem ser verificados segundo as regras daquele regime. Com isso, apenas após aquela interpretação é que podemos verificar o enquadramento de um ato jurídico como suporte fático do fato jurídico tributário ou como insuficiente para oposição ao fisco.

Insistimos que uma coisa é a tradução do ato ou fato jurídico enquanto suporte fático, outra coisa é a interpretação dos efeitos tributários dos fatos ou atos jurídicos. Os efeitos tributários dos atos ou fato jurídicos estão previstos na norma geral e abstrata de incidência tributária e não podem ser alargados ou mitigados. A tradução do suporte fático depende do conhecimento dos elementos que o compõem e do enquadramento do conjunto desses elementos em determinado conceito, regido pelo subsistema próprio a que está afeto.

O Direito Tributário pode prescrever os efeitos que lhe permitir a Norma Fundamental para tributar um negócio jurídico de compra e venda, mas a verificação da ocorrência do negócio de compra e venda reger-se-á pelas normas de Direito Privado que lhes são próprias e pelos Princípios Gerais de Direito, não sem considerar a unidade do ordenamento jurídico.

---

189. "A matéria, claramente, é de 'definição de competência', e, a nosso ver, enquadra-se nas atribuições que a Constituição outorga à lei complementar para regular as chamadas 'limitações constitucionais do poder de tributar', que, em última análise, são normas sobre o exercício da competência tributária". (Aliomar Baleeiro, *Direito tributário brasileiro*, 10ª ed., São Paulo, Saraiva, 2009, p. 220).

Nessa seara, encontramos importante contribuição de Alcides Jorge Costa,[190] que, estudando a obra *Principi di Diritto Tributario*, de Giorgio Tesoro, discorre sobre a subordinação do Direito Tributário a conceitos e institutos de Direito Privado, resalvando as determinações quanto aos efeitos fiscais:

> [...] Para Tesoro, por exemplo, sempre que a norma tributária refere conceitos e esquemas já elaborados pelo direito privado, há uma recepção da norma de direito privado, exceto se estiver em contraste com os princípios gerais ou com outra norma explícita do direito tributário; acrescenta o mesmo autor que, geralmente, o intérprete deverá presumir que o legislador quis aplicar os conceitos já elaborados pelo direito privado, uma vez que, em realidade, nas práticas legislativas utilizam-se institutos comuns, procurando-se onde já estiverem regulados. Mas este autor também acrescenta que, se pressupostos privatísticos são tomados em consideração para a determinação do objeto, deve seguir-se o princípio da realidade econômica substancial, embora em contraste com o formalismo jurídico [...].

Recebemos tais considerações com ressalvas, as mesmas que faremos em face do pronunciamento de Rubens Gomes de Sousa,[191] para quem, na interpretação dos atos, fatos, contratos ou negócios previstos como suporte fático de tributação, há o afastamento de seu aspecto formal simplesmente como oponível ao fisco. Esclarece o autor que, quando os efeitos dos atos jurídicos *lato sensu* são idênticos, também devem ser os efeitos tributários, ainda que as partes lhes tenham atribuído formas jurídicas diferentes. Aponta o mesmo autor do anteprojeto do Código Tributário Nacional que: (i) os efeitos tributários dos atos jurídicos são os que decorrem da lei tributária e não podem ser alterados pela vontade das partes, como poderia acontecer no Direito Privado; e (ii) a circunstância de um ato ou negócio ser juridicamente nulo ou ilícito não impede que seja tributado, se verificada a materialidade da tributação.

190. *Direito tributário e direito privado*, *in* Brandão Machado (coord.), *Direito Tributário*: estudos em homenagem ao professor Ruy Barbosa Nogueira, São Paulo, Saraiva, 1984, p. 223.

191. *Compêndio de legislação tributária*, São Paulo, Resenha Tributária, 1975, p. 79.

Sobre nossas ressalvas, assumimos que, para a definição de um fato ou ato jurídico regido pelo Direito Civil, recepciona o Direito Tributário integralmente os elementos que denotam o seu conceito, mas: (i) podem ser ao ato atribuídos efeitos diversos, desde que expressamente determinado em lei; ou, (ii) ainda que não expressamente determinado, se um dos elementos denotativos do ato jurídico estiver em posição de contradição em relação a outro elemento também denotativo do mesmo ato, tem-se hipótese em que um elemento deve prevalecer sobre o outro. O elemento que deve prevalecer é aquele que melhor se enquadra na conjugação da norma de Direito Tributário com as determinações do regime jurídico próprio do ato. Nesse passo, não prevalece sempre o efeito econômico (que não se confunde com interpretação econômica) e não é sempre atribuída a mesma qualificação aos atos que, apesar de diferentes na forma, resultam no mesmo efeito.

Compactuamos, outrossim, com Eros Roberto Grau,[192] para quem os textos jurídicos são preceitos de enunciado normativo alográfico, cuja completude só é realizada quando o "sentido por ele expressado é produzido, como nova forma de expressão, pelo intérprete". Com isso, não nega o jurista que, também em matéria de Direito Tributário, tanto a norma como o fato são produzidos pelo intérprete. Ressalva, contudo, que no Direito Tributário, assim como no Direito Penal, o intérprete está mais detido que nos outros ramos do Direito, porque prevalece a legalidade em sentido estrito. Conclui o Ministro que a interpretação é sempre jurídica, sendo logicamente inviável a interpretação econômica. "Em termos mais diretos: a teoria da 'interpretação econômica' pode ser tida como antecedente do direito alternativo, cujo desafeto principal é, precisamente, a legalidade".[193]

192. Eros Roberto Grau, "A interpretação do direito e a interpretação do direito tributário", in Maria Augusta Machado Carvalho (Coord.), *Estudos de direito tributário em homenagem à memória de Gilberto de Ulhoa Canto*, Rio de Janeiro, Forense, 1998, p. 130.

193. Ibidem, mesma página.

Defendemos, aqui e ali, que o suporte fático é interpretado privilegiando os elementos jurídicos do seu regime jurídico próprio, que confirmam o conceito da materialidade exigida pelo Direito Tributário. Os efeitos são aqueles determinados pelo Direito Tributário, porquanto o suporte fático é tomado para o fim a que se destina nesse subsistema, imperando a legalidade estrita.

Nessa toada, se o ato jurídico propagou efeitos, a sua nulidade não se opõe à tributação, salvo quando os atos jurídicos perdem seus efeitos *ex tunc* por norma individual e concreta de superior hierarquia, situação em que defendemos a obrigatoriedade do fisco de devolver o tributo eventualmente recolhido, se assim pleiteado no prazo legal. De outra parte, se para o Direito Tributário prevalece a substância jurídica dos atos praticados[194] para tributar o que ocorreu, é nessa medida que devem ser interpretados os suportes fáticos, seja para arrecadar, seja para devolver.

A autoridade administrativa não pode dizer que um aporte de capital se equipara à compra e venda de imóvel no campo fiscal. Mas, entendemos que a autoridade administrativa pode e deve verificar se o ato que formalmente se apresentou como aporte de capital preenche as características que o qualificam como tal, segundo o regime de Direito Privado. E se verificar que aquele ato formalmente apresentado não preenche os requisitos mínimos para a sua qualificação como tal, a autoridade administrativa deve verificar os elementos jurídicos do ato e tomar os efeitos segundo sua natureza conforme o regime próprio. Esta qualificação, para fins fiscais, observa e não se opõe ao que determina o Código Tributário Nacional. Esclarecemos que não se trata de pesquisar meramente o conteúdo econômico do ato que se apresentou, mas o seu

194. "A denominada interpretação econômica, na verdade, não é mais do que uma forma de manifestação de preferência pelo substancial, em detrimento do formal. Está presente, assim, com outras denominações, nos diversos setores da Ciência Jurídica" (Hugo de Brito Machado, *Comentários ao Código Tributário Nacional*, vol. II, São Paulo, Atlas, 2004, p. 233).

conteúdo jurídico para tomá-lo, então, como suporte fático. Não se altera a natureza do ato, mas se analisa a força probante da forma em que o ato é apresentado, conforme demonstramos no capítulo seguinte.

Traduzir o suporte fático não é alargar, restringir ou preencher lacuna de norma geral e abstrata, tornando tributável fato que a norma de incidência não alcançou ou isentando o que a lei fiscalmente onerou. Após conhecido o fato e vertido em linguagem competente, procede-se à subsunção e instaura-se a causalidade jurídica. A tradução do suporte fático no fato jurídico tributário observa a estrita legalidade, subsumindo-se aquele aos efeitos determinados pela norma de incidência tributária.

A discussão sobre a tradução dos suportes fáticos para o fato jurídico tributário tornou-se ainda mais acirrada, quando da inserção do parágrafo único ao art. 116 do Código Tributário Nacional.[195] As posições são tão acirradas como divergentes. Para alguns, a norma que se extrai é de mera reiteração do que o Direito Positivo já consagra, no sentido de que é vedado ao contribuinte evitar ou reduzir o impacto fiscal por meio de expedientes simulatórios. Nessa linha, divide-se a doutrina em entender que essa norma é desnecessária, porque o ato simulatório nunca se opôs ao fisco ou em defender que a simulação sempre foi objeto de declaração exclusivamente pelo Poder Judiciário. Para outros, a norma é antielisiva aberta com comando de regulamentação.

---

195. "Art. 116. Salvo disposição de lei em contrário, considera-se ocorrido o fato gerador e existentes os seus efeitos:
I - tratando-se de situação de fato, desde o momento em que o se verifiquem as circunstâncias materiais necessárias a que produza os efeitos que normalmente lhe são próprios;
II - tratando-se de situação jurídica, desde o momento em que esteja definitivamente constituída, nos termos de direito aplicável.
Parágrafo único. A autoridade administrativa poderá desconsiderar atos ou negócios jurídicos praticados com a finalidade de dissimular a ocorrência do fato gerador do tributo ou a natureza dos elementos constitutivos da obrigação tributária, observados os procedimentos a serem estabelecidos em lei ordinária. (Incluído pela Lei Complementar nº 104/2001)".

A divergência provavelmente explica-se pela atecnia da lei, ao utilizar o termo *dissimular*. São sempre inúmeros os problemas jurídicos em razão da ambiguidade e vaguidade dos termos. Para aqueles que leem "dissimular" como decorrência da simulação, então referida norma é, de fato, relacionada exclusivamente aos atos ou negócios que se enquadram na classe dos simulados. Também nessa linha de raciocínio, entendem que a norma em comento teria até restringido o direito da Administração Pública de afastar, para fins fiscais, atos ou negócios simulados, antes da edição de lei ordinária que estabeleça os procedimentos lá mencionados.

Com a máxima vênia dos ilustres doutrinadores que encontram na regra do parágrafo único do art. 116 do Código Tributário Nacional uma limitação ao poder de fiscalização, não nos parece que, até que haja regulamentação em lei ordinária, impõe-se ao fisco a obrigatoriedade de sempre se socorrer do Poder Judiciário para, então, afastar os efeitos fiscais dos atos simulados ou viciados.

A norma deve ser interpretada no contexto, e é no contexto do ordenamento jurídico que a autoridade administrativa deve averiguar os fatos ou atos efetivamente ocorridos, para fins de imposição fiscal, seja em decorrência do princípio da indisponibilidade do crédito tributário, seja em decorrência da sua competência exclusiva para o lançamento de ofício, ou seja, em decorrência do disposto nos arts. 109 e 118 do Código Tributário Nacional.

Entretanto, não podemos deixar de admitir que, sob pena de ignorar a hierarquia das normas no sistema jurídico, para uma realidade declarada pelo Poder Judiciário, por óbvio, impõe-se a observância fiscal. Da mesma forma, se da declaração judicial de nulidade de ato jurídico verificar-se a inexistência de fato tributável, então tem o contribuinte, desde que pleiteado no prazo legal, o direito à restituição dos valores indevidamente recolhidos.

Longe de apaziguada a discussão em torno da interpretação fiscal, leituras existem no sentido de que o termo *dissimular* foi empregado em outra acepção, também deveras ambígua, de simulação relativa ou de limitação, para fins de oponibilidade fiscal, aos negócios indesejáveis. Para esses doutrinadores, referida norma trouxe inovação no sentido de autorizar, desde que com procedimentos estabelecidos em lei ordinária, um alargamento da competência tributária.

Em nosso entendimento, tenha o ato vício de nulidade ou anulabilidade, o fisco não deve presumir ou tentar declarar para quaisquer fins a sua inexistência ou invalidade, mas limitar-se a comprovar que, no limite da competência fiscal (i) a prova do ato apresentado não é suficiente à oposição ao fisco, em razão, por exemplo, da contradição dos elementos jurídicos que na experiência o compõem, e que (ii) há prova do elemento jurídico preponderante à caracterização de ato que se consubstancia em suporte fático de tributação.

Se, de um lado, falece ao fisco competência para atribuir a característica de invalidade para todos os fins aos atos ou negócios simulados ou viciados, o que não deve sequer ser discutido, uma vez que a autoridade administrativa não tem competência para tratar das relações jurídicas de Direito Privado, de outro lado, compete ao fisco averiguar e comprovar o fato ou ato que, segundo as normas do Direito Positivo, caracterizam-se como suporte fático de constatação, para efeito de imposição tributária.

Não é a simulação ou o vício que suportam o fato jurídico tributário, mas o fato ou o ato efetivamente ocorrido. Nesse ponto, sumariamente advertimos que a interpretação jamais pode resultar em consequência tributária diversa da prevista em lei para um determinado suporte fático, tampouco pode mitigar ou ampliar prescrição de norma geral e abstrata, sob o fundamento de atribuir-lhe maior eficácia social. Pelo exposto, também sob o ponto de vista de norma antielisiva, considerando nosso Direito Positivo, parece-nos comprometido o alcance da disposição do parágrafo único, do art. 116 do Código Tributário Nacional.

Em nosso pensar, o único sentido deôntico válido para tal norma reside em comando indutor para o legislador regular procedimento específico para a autoridade administrativa quando, em ato de revisão, nega a situação jurídica anteriormente apontada pelo sujeito passivo, independentemente de se tratar de planejamento fiscal. Tudo com o fim de garantir uniformização no procedimento administrativo de observância de coerência intranormativa intraproposicional e de coerência intranormativa interproposicional, que, hoje aplicada por decorrência lógica, restaria definitivamente regrada.

Também tormentosa é a interpretação da norma que dispõe sobre a definição legal do fato gerador, veiculada pelo art. 118 do Código Tributário Nacional:

> Art. 118. A definição legal do fato gerador é interpretada abstraindo-se:
>
> I – da validade jurídica dos atos efetivamente praticados pelos contribuintes, responsáveis, ou terceiros, bem como da natureza do seu objeto ou dos seus efeitos;
>
> II – dos efeitos dos fatos efetivamente ocorridos.

Não é verdade que a validade jurídica dos atos praticados pelos contribuintes não importa para o Direito Tributário. Tanto importa que o ato jurídico válido não só pode ser suporte fático do Direito Tributário, como fundamento de oponibilidade à norma fiscal. O momento em que se considera consumado o ato jurídico, por vezes, é o próprio marco temporal do fato jurídico tributário, na forma expressa no art. 116 do Código Tributário Nacional, disposição essa que se coaduna com as definições de condição suspensiva e resolutiva, estipuladas pelo Código Civil.

O ato jurídico é importante para o Direito Tributário, como são importantes a natureza do seu objeto e os respectivos efeitos. Corrobora nossa afirmação a própria disposição do inciso I do art. 116 do Código Tributário Nacional, que reporta o marco temporal do fato jurídico como o momento em que verificadas as circunstâncias materiais necessárias a que o suporte fático produza os efeitos que lhes são próprios. Da mesma forma, os efeitos dos fatos efetivamente ocorridos vinculam a interpretação do fato jurídico tributário, quando tais efeitos constituem-se em seu suporte fático.

Logicamente, só podemos depreender do disposto no artigo 118 do Código Tributário Nacional que a validade, a natureza do objeto e os efeitos dos atos jurídicos, assim como os efeitos dos fatos jurídicos, só são desprezados pelas normas fiscais quando (i) o Direito Tributário expressamente atribui consequências diversas dos efeitos próprios para os atos ou fatos jurídicos (outorga voltada à atividade legislativa) ou (ii) sopesados os elementos que denotam as características de um ato jurídico com o elemento fundamental de ocorrência no mundo fenomênico, subsumível à norma geral e abstrata de incidência tributária, este prevalece para a atribuição de efeitos fiscais.

Tratemos, primeiramente, das consequências expressamente atribuídas de forma diversa no âmbito fiscal. É o caso, por exemplo, das previsões do Regime Tributário de Transição (RTT) e da exportação ficta. Ilustremos com o exemplo da exportação ficta, na qual as normas tributárias, especificamente no âmbito federal, atribuem a natureza de exportação, para fins de exoneração fiscal, à transferência de mercadoria no mercado interno para compor produto fabricado por agente econômico estrangeiro, claro que desde que observadas as condições estipuladas na norma para a caracterização da exportação ficta.

De outra parte, quando a norma tributária não prevê exceção nos efeitos para a tradução dos suportes fáticos, são eles recepcionados exatamente na forma e com os efeitos que prescreve seu regime jurídico próprio. Mas a validade ou invalidade jurídica dos atos – que só pode ser expressamente declarada na forma e na competência estipulada em regime próprio – pode não ser suficiente à oposição fiscal ou implicar incidência fiscal. Tudo depende do fato imponível prescrito no âmbito do Direito Tributário.

Pouco importa se uma renda foi auferida de forma imoral ou ilegal, como ocorre com o jogo do bicho. Uma vez auferida a renda, verifica-se a possibilidade da descrição dos elementos material, temporal e espacial do fato jurídico tributário. A norma tributária jamais vai prever por hipótese de incidência um ato ilícito. Mas, se algum ilícito implicar situação que esteja prevista como hipótese para imposição tributária, aquela ilicitude não contamina o fato jurídico tributário lícito e a correspondente relação jurídica.

Valorando esse raciocínio, Ives Gandra da Silva Martins[196] justifica que a tributação dos efeitos dos atos ilícitos é moralizadora, sendo admissível e possível a imposição fiscal. No mesmo sentido, Aliomar Baleeiro[197] afirma que, "praticado o ato jurídico ou celebrado o negócio que a lei erigiu em fato gerador, está nascida a obrigação para com o fisco. E essa obrigação subsiste independentemente da validade ou invalidade do ato". Também José Eduardo Soares de Melo[198] segrega a relação jurídica entre fisco e contribuinte das demais obrigações na órbita do direito privado e exemplifica:

> A venda de mercadorias obriga o comerciante ao pagamento do ICMS à Fazenda estadual e do Distrito Federal, independentemente do fato de encontrar-se devidamente inscrito nas repartições públicas (Junta Comercial, Receita Federal, Secretaria da Fazenda, Prefeitura), ou ter emitido nota fiscal.

A bem da verdade, o art. 118 do Código Tributário Nacional veicula norma que vem ao encontro da dialética que adotamos, corroborando a premissa de que quem tem competência para averiguar o fato jurídico tributário tem competência para traduzir o suporte fático, tomando em conta as determinações específicas das normas de Direito Tributário e, exclusivamente, para fins fiscais.

---

196. "É uma tributação notavelmente desincentivadora. Busca criar pressão de desestímulo de tal ordem que seja desinteressante a sua exploração a nível de (sic) atividade econômica, pelo ônus crescente do custo decorrente da imposição [...] No campo jurídico, portanto, é admissível e possível a pretendida forma impositiva" (*Teoria da imposição tributária*, 2ª ed., São Paulo, LTr, 1998, p. 295-329).

197. *Direito tributário brasileiro*, 10ª ed., Rio de Janeiro, Forense, 1992, p. 461.

198. *Curso de direito tributário*, 8ª ed., São Paulo, Dialética, 2008, p. 261.

Os elementos para a aferição desses atos e fatos são aqueles resultantes da conjugação harmônica das normas dos seus respectivos regimes jurídicos, que configuram tais elementos como essenciais à sua caracterização, com as normas fiscais, que elegem elementos a serem preponderantemente verificados. Tomados esses atos ou fatos por suportes fáticos, as normas fiscais incidem sobre seus efeitos próprios, salvo no caso em que esses efeitos são tratados de forma diversa pelo Direito Tributário.

Restam duas ressalvas. A primeira, para lembrar que a interpretação do fato ou do ato jurídico deve respeitar o ato jurídico perfeito, o direito adquirido e a coisa julgada, como disposto na Lei de Introdução às Normas do Direito Brasileiro (LINDB), bem como em razão dos princípios da legalidade e segurança jurídica, do que decorrem as regras de irretroatividade e de anterioridade. Também em prestígio à segurança jurídica, deverá ser determinante para constituição do fato jurídico tributário, a interpretação vigente à época da ocorrência dos fatos, a teor do disposto no recente aplaudido enunciado no art. 24 da LINDB.[199]

A segunda ressalva, para destacar que a interpretação de um fato ou ato jurídico, no âmbito fiscal, não é *pro fiscum* ou *contra fiscum*, mas sempre *pro lege*. A interpretação mais favorável a alguém só tem lugar na caracterização do ilícito e/ou na pena aplicável e, nesta hipótese só pode ocorrer em favor do sujeito passivo, como prescreve o art. 112 do Código Tributário Nacional, que reflete o princípio do *in dubio pro reo*. Noutro giro, inexistindo dúvida, é inaplicável a interpretação mais benigna.

---

199. Art. 24. A revisão, nas esferas administrativa, controladora ou judicial, quanto à validade de ato, contrato, ajuste, processo ou norma administrativa cuja produção já se houver completado levará em conta as orientações gerais da época, sendo vedado que, com base em mudança posterior de orientação geral, se declarem inválidas situações plenamente constituídas. (Incluído pela Lei 13.655/2018)
Parágrafo único. Consideram-se orientações gerais as interpretações e especificações contidas em atos públicos de caráter geral ou em jurisprudência judicial ou administrativa majoritária, e ainda as adotadas por prática administrativa reiterada e de amplo conhecimento público. (Incluído pela Lei 13.655/2018)

4. Relação entre o Fato Jurídico Tributário e o Direito Internacional

Retornamos à premissa de que quando o Direito Tributário colhe materialidades que se reportam a outros regimes jurídicos, são as normas gerais e abstratas, relacionadas ao regime jurídico ao qual o fato imponível pertence, que resolvem as dúvidas sobre sua conotação. Nessa medida, a construção do fato jurídico tributário depende da verificação dos elementos ocorridos, em cada caso concreto, e da relação de includência destes ao conceito que denota o fato imponível. Se assim é, de se perquirir quais as normas gerais e abstratas que afetam a construção do fato jurídico tributário, quando a norma tributária, por ser em bases universais, alcança situações extraterritoriais.

Em se tratando de norma de Direito Público interno que toma determinado evento como fato imponível e dado o caso concreto alcançado também por fato de repercussão internacional, necessária a verificação do vínculo relacional entre a norma jurídica de Direito Público de repercussão interna e a norma de repercussão internacional que afeta o caso concreto. Tal ocorrência se dá, via de regra, quando determinado evento – colhido como materialidade de incidência tributária pelo ordenamento jurídico positivo brasileiro – está sob a proteção de determinada Convenção Internacional.

De longa data se discute sobre o vínculo relacional entre as Convenções Internacionais, mais especificamente os Tratados Internacionais e as normas de tributação brasileira, divergindo as posições sobre a natureza de tal vínculo relacional, se de coordenação (horizontal) ou se de subordinação (vertical). As discussões vão além, defendendo inclusive que a soberania de cada Estado impediria qualquer subordinação e limitaria mesmo a interpretação quanto aos vínculos de coordenação.

Para nos posicionar, preferimos partir de outra divergência doutrinária, que a nosso entender efetua uma primeira segregação sobre o método interpretativo dos vínculos relacionais e da melhor interpretação a ser dada no caso concreto, quando este é afetado por norma de incidência tributária e norma de repercussão internacional, qual seja, a divergência apontada pelas correntes doutrinárias monista e dualista. De acordo com a corrente doutrinária monista, o tratado internacional teria eficácia imediata ou, ao menos, é válido desde sua celebração, alcançando eficácia plena quando referendado. A corrente doutrinária dualista, por sua vez, exige veículo introdutor hábil para a criação normativa, o que só ocorre, pelo princípio da legalidade, com a aprovação, pelo Congresso Nacional, do decreto legislativo.

Mantendo a coerência com as premissas desde o início esclarecidas, no sentido de que o fato jurídico tributário é sempre fruto da conjugação da competência jurídica e da tradução dos suportes fáticos, consideramos que a norma internacional afeta o conhecimento do fato jurídico tributário a partir do momento em que referendada pelo Congresso Nacional. A competência jurídica depende do Direito Positivo. É o Direito Positivo que atribui validade à norma e confere, ao final, validade à interpretação. Nesse ponto, fundamental o cotejo entre as normas veiculadas pelos arts. 5º, § 2º, 47, 49, inciso I, e 84, inciso VIII, todos da Constituição Federal,[200] bem como pelo art. 98 do Código Tributário Nacional.

O ordenamento pátrio expressamente assevera que, se de um lado, são garantidos constitucionalmente os direitos decorrentes dos tratados internacionais em que é parte a República Federativa do Brasil; de outro lado, atribui competência exclusiva ao Congresso Nacional, para resolver definitivamente sobre os tratados ou referendá-los. Sem embargo de críticas dos estudiosos da matéria, entendemos que não pode ser ignorado o limite objetivo colocado à eficácia plena do tratado, sujeitando-o a *referendum* do Congresso Nacional.

---

200. O Supremo Tribunal Federal, na ADIn 1.480-3/DF, julgada em 04.09.1997, bem assevera que o conteúdo dos tratados internacionais estão subordinados à Constituição Federal.

Feitas essas considerações, partimos do pressuposto de que as convenções internacionais aplicam-se para efeito de interpretação do fato jurídico tributário, inclusive como garantia ao contribuinte, desde que referendadas pelo Congresso Nacional e introduzidas no ordenamento jurídico interno por veículo hábil. Sobre este aspecto, uma vez firmado um tratado internacional, temos os seguintes comandos na ordem interna: (i) comando direcionado ao legislador, tornando obrigatório que este o introduza no Direito Público interno; (ii) comando ao legislador, para que este não aprove legislação interna que contrarie tratado firmado; (iii) comando ao Poder Judiciário, para que, analisando semanticamente determinada norma, afaste eventual contrariedade a tratado internacional; e (iv) comando ao Poder Executivo, para que, na edição de normas interpretativas ou de execução, bem como na constituição do fato jurídico pelo lançamento de ofício, não extrapole sua competência, interpretando lei interna de forma a ferir disposição de Convenção Internacional firmada pelo Brasil e introduzida na ordem jurídica interna.

Quando se aplica uma norma de Direito Internacional, como no caso do Direito Internacional Público, não estamos abandonando o Direito Positivo ou retirando a soberania do Estado. Ao contrário, estamos aplicando um princípio ou uma norma de Direito Internacional Público, porque temos um comando no interior de nosso ordenamento jurídico que determina, para efeito de certa relação jurídica, a aplicação do Direito Internacional.

Tárek Moysés Moussallem,[201] ao discorrer sobre a eficácia dos tratados internacionais, defende que eles não se encontram em relação de inclusão com o ordenamento nacional, mas, sim, em relação de interseção, havendo apenas um núcleo de recíproca pertinência, consubstanciado em regras que pertencem ao Direito Internacional e ao Direito Interno.

201. *Fontes do direito tributário*, 2ª ed., São Paulo, Noeses, 2009, pp. 204-205.

Nessa linha de raciocínio, os tratados internacionais não são veículos suficientes a introduzir norma no Direito Positivo brasileiro, com o que concordamos. Entretanto, sob o nosso ponto de vista, a partir do referendo do Congresso Nacional, relativo ao ato do Poder Executivo, atribui-se eficácia plena ao comando prescrito no tratado. Dada essa competência do Congresso Nacional, conjugada com as normas específicas do Direito Tributário e do Direito Administrativo, as disposições do tratado tornam-se também Direito Positivo e garantia do contribuinte.

Inclusive permanece debate sobre os efeitos da denúncia de um tratado internacional. Ainda que a denúncia de um tratado retire o fundamento de validade que serviu para a edição do decreto legislativo e do decreto regulamentar, a despeito de a questão estar pendente de decisão definitiva pelo Supremo Tribunal Federal,[202] muitos defendem que o ato do Poder Executivo, por si só, não tem o condão de alterar a ordem jurídica interna e atribuir competência para constituição de fato jurídico tributário, como se não houvesse garantia no âmbito fiscal, concedida pelo ordenamento pátrio.[203]

---

202. A Ação Direta de Inconstitucionalidade nº 1625/DF, de relatoria originária do Ministro Maurício Correa, ainda pendente de decisão definitiva no Supremo Tribunal Federal, aborda a possibilidade e o efeito da denúncia de tratado internacional pelo Presidente da República, sem a anuência do Congresso Nacional. A Confederação Nacional dos Trabalhadores na Agricultura (CONTAG) e a Central Única dos Trabalhadores (CUT) ingressaram no Supremo Tribunal Federal com a referida Ação Direta de Inconstitucionalidade, visando a obter a declaração de inconstitucionalidade do Decreto Presidencial nº 2.100, de 20 de dezembro de 1996, que denunciou a Convenção 158 da Organização Internacional do Trabalho, devidamente aprovada pelo Congresso Nacional (Decreto Legislativo nº 68/92) e promulgada pelo Poder Executivo (Decreto nº 1.855/96). De um lado, defende-se que o princípio da harmonia dos poderes permite ao Chefe do Poder Executivo o juízo político de conveniência e oportunidade para firmar e denunciar tratados; de outro lado, argumenta-se que a denúncia de tratados sem a autorização do Congresso Nacional subverte o princípio da democracia e afronta as disposições do art. 49, I, da Constituição Federal.

203. Sobre o respeito que todos os entes federativos devem ao Tratado Internacional internalizado no ordenamento jurídico, Sacha Calmon Navarro Coelho (Aplicação, Interpretação e Interação da Legislação Tributária - Teoria do Direito Tributário, in Congresso Nacional de Estudos Tributários VI - Sistema Tributário Brasileiro e a Crise Atual, São Paulo, Noeses, 2009, pp. 875-895) conclui que o "interesse nacional sobreleva os interesses estaduais e municipais e orienta a exegese dos tratados". Tal conclusão não arranha o pacto federativo, porque não deixa de estar a

Retornando ao nosso ponto, enquanto vigente um tratado internacional, a interpretação de seus comandos, para efeito de aplicação de normas internas, depende dos critérios interpretativos positivados internacionalmente, seja em convenções, seja nos julgamentos dos casos concretos. Não vislumbramos antítese entre os juízos de valor enunciados no ordenamento internacional, normalmente caracterizados pela falta de imperatividade, com o aspecto imperativista da norma jurídica do Direito Positivo interno. Não devemos nos ater à noção tão restrita de Hobbes, da norma jurídica como imposição do soberano. A soberania não é abalada pela observância dos valores internacionalmente condensados; ao contrário, a atualidade nos conduz a um constante fluxo entre os comandos internos e as prescrições do ordenamento internacional. No ordenamento internacional, mormente no âmbito do Direito Público, temos um imperativo de reciprocidade comportamental.

Deita sabença Norberto Bobbio,[204] ao buscar o que têm em comum, e não o que as separa, as teorias imperativistas e não imperativistas, demonstrando a pertinência das prescrições, desde oriundas de um costume até os comandos imperativos propriamente ditos, no ordenamento jurídico, interpretando-se mais em relação às espécies, enquanto espécies de um mesmo gênero. Mesmo que se exija sempre sanção para se admitir uma valoração internacional como prescritiva para a ordem interna, no limite, existe no ordenamento internacional sempre uma resposta à violação de um Estado acerca de um determinado acordo, como um embargo de qualquer ordem ou a denúncia de um tratado.[205]

"União na competência exclusiva de condução dos princípios políticos de coordenação com os demais países". Defende o autor que a recepção de isenção derivada de tratado internacional não se confunde com a isenção heterônoma decorrente de lei, para a qual é vedada à União isentar imposto estadual ou municipal.

204. *Teoria da norma jurídica*, trad. Fernando Pavan Baptista e Ariani Bueno Sudatti, Bauru, SP, Edipro, 2ª ed., 2003, capitulo IV.

205. Norberto Bobbio (ibidem, mesma página) nos lembra de que o direito internacional nasceu como uma consciência dos membros da comunidade estatal, da natureza sancionatória da guerra e da consequente necessidade de respeitar *as regras concordantemente aceitas*.

A soberania dos Estados Contratantes, na acepção de poder e direito inalienável de estabelecer relação e, consequentemente, firmar compromissos, implica submissão, nesse aspecto e para esse fim, ao quanto estabelecido nos acordos internacionais, do que decorre a necessidade de a legislação interna ser aplicada ao fato concreto em conformidade com o quanto estabelecido em âmbito internacional. A interpretação da convenção internacional, por sua vez, considera os pronunciamentos internacionais de qualquer ordem e os costumes, tão comumente reproduzidos nas decisões de cortes julgadoras.

No que tange aos pronunciamentos, posicionamo-nos no sentido de que esses são vinculantes para efeito de interpretação na aplicação dos tratados internacionais aos casos concretos, seja ou não o Estado Contratante membro do respectivo órgão normatizador, a exemplo dos pronunciamentos normativos da OCDE, para os quais defendemos a submissão das autoridades competentes para a constituição do fato jurídico tributário, em razão da opção do Brasil de firmar tratado internacional.

No que tange à vinculação aos costumes e, em última instância, às regras interpretativas exaradas em decisões de cortes julgadoras, para efeito de interpretação dos tratados internacionais, Kelsen,[206] na sua obra *Teoria Pura do Direito*, trata do costume como fato gerador do Direito e assevera que a norma fundamental, que institui o costume dos Estados como fato produtor do Direito, tem o seguinte teor:

> Os Estados, quer dizer, os governos dos Estados, devem conduzir-se nas suas relações mútuas em harmonia com um dado costume dos Estados, ou: a coação de um Estado contra outro deve ser exercida sob os pressupostos e pela forma correspondentes a um dado costume dos Estados. É esta a constituição – lógico-jurídica – do direito internacional.

Sobre a necessidade de se observar o tratado internacional na constituição do fato jurídico tributário, o art. 27 da

206. *Teoria pura do direito*, 8ª ed., São Paulo, Martins Fontes, 2009, p. 241.

Convenção de Viena impõe a seguinte regra de Direito Internacional Público: uma parte não pode invocar as disposições de seu direito interno como justificativa para o inadimplemento de um tratado.[207]

Em eventual conflito entre legislação interna e tratado internacional não há sequer que aplicar o critério cronológico (*lex posterior derogat priori*). A uma, porque normalmente não ocorre incompatibilidade total, não havendo que se falar em revogação tácita, mas, como bem assinala Gabriel Ivo,[208] lugar para que uma outra norma individual e concreta possibilite uma relação de coordenação entre as normas no sistema jurídico:

> Quando as normas construídas coincidem, de forma incompatível, em todos os âmbitos de validade, tem-se uma incompatibilidade que gera uma revogação tácita. Mas se houver pelo menos um critério que não seja incompatível, aí temos uma outra norma, onde não se instala a incompatibilidade e, por conseguinte, a revogação estaria afastada.

Uma norma jurídica não perde a sua validade quando, apenas em determinados casos, é aplicada com restrição ou interpretada em conformidade com outra norma, no caso aquela decorrente de tratado internacionalmente firmado, desde que não haja incompatibilidade total em todos os critérios que conformam a incidência tributária. Trata-se meramente de eficácia de legislação tributária interna que sofre restrição, nos casos em que sobre determinado fato jurídico incidem, por relação de coordenação, as disposições de tratado internacional.

A duas, porque em matéria tributária nosso ordenamento estabeleceu tratamento específico a ser atribuído aos tratados, conforme a norma insculpida no art. 98, do Código Tributário Nacional:

---

207. A mesma Convenção de Viena, em seu artigo 55, dispõe sobre a possibilidade ou não de denúncia ou de retirada de um Estado Contratante.

208. *Norma jurídica*: produção e controle, São Paulo, Noeses, 2006, p. 105.

> Art. 98. Os tratados e as convenções internacionais revogam ou modificam a legislação tributária interna, e serão observados pela que lhes sobrevenha.

Em suma, para efeito de constituição do fato jurídico tributário, há que se observar a relação de coordenação entre a legislação tributária interna e as disposições das Convenções Internacionais introduzidas em nossa ordem jurídica.[209] Caso a caso, verifica-se a necessidade de introdução de norma individual e concreta que possibilite a coordenação entre os critérios compatíveis das normas jurídicas, sem modificação ou restrição na aplicação das disposições dos tratados e convenções internacionais.

---

209. A despeito da distinção feita entre tratados internacionais contratuais e tratados internacionais normativos, o Superior Tribunal de Justiça possui decisão no sentido de que, em se tratando de matéria tributária, a legislação interna não revoga as disposições do tratado apenas porque com ele incompatível (Superior Tribunal de Justiça. Segunda Turma. Recurso Especial nº 228.324/RS. Relator Ministro João Otávio de Noronha. Julgado em 12.05.2005).

CAPÍTULO V

A TRADUÇÃO DOS SUPORTES FÁTICOS

> "A feição característica de todo povo livre é o direito de tributar a si mesmo"
>
> ***Rui Barbosa***[210]

1. Introdução

Na empreitada de analisar pragmaticamente a tradução dos suportes fáticos, iniciamos por retomar o conceito que adotamos de suporte fático. Apesar de nos valermos insistentemente dos ensinamentos de Pontes de Miranda – na premissa de que não entendemos que a incidência ocorre de forma automática e infalível e na premissa de que só podemos tratar daquilo que vertido em linguagem jurídica –, quando discorremos sobre o suporte fático, estamos discorrendo sobre algo que está no plano jurídico. Tomamos por suporte fático apenas aquilo que está demonstrado em linguagem jurídica, único meio de transferir o acontecimento social para o campo deôntico. Bom deixar claro que o Direito pode colher inúmeras materialidades por suporte fático, desde que correspondam a uma versão jurídica. O suporte fático pode ser fato, ato, norma ou relação.

---

210. *Obras Completas, Vol. II, Tomo I*, Rio de Janeiro, Ministério da Cultura, 1987, p. 244.

Não tratamos o suporte fático como um dado da realidade marcado pelo jurídico, mas recebemos o suporte fático como uma versão aferida pelo conjunto dos seus critérios identificadores, em face da valoração semântica de seus conceitos normatizados. A relação de validade, então, reporta-se a uma verdadeira tradução, porque equivale a uma comparação de enunciados: o enunciado do suporte fático ou do conjunto de suportes fáticos e o enunciado do fato jurídico tributário.

O enfoque intranormativo subdivide-se na análise de contradição ou contrariedade entre a proposição antecedente e a consequente (interproposicional) e no interior da cada uma delas (intraproposicional).[211] Não há que se admitir enunciados contrários ou contraditórios relativos aos suportes fáticos, isto é, relativamente a cada um ou entre eles, desde que sejam todos necessários à configuração do conjunto suficiente de suportes fáticos, sob pena de comprometer a proposição do fato jurídico tributário.

Quando o fisco analisa os suportes fáticos, não tem ele competência para invalidá-los juridicamente, salvo se tais suportes correspondem também a fato jurídico tributário sob mesma competência e, mesmo assim, muitas vezes necessário procedimento prévio e autônomo de contestação do suporte fático enquanto fato jurídico. Noutras palavras, o fisco sempre toma o suporte fático com a validade jurídica ou o resultado juridicizado (no caso de experiência colateral juridicizada) sem contestá-lo para efeito da relação jurídica dele decorrente, tão comumente estabelecida no âmbito do Direito Privado. Mas, ainda que incompetente para constituir ou desconstituir direito noutra esfera jurídica ou tratar de outra ciência, cumpre ao sujeito revisor a tradução do suporte fático no contexto inteiro do ordenamento jurídico e segundo as regras interpretativas próprias do Direito Tributário.

211. As proposições tautológicas não são recomendáveis pela lógica, mas não entendemos que invalidam o fato jurídico, porquanto não implicam exclusão de proposição verdadeira e necessária.

Um fato ou ato jurídico que compõe o suporte fático do fato jurídico tributário tem presunção de validade enquanto prova do que representa, prova esta que só pode ser elidida mediante contraprova. Se a contraprova não for suficiente, a validade daquele elemento de suporte fático surtirá seus efeitos, na proporção da importância que o fato ou ato jurídico representa no conjunto de suportes fáticos, para implicar ou impedir tributação, como elemento constitutivo ou impeditivo do fato jurídico tributário.

Custódio da Piedade Ubaldino Miranda[212] estabelece uma relação do fato ou ato jurídico com o seu sentido, asseverando que, "para que se possa saber se o fato (comum ou negócio jurídico) concreto, real é ou não do tipo previsto, é mister realizar-se uma operação lógica de subsunção (do fato concreto à hipótese prevista em abstrato)". Essa operação de subsunção, que permite aferir a qualificação jurídica do fato ou do ato jurídico, é uma valoração jurídica, que pode ter por objeto várias provas, em especial as declarações, os documentos ou os comportamentos, desde que disciplinados pelo Direito e dotados de relevância jurídica.

Debates se instauraram sobre a competência para descaracterização ou desconstituição de ato jurídico no âmbito do Direito Tributário. Os fatos jurídicos em sentido amplo entram para o Direito Tributário como suportes fáticos. O suporte fático não é nulo, nem anulável, tampouco passível de qualquer consequência jurídica própria na seara fiscal. Nessa mesma seara, o suporte fático é simplesmente suficiente ou não enquanto prova, ele só ou em conjunto, para a constituição ou para o impedimento de constituição do fato jurídico tributário.

Apesar de o fato jurídico ser sempre o que é, independentemente da seara jurídica, ele pode ser tomado sob diversas perspectivas – como produto (fato jurídico tributário) ou como suporte fático – e analisado conforme a finalidade, nos

212. *Interpretação e integração dos negócios jurídicos*, São Paulo, Editora Revista dos Tribunais, 1989, p. 98.

limites de cada competência e na intertextualidade do Direito Positivo, respeitando a hierarquia das normas.

O fato ou ato é juridicamente válido conforme a relação dos seus elementos com o subsistema jurídico que originariamente lhe introduz, a exemplo de um contrato social registrado na Junta Comercial, cuja validade impera, por exemplo, até que o Poder Judiciário ou o próprio órgão credenciado o anule ou declare sua nulidade. Sobre a validade dos fatos e atos jurídicos que se constituem em suporte fático, Pontes de Miranda,[213] com maestria, esclarece que eles não perdem a juridicidade, do que decorre a presunção de validade: "quando fatos jurídicos são elementos de suporte fático, não deixam de ser fatos jurídicos, não volvem a ser, apenas, elementos de fato [...]".

Outra coisa são os efeitos fiscais que uma prova formal de um ato repercute. Insistimos que não há competência jurídica para a autoridade administrativa no âmbito fiscal desconstituir juridicamente um fato ou ato de natureza civil, mas tal autoridade administrativa tem o poder-dever de averiguar a suficiência da prova do suporte fático na constituição do fato jurídico tributário. Para fins fiscais, em que outros elementos importam, a presunção de validade jurídica de um fato em sentido lato não necessariamente é prova suficiente para a oposição à constituição do fato jurídico tributário ou para a sua configuração, implicando, outrossim, na inversão do ônus da prova.

De resto, cumpre-nos lembrar que, dada a abertura cognitiva, não é possível cotejar de forma exaustiva os critérios de interpretação conferidos pelo subsistema tributário com os elementos conotativos dos regimes próprios de todas as materialidades possíveis de incidência tributária. Nessa medida, preferimos tratar dos elementos de (in)validade afetos aos fatos e atos jurídicos no âmbito do Direito Privado, tendo em vista sua abrangência na pragmática das relações jurídicas de um modo geral. Nessa toada, não pudemos deixar de

213. *Tratado de direito privado, parte geral* – Tomo I, 2ª ed., Rio de Janeiro, Borsói, 1954, p.34.

abordar a constituição do fato jurídico tributário também em face da percussão dos critérios adotados internacionalmente para a tradução dos negócios jurídicos sujeitos à tributação em bases universais.

2. Dos Fatos e Atos Jurídicos

Iniciamos com a advertência de que trataremos brevemente dos fatos e atos jurídicos tomando em conta as especificidades do Direito Civil, pelo que as considerações doravante efetuadas não são integralmente e sem reservas aplicáveis ao Direito Tributário. A partir dos elementos tratados é que passamos a cotejá-los em face dos critérios para a tradução dos suportes fáticos do fato jurídico tributário.

Todos os acontecimentos que acarretam efeitos jurídicos são fatos jurídicos. Um fato natural, como um terremoto, é fato jurídico se implicar uma consequência jurídica, como a destruição de uma propriedade. Orlando Gomes[214] define o fato jurídico *stricto sensu* como um "acontecimento natural dotado de força jurígena".

O fato jurídico *stricto sensu* é a versão do acontecimento que não depende da vontade humana, como a morte e o nascimento. Alguns doutrinariamente denominam de fato jurídico extraordinário o caso fortuito e a força maior.[215]

Além dos fatos naturais, que independem da vontade humana (fato jurídico em sentido estrito), existem os fatos voluntários e os atos jurídicos, divididos em lícitos ou ilícitos. Vicente Ráo[216] divide os fatos voluntários lícitos em ações materiais

214. *Introdução ao direito civil*, 19ª ed. (revista por Edvaldo Brito e Reginalda Paranhos de Brito), Rio de Janeiro, Forense, 2008, p. 248.

215. Na força maior, conhece-se a causa do evento, que é um fato da natureza (o raio provoca incêndio); no caso fortuito, a causa do dano é desconhecida.

216. *Ato jurídico*: Noções, pressupostos, elementos essenciais e acidentais, o problema do conflito entre os elementos volitivos e a declaração, 3ª ed., São Paulo, Saraiva, 1981, p. 22.

que recaem sobre coisas do mundo físico e manifestações de vontade "consideradas como pressuposto dos efeitos assinados e ordenados rigidamente por lei". Sobre os fatos voluntários simples de Vicente Ráo, Orlando Gomes[217] faz uma segunda divisão, separando-os em ações materiais e participações.

Quanto às ações materiais, elas recaem sobre o mundo físico com ou sem propósito de alterá-lo ou destruí-lo, ou ainda, modificando uma situação material do próprio agente, a exemplo da plantação e da mudança de residência. Na classificação de Orlando Gomes, "os atos jurídicos materiais correspondem a um comportamento ao qual o ordenamento jurídico atribui efeitos invariáveis", ao passo que as participações correspondem aos atos de dar conhecimento a outrem de certo propósito ou ocorrência de fato, a exemplo das notificações, dos avisos e das confissões.

Os fatos voluntários, denominados de atos jurídicos, são divididos em atos jurídicos em sentido estrito (materiais) e negócio jurídico, e podem ser lícitos ou ilícitos. Os atos jurídicos ilícitos são contrários ao ordenamento. Para os atos jurídicos materiais, o Código Civil[218] manda que se lhe aplique a disciplina dos negócios jurídicos, no que couber. Ressalvamos, contudo, que em tais atos é irrelevante para o direito a vontade de praticá-lo.

Já no que tange aos negócios jurídicos, Sílvio de Salvo Venosa[219] enquadra nesta espécie todos os fatos voluntários em que, desde logo, existe a intenção específica de gerar efeitos jurídicos de "adquirir, resguardar, transferir, modificar ou extinguir direitos". Para o mesmo autor, o negócio jurídico compreende "uma declaração de vontade que não apenas constitui um ato livre, mas pela qual o declarante procura uma relação jurídica entre as várias possibilidades que oferece o universo jurídico". O negócio jurídico se caracteriza, assim,

---

217. *Introdução ao direito civil*, 19ª ed. (revista por Edvaldo Brito e Reginalda Paranhos de Brito), Rio de Janeiro, Forense, 2008, p. 248, p. 253.

218. "Art. 185. Aos atos jurídicos lícitos, que não sejam negócios jurídicos, aplicam-se, no que couber, as disposições do Título anterior".

219. *Direito Civil, parte geral, vol. 1*, São Paulo, Atlas, 2009, p. 324.

pela declaração da vontade destinada à produção de determinado efeito jurídico. Entretanto, não é toda declaração de vontade que constitui negócio jurídico. Dependendo do que dispõe o Direito, as declarações de vontade devem ser escritas ou se apresentam noutras formas. Negócio jurídico e declaração de vontade não são, portanto, expressões equivalentes.

Como salienta Caio Mário da Silva Pereira,[220] o agente deve suportar "as consequências ligadas pelo ordenamento jurídico à disciplina do próprio ato". Se a vontade não é suporte fático de lei e não é por ela juridicizada, a vontade como *animus* não produz qualquer consequência jurídica, simplesmente porque não pertence ao direito.

Os negócios jurídicos podem ser gratuitos, onerosos, unilaterais, bilaterais ou plurilaterais, *inter vivos* ou *mortis causa*, dentre outras classificações,[221] como podem ser solenes ou não solenes, hipótese última em que não se exige forma legal para sua efetivação.

Se a manifestação da vontade em linguagem é pressuposto do negócio jurídico, depreende-se que não há que se mergulhar no *psiquismo do agente* ou em tantas outras elucubrações subjetivas, como também não há que se limitar à simples formalização da vontade. Nesse caso, somente a vontade factualmente externada – juridicamente comprovada – qualifica o negócio jurídico, porque é prova da *causa* do ato. A causa do ato não se confunde com os seus motivos. A causa corresponde à razão jurídica, que pode ser um "fim econômico ou social reconhecido e garantido pelo direito".[222]

A causa é prova do negócio jurídico apenas quando o negócio jurídico se classificar na classe dos negócios materiais,

---

220. *Instituições de direito civil, vol. 1*, 18ª ed., Rio de Janeiro, Forense, 1997, p. 15.

221. Maria Helena Diniz, *Curso de direito civil brasileiro*, volume 01, 20ª edição, São Paulo, Saraiva, 2003, p. 418.

222. Caio Mário da Silva Pereira, *Instituições de direito civil, vol. 1*, 18ª ed., Rio de Janeiro, Forense, 1997, p. 219.

que comportam a investigação da causa. Noutras palavras, há negócios jurídicos denominados abstratos ou formais, nos quais as consequências jurídicas independem da razão ou do fim visado pelo agente. Antonio Junqueira de Azevedo[223] define negócio abstrato "como aquele cujos efeitos jurídicos se produzem independentemente de causa; ele tem, portanto, causa, mas sua causa é juridicamente irrelevante para a validade ou a eficácia; ele se caracteriza pela forma, e não pelo conteúdo; tem forma típica". Partindo da distinção entre negócios abstratos e negócios causais, a falsa causa ou a sua inexistência só desqualifica o ato jurídico se lhe compuser como condição determinante (negócios causais).

Importante questão gira em torno da possibilidade de, por meio da análise da causa, nos negócios causais, aferir o regime jurídico que deve orientar a interpretação do ato jurídico. Antonio Junqueira de Azevedo distingue elemento inderrogável objetivo, próprio de todos os negócios causais, a causa. Diz o civilista que o "elemento categorial objetivo consiste numa referência à causa", esclarecendo que aquele é que integra a estrutura do negócio jurídico e fixa o regime jurídico próprio. Continua esclarecendo que, se houver uma mudança na função originária, o negócio permanece o mesmo, salvo quando a própria ordem jurídica resolve tipicizar, de forma diferente, em razão da função. Nada obstante, após estabelecer outra distinção entre causa pressuposta e causa final,[224] acaba concluindo que, quando se tratar de causa final, função, é este de

223. *Negócio Jurídico*: existência, validade e eficácia, 4ª ed., São Paulo, Saraiva, 2002, p. 141.

224. Antonio Junqueira de Azevedo (*Negócio Jurídico*: existência, validade e eficácia, São Paulo, Saraiva, 2010, p. 147-148) aponta que "são exemplos de negócio com causa pressuposta: todos os contratos reais, como o mútuo, o depósito, o comodato, que pressupõem logicamente a entrega da coisa; a confissão de dívida, a novação, a delegação e a dação em pagamento, que supõem dívidas já existentes. [...] a fiança, que supõe o débito do afiançado; a transação, que supõe lide ajuizada ou por ajuizar; o reconhecimento de filho, que supõe a filiação de sangue etc. [...] são exemplos com causa final: a troca, que se destina a dar fundamento para que duas coisas mudem juridicamente de mão; o mandato, que se destina a dar poderes de representação de uma pessoa a outra; a compra e venda, a sociedade e uma boa parte dos contratos".

fato o elemento constitutivo típico do negócio. Ou seja, ainda que o ordenamento não abrigue expressamente a causa como determinante do regime jurídico,[225] a construção das normas demonstra que tanto a causa pressuposta como a causa final, se viciadas ou inexistentes, afetam a natureza, validade ou eficácia dos atos jurídicos causais.

Pontes de Miranda aponta para a ferida, auxiliando-nos na conclusão de que é na experiência, no dado concreto, na prova da existência do negócio jurídico que se lhe tomará o negócio formalmente apresentado como suporte fático, positivo ou negativo, para a constituição do fato jurídico tributário. Diz ele que o "acordo sobre a causa não basta a que a causa se estabeleça, se não há o elemento objetivo da adequação à causa".[226] Ora, se "A" tem acordo de doação para com "B" e lhe doa caríssimo relógio, e se "B", a seu turno, perdoa uma dívida de honorários, não houve doação. Objetivamente se demonstrou a inadequação do fato ocorrido com a causa formalmente acordada.

A problemática restou minimizada por Scialoja, o que suporta nossa teoria, nas conclusões, tão sucintas quanto densas, de Orlando Gomes:[227] "O que realmente importa é o conhecimento da existência de categoria de negócios jurídicos, que se distinguem como expressões da 'autonomia privada', nas quais os efeitos jurídicos correspondem aos fins empíricos para os quais se realizam".

De tudo o quanto exposto, temos que os fatos que importam como materialidade do fato jurídico tributário são (i) os acontecimentos (fatos naturais juridicizados) que acarretam efeitos jurídicos e (ii) os fatos voluntários em sentido amplo, sendo que, para efeito de sua classificação e consequente

---

225. Mas o ordenamento reconhece a falta de causa como fator de ineficácia, ex vi dos arts. 475, 476 e 477 do novo Código Civil.

226. Pontes de Miranda, *Tratado de direito privado, Tomo III*, 2ª ed., Rio de Janeiro, Borsói, 1954, p. 94.

227. *Introdução ao direito civil*, 19ª ed. (revista por Edvaldo Brito e Reginalda Paranhos de Brito), Rio de Janeiro, Forense, 2008, p. 282.

averiguação do regime jurídico próprio, há que distinguir os atos jurídicos materiais dos negócios jurídicos. Cada negócio jurídico deve ser analisado segundo o regime próprio, a depender se prevalece, para a sua qualificação, a forma ou a causa. Se o que prevalece é a causa, o negócio jurídico equivale ao que empiricamente se realizou.

3. Validade dos Atos Jurídicos no Direito Civil

A ineficácia jurídica depende de uma declaração legal de que o negócio jurídico não apresenta os elementos fundamentais para implementar os efeitos que ordinariamente deve produzir.

O Código Civil, em seu artigo 104, condiciona a validade do ato jurídico à existência de: (i) agente capaz; (ii) objeto lícito; e (iii) forma prescrita ou não defesa em lei. Além desses requisitos mínimos de validade, um ato ou negócio jurídico pode ser inválido por outras razões, tais como o vício de causa e a ilegitimidade material do sujeito para o ato.[228] É da lei a competência para taxativamente enumerar as hipóteses em que um negócio jurídico é nulo ou é proibida sua prática sem expressa sanção:

> Art. 166. É nulo o negócio jurídico quando:
>
> [...]
>
> VII – a lei taxativamente o declarar nulo, ou proibir-lhe a prática sem determinada sanção.

Dizer que um ato *lato sensu* é juridicamente válido no âmbito do Direito, em princípio, é o mesmo que afirmar que esse ato pertence ao Direito, tem pertinência deôntica. Adotamos por premissa que a validade corresponde à relação de pertinencialidade da norma no Direito Positivo, descolando essa relação dos testes semânticos e pragmáticos que podem ser posteriormente efetuados.

---

228. Por exemplo, o artigo 496 do Código Civil:
"Art. 496. É anulável a venda de ascendente a descendente, salvo se os outros descendentes e o cônjuge do alienante expressamente houverem consentido".

Não é possível prescrever conduta a partir de um fato puro. Para o fato ser jurídico, necessário que se lhe expurguem feições políticas, econômicas, sociais, daí os recortes necessários à constituição do fato jurídico. O mesmo se aplica para a doutrina que adota os termos nulos e inexistentes. Só é nulo se for existente. O vício pode torná-lo ineficaz para gerar efeitos jurídicos próprios. Os atos de vontade são tradicionalmente divididos em atos válidos, atos anuláveis, atos nulos ou atos inexistentes.

O ato inexistente não é válido nem inválido. São os acontecimentos do mundo fenomênico que não se revestem de linguagem jurídica, ou seja, que não foram inseridos no ordenamento por veículo hábil. Não estão no Direito, e o Direito a eles não se reporta.

Os atos nulos são aqueles que existem juridicamente, mas deixam de produzir efeitos *ex tunc*, porque apresentam vício insanável relativo à violação de exigência fundamental para a sua produção. O ato é nulo se simulado ou se, conforme dispõe o art. 166 do Código Civil:

> I – celebrado por pessoa absolutamente incapaz;
>
> II – for ilícito, impossível ou indeterminável o seu objeto;
>
> III – o motivo determinante, comum a ambas as partes, for ilícito;
>
> IV – não revestir a forma prescrita em lei;
>
> V – for preterida alguma solenidade que a lei considere essencial para a sua validade;
>
> VI – tiver por objetivo fraudar lei imperativa; e
>
> VII – a lei taxativamente o declarar nulo, ou proibir-lhe a prática, sem cominar sanção.

O negócio celebrado por agente absolutamente incapaz é causa de nulidade para efeito das relações de Direito Privado, quando, além da inexistência da capacidade de exercício para praticar pessoalmente os atos da vida civil, não foi esta suprida por representação legal.[229]

---

229. São absolutamente incapazes os menores de 16 anos (art. 3º do Código Civil).

Quanto ao objeto ilícito, impossível e indeterminado, ele pode corresponder ao fato em si ou ao conteúdo do negócio, que é mais amplo e abarca também o fato. Humberto Teodoro Júnior[230] assevera que o conceito de ilícito é mais abrangente do que o conceito de ilegal, correspondendo não só àquilo que contraria o texto da lei, mas também ao conteúdo do negócio, que é contrário à moral e aos bons costumes.

A impossibilidade do objeto pode ser física (natural) ou jurídica. A impossibilidade física corresponde à impossibilidade de realização da prestação ou à inexistência da coisa.[231] A impossibilidade jurídica corresponde ao impedimento legal para a prática do ato, como é o caso de compra e venda de coisa alheia.

O motivo ilícito, por sua vez, corresponde à ilicitude da causa jurídica, traduzida na declaração de vontade. É a ilicitude do suporte fático do negócio jurídico. O atual Código Civil apresenta como razão para nulidade a ilicitude do motivo determinante,[232] a fraude a lei e o abuso de direito.

O abuso de direito verifica-se no Direito Civil quando, apesar de conduta lícita, esta é desconforme com a finalidade socioeconômica pretendida pela norma, para uma determinada situação, ou um direito, ou, ainda, desconforme ao princípio da boa-fé objetiva. Já, na fraude à lei, a pessoa usa procedimento aparentemente lícito para burlar princípio cogente, alterando deliberadamente a situação de fato, e, assim, fugir à incidência da norma. A nulidade, por prática negocial contra proibição legal imperativa, vigora para as partes na relação de Direito Privado, a partir da declaração judicial, com efeitos *ex tunc*, desde que a norma não tenha estipulado outro tipo de sanção.

A informalidade do negócio jurídico não é sempre causa de nulidade. A não obediência à forma só é causa de nulidade

230. *Comentários ao Novo Código Civil*, volume 3, t. 1: livro III, Rio de Janeiro, Forense, 2006, p. 441.

231. Pode ser que a coisa, por sua própria natureza, não seja apropriável.

232. Deve haver a prova da ciência de ambas as partes acerca do motivo determinante, ilícito.

quando a lei expressamente exigir determinada forma como essencial ou considerar essencial determinada solenidade.

Resta como causa de nulidade de ato jurídico a simulação. Simular (do latim *simulare*) quer dizer imitar, fingir. A simulação é absoluta ou relativa e pode ser também *ad personam*. Como escreve Carlos Roberto Gonçalves,[233] na simulação absoluta, as partes não realizam nenhum negócio, apenas fingem. Não há produção de resultado algum. Já na simulação relativa, tem-se uma aparência diversa. A simulação relativa oculta ao conhecimento de outrem uma situação existente, pretendendo, portanto, incutir no espírito de alguém a inexistência de uma situação real.[234] Para a simulação relativa, o Direito Civil determina que subsistirá o que se dissimulou, desde que válido na substância e na forma.[235]

Ou se engana sobre a existência de situação não verdadeira, ou se engana sobre a inexistência de situação real. O acordo simulatório é aquele que apresenta divergência entre o que querem as partes e o que deliberadamente declaram.

A simulação *ad personam* é aquela que tem interposição de pessoa. O negócio é real, o engano está na parte que é aparente, vulgarmente denominada "testa-de-ferro" ou "laranja". Para essa simulação, "não basta que se tenha interposto pessoa, porque aí se há de interpor para dissimular a alguém, e não simplesmente interpor".[236]

Apesar de o Código Civil não ter se referido à causa do negócio, como o fim visado, é ela parte integrante do ato de vontade, confundindo-se com o próprio fim almejado. Washington de Barros Monteiro,[237] na companhia de Carnelutti, assevera que a causa e a forma são os dois polos do ato.

---

233. *Direito civil brasileiro*, vol. I: parte geral, 7ª ed., São Paulo, Saraiva, 2009, p. 446.

234. Maria Helena Diniz, *Código Civil Anotado*, 12ª ed., São Paulo, Saraiva, 2006, p. 205.

235. Art. 167 do Código Civil.

236. Pontes de Miranda, *Tratado de direito privado*, Tomo IV, 2ª ed., Rio de Janeiro, Borsói, 1954, p. 386.

237. *Curso de direito civil*, v. 01, 40ª ed., São Paulo, Saraiva, 2005, p. 217.

Enfim, verifica-se hipótese de nulidade quando os elementos do suporte fático do ato não denotam o conceito da hipótese à qual ele deveria se subsumir na norma abstrata, segundo o regime que lhe é próprio. A nulidade, cuja declaração é de competência exclusiva do Poder Judiciário, pode ser arguida, não só pelos interessados, como também pelo Ministério Público ou decretada de ofício pelo juiz competente. Dizer que a declaração de nulidade tem efeitos *ex tunc* não é o mesmo que admitir sua absoluta ineficácia. O ato não é absolutamente ineficaz, porque ele gera efeitos desde o momento em que entrou no ordenamento jurídico até o momento da declaração de nulidade. A declaração de nulidade tem efeitos de reparar o passado, alcançando todo o período em que o ato declarado nulo pertenceu ao ordenamento jurídico.

Continuemos a análise tratando agora dos vícios que podem ensejar a anulação dos negócios jurídicos. Os negócios jurídicos anuláveis são aqueles produzidos em desobediência a algum requisito que não corresponda a elemento essencial. São aqueles expressamente declarados na lei ou em razão de (i) incapacidade relativa do agente e (ii) vício resultante de erro, dolo, coação, estado de perigo, lesão ou fraude contra credores.[238]

A pessoa relativamente incapaz é aquela definida pelo art. 4º do Código Civil. Também é causa da anulabilidade do negócio jurídico o erro, quando ele for essencial, impedindo a própria realização do ato. É o caso, por exemplo, do erro na designação da pessoa do herdeiro. Pode ocorrer, ainda, de o negócio jurídico conter erro sobre coisas ou sobre pessoas. Não obstante, nada impede que a parte esteja de acordo em realizar o negócio, como se não houvesse erro.

O erro se diferencia do dolo. O dolo aparece na esfera civil viciando o consentimento do agente, induzindo-o à prática de um ato que lhe é prejudicial e que aproveita ao autor do dolo ou a terceiro. Para o dolo civil, aplica-se a sanção prevista no mesmo *codex*, com a anulabilidade do negócio

---

238. Art. 171 do Código Civil.

jurídico, nos termos do art. 145, combinado com o art. 171, inciso II. Para que o negócio jurídico seja anulado por dolo, este deve ser a sua causa. Se houver dolo, mas o negócio seria de outro modo realizado, o dolo é acidental e não gera a anulabilidade do negócio, obrigando apenas à satisfação das perdas e danos (art. 146 do CC).[239]

O dolo também não se confunde com a fraude no direito civil. Enquanto aquele antecede ou é concomitante com o negócio jurídico, esta lhe é subsequente, verificando-se posteriormente a aquisição dos direitos das pessoas prejudicadas. A coação, por seu turno, é uma pressão física ou moral, que não corresponde à ameaça do exercício normal de um direito ou a temor reverencial, a qual, exercida sobre alguém, induz à prática de um ato, retirando-lhe o requisito da livre vontade.

Ainda quanto aos vícios que ensejam a anulabilidade do negócio jurídico, o estado de perigo corresponde a um estado no qual o sujeito assume obrigação excessivamente onerosa, pela necessidade de evitar grave dano para si ou pessoa de sua família. Já a lesão é em relação à pessoa obrigada à prestação, para si desproporcional. A fraude a credor é a consequência perseguida com o ato.

A anulabilidade, cuja declaração é de competência do Poder Judiciário, deve ser arguida pelos interessados e não impede a ratificação do ato. Ainda que anuláveis, os atos jurídicos têm eficácia até a sua desconstituição por sentença; e, se não arguida judicialmente a anulabilidade, tornam-se os atos definitivos com o decurso do prazo prescricional.

---

239. O mesmo se aplica em relação ao dolo civil de terceiro. Assim dispõe o art. 148 do Código Civil:
"Art. 148. Pode também ser anulado o negócio jurídico por dolo de terceiro, se a parte a quem aproveite dele tivesse ou devesse ter conhecimento; em caso contrário, ainda que subsista o negócio jurídico, o terceiro responderá por todas as perdas e danos da parte a quem ludibriou".

4. A Percussão dos Elementos de (In)Validade dos Atos Jurídicos para o Direito Tributário

Em primeiro lugar, o fato jurídico em sentido estrito não é passível de nulidade ou anulabilidade. Seria absurdo declarar a nulidade, por exemplo, da morte. Passamos, então, ao estudo dos elementos de (in)validade de um ato jurídico *lato sensu* e a sua percussão para o Direito Tributário.

Os elementos de validade de um negócio jurídico – e a negação, correspondente aos vícios de nulidade ou anulabilidade – relacionam-se com o fato jurídico tributário sob três aspectos epistemológicos. Analisamos, primeiramente, se os elementos que viciam um negócio jurídico podem ser adotados como causa de tributar. Posteriormente, verificamos se a existência de vício impede que um negócio jurídico seja tomado como suporte fático do fato jurídico tributário. Por fim, averiguamos se um negócio jurídico viciado é eficaz para oponibilidade à constituição do fato jurídico tributário pelo fisco.

Os elementos descritos no Código Civil, que outrora tratamos como causa de nulidade ou anulabilidade, são tomados, por vezes, como causa de tributar, o que desde logo rechaçamos. Vejamos. É motivo de nulidade de um negócio jurídico, dentre outros, o abuso de direito (art. 166 inciso III c/c arts. 187 e 421 do CC) e a fraude à lei (inciso VI, art. 166). Sem embargo da doutrina que assim preleciona, entendemos que esses conceitos têm os signos próprios do subsistema do Direito Privado, e o seu conteúdo se refere diretamente às relações regidas por aquele regime jurídico. Tais institutos aplicam-se às obrigações *ex voluntate*, e não às obrigações *ex lege*, não sendo possível deonticamente a transferência daqueles conceitos e institutos para o Direito Público.

Os conceitos e os institutos amoldam-se à proteção dos destinatários, sendo o seu conteúdo dado para efeito da proteção das relações privadas tão somente, jamais às relações fisco-contribuinte. De mais a mais, a nulidade não aproveita a quem não sofre o prejuízo. Decorrência disso, por exemplo, é que o instituto da fraude à lei reporta-se à lei civil, dos negócios jurídicos e não do crédito tributário.

Além do princípio da socialidade acolhido pelo novo Código Civil, que não se aplica ao regime especial do Direito Tributário, o mesmo *codex* também trouxe a noção de eticidade, priorizando critérios éticos, da equidade e boa-fé dos contratos. Todos esses conceitos e regras se aplicam no âmbito do Direito Privado. A equidade do Direito Privado está num contexto absolutamente diverso da equidade do Direito Tributário. No Direito Tributário, a equidade é uma questão de justiça para o administrado, jamais entre as partes (contribuinte e fisco) que estão em patamar de absoluta desigualdade.

A diferença salta aos olhos quando verificamos que tais institutos fundamentam hipóteses ensejadoras de nulidade ou anulabilidade de um negócio jurídico, as quais só surtem tais efeitos se e quando declaradas pelo Poder Judiciário, ao passo que o crédito tributário é constituído desde logo pelas partes, do que concluímos que a Autoridade Administrativa se valeria de um instituto de direito civil para revisar o fato, constituindo o crédito tributário, obviamente sem a intervenção do Poder Judiciário, valendo-se de uma transferência em termos das normas de Direito Civil.

O Direito Positivo, ao menos por enquanto, não prescreve no âmbito do subsistema tributário hipótese de tributação por fraude à lei tributária, tampouco por abuso de direito, por exemplo. A nosso ver, o ordenamento nunca permitirá tal previsão, em face, de um lado, da indisponibilidade do crédito tributário e, de outro lado, do direito de o contribuinte não se submeter à exigência não prevista expressamente em lei.

Não há que se falar em abuso de direito e fraude à lei no Direito Tributário. Na relação entre administrador e administrado, o Estado não é prejudicado em decorrência de eventual abuso de direito na relação regida pelo Direito Civil. Ou o Estado tem o direito de receber determinado tributo em razão da verificação do fato jurídico tributário (constatando a ocorrência de evento lícito de incidência tributária) ou não há fato jurídico tributário, e o Estado não tem o direito de receber o tributo que pretende.

No Direito Tributário, não há vontade das partes na relação jurídica. O Estado não pode deixar de cobrar ou cobrar mais do que é devido. A fraude à lei e o abuso de direito só são verificados em outros ramos jurídicos, como consta expressamente no Direito Civil.

Não há espaço, insistimos, para proibir atos, por parte do contribuinte, simplesmente porque indesejáveis. No Direito Tributário, porque o contribuinte é compelido ao pagamento de tributos, ainda que aceite essa condição por uma questão moral, o que não estiver enquadrado nos modais deônticos obrigatório e proibido, para o contribuinte, é permitido.

Também, por outra razão, essa transferência de conceitos não se aplica, qual seja, o fato jurídico tributário não tem por suporte fático um ilícito simplesmente, correspondendo ao oposto: uma materialidade lícita que pode até ter dentre seus suportes fáticos alguma ilicitude. O fato jurídico tributário depende sempre da caracterização de um comportamento positivamente regrado, ainda que esta caracterização dependa da negação do comportamento antes denunciado (quando originalmente constituído o fato pelo particular).

Nessa esteira de raciocínio, também a simulação não é causa de tributar, sendo, no limite, suporte fático que fundamenta a negação da natureza do comportamento antes apresentado pelo contribuinte. A simulação, como bem define Roque Antonio Carrazza,[240] "é um ato fictício, que mal consegue esconder a declaração enganosa da vontade de quem o pratica que, na verdade, quer, mediante ardil, alcançar objetivo diverso daquele expressamente indicado". Lembra o mesmo autor que, pelo Código Civil de 1916, o ato simulado produzia efeitos, havendo inclusive prazo para propor a sua anulação. Já no diploma vigente, o negócio jurídico simulado é desde logo nulo (para

240. *Reflexões sobre a obrigação tributária*, São Paulo, Noeses, 2010, pp. 248-249.

nossa metodologia, a nulidade não impede sejam deflagrados efeitos até que outra norma deles cuide de forma *ex tunc*).

Sobre a simulação, o Código Civil (art. 167) taxativamente enumera as situações que levam um ato ou um negócio a nela se enquadrar, quais sejam: (i) quando um negócio jurídico aparentar conferir ou transmitir direitos a pessoas diversas daquelas às quais realmente se conferem, ou transmitem; (ii) quando um negócio jurídico contiver declaração, confissão, condição ou cláusula não verdadeira; e, (iii) quando os instrumentos particulares forem antedatados ou pós-datados.

A simulação não é considerada autonomamente para fins fiscais. Melhor dizendo, ainda que a autoridade fiscal verifique um ato simulado, dele não se valerá se não houver decorrência em face de ato encoberto, dissimulado, que implique tributação evitada pelo ato simulado. A acusação de simulação deve, no limite, ser utilizada como meio de convencimento da prova da negação da situação apresentada pelo contribuinte e, ao final, a depender de previsão legal, qualificar a penalidade. Permanece, entretanto, com o fisco o ônus da prova: (i) da existência e materialidade de ato ou negócio subjacente; (ii) de que o ato ou o negócio subjacente pode ser corretamente vertido em linguagem competente para os fins a que se destina; e (iii) de que dele se propagam efeitos fiscais não anteriormente reconhecidos.

O motivo de eventual qualificação ou agravamento de penalidade não pode se confundir com o suporte fático do fato jurídico tributário. O dolo, a intenção ou a ausência de propósito negocial não é fato jurídico tributário, como também não é o ilícito típico ou atípico. O fato jurídico tributário só pode ser o relato da versão de uma realidade cujo conteúdo, e não a sua ausência, denota a materialidade lícita, necessária e suficiente ao surgimento de relação jurídica obrigacional tributária.

Se não houver materialidade – conduta positivamente regrada como fato imponível –, não há fato jurídico tributário, pelo que concluímos que são inaplicáveis, como causa de tributar, as disposições do Código Civil sobre os elementos que viciam o negócio jurídico.

Passamos, assim, à análise dos atos jurídicos como elementos do conjunto dos suportes fáticos do fato jurídico tributário. Para tanto, retomamos a premissa até aqui defendida de que o fato jurídico tributário, fruto de revisão, é o produto de uma relação dialógica de prova do conjunto dos enunciados do(s) suporte(s) fático(s) suficiente a apontar a ocorrência do fato colhido juridicamente na norma de incidência tributária. Nessa toada, um suporte fático isoladamente considerado só produz eficácia enquanto fato jurídico para a relação (por exemplo, de direito civil) a qual se destina.

Importa lembrar também que, como tratamos no tópico anterior, a declaração de nulidade ou anulabilidade de um negócio jurídico no âmbito do Direito Civil pressupõe antes que o negócio tenha em algum momento existido, ainda que os efeitos da nulidade lhe alcancem de modo *ex tunc*. Apenas a sentença que decreta a nulidade o atinge para declarar a sua ineficácia *ex tunc*. Se não houver norma jurídica alterando o estado de direito, o ato existe, ainda que contenha vício de nulidade.[241]

Dentre os elementos de (in)validade do negócio jurídico, tem-se o sujeito incapaz para a prática do ato. Se o sujeito é ou não capaz de praticar o ato é irrelevante para a configuração do fato jurídico tributário, quando esse tem por materialidade o efeito do ato, o que usualmente se verifica, a exemplo da materialidade "auferir renda". A capacidade tributária passiva foi tratada por norma específica no ordenamento (art. 126 do Código Tributário Nacional) de forma mais aberta do que a capacidade civil. São pessoas aptas a realizar fatos jurídicos tributários, inclusive aqueles que não têm personalidade jurídica, segundo o Direito Privado.

241. Pontes de Miranda (*Tratado de direito privado, Tomo IV*, 2ª ed., Rio de Janeiro, Borsói, 1954, p. 28) assevera que "o ato jurídico nulo entrou no mundo jurídico: se assim não fosse, nulo seria igual a inexistente; não haveria distinção entre o ser e o ser nulamente. Já no suporte fáctico está o défice; a despeito do défice, o ato penetrou no mundo jurídico, embora nulamente, exposto, de regra, como ato jurídico de suporte fáctico gravemente deficitário, a ataques fáceis e de quem quer que tenha interesse. Não nasceu morto, o que seria não nascer; nasceu impróprio à vida, por sua extrema debilidade".

Entretanto, como ressalva Renato Lopes Becho,[242] "a autorização dada ao legislador tributário, pelo art. 126 do CTN, com toda a liberdade para manejar seus institutos, independentemente das capacidades privadas, não significa que poderão, tais pessoas, serem compelidas a cumprir com a obrigação tributária". O fato jurídico tributário pode ser realizado por um sujeito, enquanto que a obrigação tributária apresentará outro sujeito passivo, habilitado para responder pela obrigação.[243]

Quanto à apresentação do ato jurídico em forma não autorizada em lei, as considerações que acabamos de fazer podem a esta hipótese se aplicar, desde que possível a comprovação da existência do ato. Como dissemos, para que um ato seja passível de nulidade, ele é primeiramente existente. Se ele não existe, não há que se falar em nulidade.

Para efeito de configuração do fato jurídico tributário, a existência de vício de nulidade ou anulabilidade de um ato jurídico não impede a configuração de seus efeitos enquanto fato jurídico. Isso porque, até a declaração de nulidade com efeitos *ex tunc* ou de anulabilidade com efeitos *ex nunc*, o ato produz ou pode produzir efeitos. O próprio Código Civil, no § 2º, do art. 167, ressalva que até o negócio jurídico nulo, porque simulado, pode gerar efeitos em relação aos direitos de terceiros de boa-fé, em face dos contraentes daquele negócio jurídico. E nem poderia ser de outra forma, já que ninguém pode se beneficiar da própria torpeza. Bem lembra Álvaro Villaça Azevedo[244] que o "princípio da nulidade dos negócios jurídicos é abalado pelos efeitos que defluem de situações nulas".

---

242. *In* Marcelo Magalhães Peixoto e Rodrigo Santos Masset (coords.), *Comentários ao Código Tributário Nacional*, São Paulo, MP, 2005, p. 1.017.

243. "Uma coisa é a aptidão para concretizar o êxito abstratamente descrito no texto normativo, outra é integrar o liame que se instaura no preciso instante em que adquire proporções concretas o fato previsto no suposto da regra tributária" (Paulo de Barros Carvalho, *Curso de direito tributário*, 13ª ed., São Paulo, Saraiva, 2000, p. 304).

244. O autor aplica o mesmo raciocínio para as situações inexistentes, com o que não concordamos no raciocínio adotado nesse estudo. (*Código Civil Comentado*: Negócio jurídico, atos jurídicos lícitos, atos jurídicos ilícitos, arts. 104 a 188, vol. II, São Paulo, Atlas, 2003, p. 283).

Como se não bastasse, apesar de o negócio jurídico nulo não ser suscetível de confirmação (art. 169 do Código Civil), o negócio anulável pode até ser confirmado pelas partes, salvo direito de terceiros (art. 172 do Código Civil), desde que o ato de confirmação contenha a substância do negócio celebrado e a vontade expressa de mantê-lo ou se verificado o seu cumprimento em parte. E não é só. Ainda que um determinado ato seja em tese anulável, ele é convalidado com o decurso do prazo para se pleitear a anulação (art. 179 do Código Civil).

Se o ato jurídico nulo é elemento do conjunto de suportes fáticos do fato jurídico tributário, (i) enquanto não declarada por órgão competente (Poder Judiciário) a sua nulidade, ele está habilitado para ocupar a posição de suporte fático, se a norma de incidência vincular positivamente a sua existência tão somente; e (ii) mesmo que declarada a nulidade, existindo efeitos físicos ou econômicos atribuíveis ao ato humano, ainda que por decorrência de ato jurídico nulo, tais efeitos estão habilitados a compor o conjunto de suporte(s) fático(s) do fato jurídico tributário, desde que a norma de incidência tributária assim preveja, não vinculando o ato jurídico, mas especificamente o efeito.

O ato jurídico anulável também existe. Embora possua vício, a sua ineficácia depende de sentença que o anule com efeitos *ex nunc*. Por maior razão, em relação ao ato jurídico anulável como elemento de suporte fático do fato jurídico tributário, (i) enquanto não anulado por órgão competente, ele está habilitado como elemento de suporte fático; (ii) ainda que anulado, o ato está habilitado como elemento de suporte fático relativamente ao período anterior àquele atingido pela ineficácia; e (iii) mesmo para o período atingido pela ineficácia, existindo efeitos físicos ou econômicos, atribuíveis ao ato humano, tais efeitos estão habilitados a compor o conjunto de suporte(s) fático(s) do fato jurídico tributário, desde que a norma de incidência tributária assim preveja (não vincule ao ato jurídico, mas especificamente ao efeito).

E esse raciocínio que vale para o fisco também vale para o administrado. Ou seja, uma vez decretada a nulidade ou anulado o ato pelo Poder Judiciário, para imputar relação jurídica de natureza privada, pertinente ao regime próprio do respectivo ato jurídico, deverá ser averiguado se o ato jurídico nulo ou anulado teve ou não influência determinante na composição do fato jurídico tributário e se não houve efeitos colhidos por suportes fáticos. Se não houve os efeitos e a tributação incidiu sobre o ato em si, a partir do momento em que se verifica sua ineficácia – *ex tunc* na nulidade e *ex nunc* na anulação –, o ente federativo que tributou tem o dever de devolver a quantia paga (desde que pleiteada no prazo legal), salvo se houver disposição expressa em contrário ou de deixar de cobrar, caso o sujeito passivo não tenha efetuado o pagamento.

De resto, por razões óbvias, qualquer caracterização do suporte fático por ato administrativo deve respeitar o ato jurídico perfeito, o direito adquirido e a coisa julgada. O ato jurídico perfeito é aquele consumado sob a norma vigente ao seu tempo, ao passo que o direito adquirido é o direito definitivamente incorporado ao patrimônio ou à personalidade de seu titular; e, a coisa julgada é a decisão, judicial ou administrativa, sobre a qual não cabe mais recurso. O respeito ao ato jurídico perfeito, ao direito adquirido e à coisa julgada é decorrência do princípio da irretroatividade e da segurança jurídica e está expresso em nosso ordenamento jurídico pátrio.[245]

Passamos à análise dos elementos que viciam o negócio jurídico em face da sua eficácia para oponibilidade à constituição do fato jurídico tributário. A alegação de não oponibilidade ao fisco de um determinado ato jurídico formalmente regular só tem valia se, por relação de dependência, houver prova do fato jurídico tributário. Importa aqui esclarecer que a autoridade administrativa, na sua competência para verificação do fato jurídico tributário pode demonstrar a insuficiência de determinadas provas da ocorrência de atos que impediram a configuração do fato jurídico tributário.

245. Art. 6º, §§ 1º, 2º e 3º, da Lei de Introdução às normas do Direito Brasileiro, com a redação dada pela Lei 3.238/57.

Para chegar à conclusão sobre os efeitos de um ato ou negócio jurídico, se oponíveis ou não ao fisco, as autoridades administrativas têm o poder-dever de analisar os suportes fáticos dos respectivos fatos ou negócios jurídicos – fatos do Direito Privado, entre outros. Esta competência é decorrência natural e necessária do poder-dever de fiscalizar e constituir o fato jurídico tributário. Mas, enquanto competência fiscal, o alcance da tradução do ato ou negócio jurídico e dos demais suportes fáticos ocorre estritamente no âmbito do Direito Público e exclusivamente para os fins a que se destina, no caso, como prova suficiente ou não dos efeitos fiscais a que se destinam.

A forma prescrita em lei confere presunção de validade ao ato jurídico e de oponibilidade ao fisco. A forma jurídica em que o ato se apresenta perde por si só a oponibilidade ao fisco tão somente se comprovada a insuficiência da prova, normalmente pela prova da inexistência de elemento jurídico fundamental a denotar a ocorrência de efeito próprio do ato formalizado. Ora, se o que interessa para o Direito Tributário são os efeitos jurídicos de um ato enquanto suporte fático e se a sua inexistência é comprovada, então se verifica a insuficiência da prova (formal) do contribuinte.

Tal procedimento em nada se assemelha ao abandono da especialidade da norma tributária, para constituir fato jurídico com fundamento que se apresenta em evidente antinomia com o Direito Tributário como, por hipótese, os institutos do abuso de direito e da fraude à lei. Tampouco os demais elementos de (in)validade *per si*, a exemplo da (in)capacidade absoluta ou relativa do sujeito para a prática do ato, pode ser prova fiscal suficiente a ilidir a prova apresentada pelo contribuinte (ato formal que goza de presunção de validade). Como bem leciona Paulo Ayres Barreto,[246] "No Direito Tributário, em que há um esforço manifesto de se reduzir vaguidades, eliminar incertezas, fugir do campo dos tipos abertos e dos conceitos

246. *Elisão tributária* - limites normativos, tese apresentada ao concurso à livre docência do Departamento de Direito Econômico e Financeiro da Faculdade de Direito da Universidade de São Paulo, São Paulo, USP, 2008, p. 229.

indeterminados, as noções de abuso de direito e abuso de formas jurídicas promovem um desajuste sistêmico".

Uma coisa é a caracterização do ato conforme os seus elementos normatizados pelo sistema que originariamente lhe trata; outra coisa, inaceitável, é a transferência de um instituto inerente ao Direito Civil para o Direito Tributário, em absoluta desconformidade com as prescrições específicas deste subsistema. Pior ainda é importar conceitos e institutos apenas em parte, outorgando ao Executivo o poder de declarar o abuso, ao passo que nas relações *ex voluntate*, porque as partes estão em pé de igualdade, a competência para tal declaração e consequente atribuição de efeitos é do Poder Judiciário.

Não pretendemos atribuir poderes infinitos e discricionários à Administração Pública para negar situações jurídicas formalmente constituídas, segundo suas próprias convicções sobre a vontade ou a intenção do agente, tampouco com fundamento em elementos de (in)validade previstos no código civil, que só podem ser arguidos pelas partes na relação de Direito Privado ou pelo Ministério Público. Até porque a Autoridade Administrativa, competente para fiscalizar, não tem a competência para declarar a validade ou não dos atos privados. O que não podemos negar ao ente tributante é o direito de impedir que o contribuinte evite ou retarde a constituição do fato jurídico tributário, valendo-se de atos ou negócios jurídicos cuja prova de existência ou de efeitos foi desconstituída pela fiscalização, segundo elementos próprios definidos no ordenamento jurídico para a respectiva caracterização do ato. Vale dizer, a autoridade administrativa competente para a revisão do fato jurídico tributário tem competência para analisar a suficiência ou não da prova do ato apresentado pelo contribuinte, com o fim de lhe resguardar de determinado ônus fiscal.

Ainda que o parágrafo único do art. 168 do Código Civil atribua ao Juiz o dever de se pronunciar, quando a tanto instado, entendemos que tal competência exclusiva do Poder Judiciário não desautoriza a Administração Pública de verificar a suficiência da prova dos atos apresentados para oposição fiscal, enquanto suportes fáticos do fato jurídico tributário.

Uma coisa é a nulidade arguida pelas partes, pelos interessados ou pelo Ministério Público, no âmbito do Direito Civil, para fins de provocar extinção, alteração ou constituição de relação jurídica de Direito Privado, regida *ex voluntate*. Outra coisa é a Administração Pública, para fins de extinguir, transformar ou constituir relação jurídica tributária, traduzir juridicamente o suporte fático conforme a prova da sua ocorrência denunciada na experiência.

A autoridade administrativa não pode arguir a (in)validade do ato ou negócio formalmente apresentado pelo contribuinte, devendo proceder, como dissemos, nos estritos limites de sua competência. Isso quer dizer, não tem o poder de negar a relação jurídica que efetivamente nasceu, seja no âmbito cível ou em qualquer outro. A revisão fiscal tem tão somente a competência para a negação da suficiência da prova da ocorrência do ato formalmente apresentado e desde que no pressuposto da prova da ocorrência de outro ato ou fato que compõem o conjunto suficiente a denotar o fato colhido para incidência fiscal.

A negação de uma situação jurídica formalmente apresentada é apenas uma condição necessária (quando a discussão gira em torno da ocorrência do suporte fático), mas não suficiente, para implicar o consequente (relação jurídica tributária), o que depende da constatação do elemento nuclear da materialidade de incidência (suporte fático de constatação).

Analisar a prova dos fatos e atos jurídicos para fins fiscais não implica tolher a autonomia privada do indivíduo. O Fisco não tem o condão de impor norma proibitiva ou obrigações ao proprietário ou empresário, no âmbito do regime próprio dos fatos ou atos jurídicos traduzidos na materialidade fiscal. Somente a lei, regulando as relações daquele regime, é que pode determinar a intervenção do Estado na vida empresarial. É o que se verifica com a adoção, no ordenamento jurídico, da regra de que o empresário deve movimentar seu negócio para a realização de fins sociais. Isso nenhuma relação tem com o direito potestativo do Estado de tributar, para o qual vige o princípio de que ao Estado, o que não é permitido cobrar, é proibido cobrar.

Se o fisco deve analisar a suficiência da prova da existência do ato ou negócio jurídico apresentado pelo contribuinte (para fins de oponibilidade fiscal) e tem o condão de produzir prova de fato efetivamente ocorrido para fins de constituição do crédito tributário, mas, por outro lado, não tem competência para afastar a prova do ato a partir da alegação da existência de elementos que lhe viciam, qual o escopo dessa averiguação fiscal?

A linguagem jurídica que fala das ocorrências no mundo colhe dados do passado, selecionados conforme os valores e a finalidade daquele que pretende constituir o fato jurídico. Em primeiro lugar, há que se ter em mente o que exige a norma fiscal para tributar ou deixar de tributar e, a partir daí, verificar se o ato ou o efeito apresentados nela se enquadram, ponderando inclusive se a verificação do efeito basta para fins fiscais ou se deve ser analisada a ocorrência do ato que lhe deu causa. Quando é necessário analisar o ato jurídico enquanto suporte fático do fato jurídico tributário, o regime jurídico a ser observado é o do ato que pode ser provado, pelo fisco ou pelo contribuinte.

Como tanto discorremos quando tratamos dos atos e fatos jurídicos, a prova dos atos jurídicos não se confunde com os motivos que lhe ensejaram e sequer com os elementos que podem lhe viciar. A prova da ocorrência do ato e sua respectiva qualificação dependem da forma e da causa. Prevalecem a forma para os atos meramente formais e a causa para os atos causais. Nessa hipótese, deve a autoridade administrativa averiguar a existência dos elementos que necessariamente integram a estrutura do negócio jurídico, prevalecendo o regime jurídico daquilo que empiricamente se realizou.

Inadmissível que a vontade das partes prive o ato jurídico na sua eficácia. Se não há um mínimo de eficácia do ato jurídico, fica este afetado na prova da sua própria existência. Diferente é o caso em que a eficácia do ato jurídico está condicionada por disposição legal (*i.e.*, condição suspensiva) ou é decorrente de fato da própria natureza (para o testamento, tem-se a necessidade da ocorrência do fato jurídico da morte do testador).

Normalmente, verificamos significativo intervalo de tempo entre o momento da ocorrência do evento e aquele que se dá no seu relato. O intervalo de tempo, por vezes, auxilia o sujeito cognoscente, quando, por exemplo, é necessário avaliar a consistência de um negócio jurídico, entretanto, via de regra, o distanciamento temporal, por si só, já faz cortes na realidade, possibilitando conhecer apenas o que está escrito. Dito de outro modo, apesar do distanciamento do tempo *no* fato, inegável que a análise da vivência dos efeitos do negócio jurídico ampara o sujeito cognoscente na classificação jurídica do negócio formalmente apresentado, uma vez que pode constatar se foram ou não neutralizados os efeitos próprios do negócio formalmente celebrado.

Bem constata Heleno Torres[247] que o fisco só consegue controlar, verificar os atos jurídicos efetivamente praticados ou as omissões relacionadas aos atos formalmente apresentados, que se opuseram à concretização do fato jurídico tributário, depois da constituição desses atos jurídicos pelo sujeito passivo, por meio da linguagem competente. Tudo depende da efetivação dos atos, por ação ou omissão. As considerações feitas por Heleno, para o caso de planejamento fiscal, se aplicam a todo e qualquer ato jurídico, que serve de suporte fático para a constituição ou para a negação do fato jurídico tributário.

De fato, a vivência dos efeitos de um determinado negócio jurídico auxilia o sujeito cognoscente na conclusão acerca da prova suficiente do negócio que ocorreu e do negócio que não ocorreu. Mas a questão é quais os elementos que de fato devem ser valorados para se concluir pela vivência ou não de efeitos próprios de negócio jurídico.

---

247. *Direito tributário internacional*: planejamento tributário e operações transnacionais, São Paulo, Editora Revista dos Tribunais, 2001, p. 37.

Tercio Sampaio Ferraz Júnior,[248] trabalhando a questão das provas do fato jurídico, em exemplo sobre o negócio jurídico, apresentou o seguinte raciocínio:

> Isto é, o objeto a ser provado não é o fato da entrega do dinheiro mas se houve o pagamento "juridicamente falando". Tanto que, por vezes, embora o dinheiro esteja sendo entregue, o credor toma as devidas cautelas em dar a quitação que iria, eventualmente, configurar juridicamente o fato. [...] A prova da causa não seria a prova do fato, mas a prova daquilo que é normativamente imputado à conduta como fato jurídico.

Se estamos diante de um ato administrativo inserido no contexto do ordenamento jurídico, por óbvio que os elementos que devem ser valorados são os elementos jurídicos, regrados pelo regime próprio dos fatos ou atos jurídicos, que configuram a sua causa.

Sobre a natureza tipificada no ordenamento jurídico, os negócios jurídicos, como ensina Washington de Barros Monteiro,[249] possuem elementos essenciais, *essentialia negotii*; elementos naturais, *naturalia negotii*; e elementos acidentais, *accidentalia negotii.*

A substância jurídica do negócio depreende-se por seus elementos essenciais. Também não há que desprezar os elementos naturais, os quais correspondem às consequências que decorrem do ato, sem necessidade de expressa menção. Como exemplifica o festejado civilista:

> se volvermos ao exemplo da compra e venda, recordar-nos-emos de que seus elementos essenciais, sem os quais não pode existir, são a coisa, o preço e o consentimento. Do mesmo contrato decorrem os elementos naturais, que não precisam ser expressos, porque resultam de sua própria natureza, como a obrigação do vendedor de entregar a coisa vendida e a do comprador, de pagar o preço convencionado.[250]

---

248. *Introdução ao Estudo do Direito* – técnica, decisão, dominação, 4ª ed., São Paulo, Atlas, 2003, p. 320.

249. *Curso de direito civil*, v. 01, 40ª ed., São Paulo, Saraiva, 2005, p. 272-274.

250. Washington de Barros Monteiro, *Curso de direito civil*, v. 01, 40ª ed., São Paulo,

Já os elementos acidentais são aqueles que podem modificar as consequências naturais do negócio, que, por seu turno, subsistem independentemente da inserção de cláusulas.[251]

Heleno Torres,[252] lembrando Souto Maior Borges, traz-nos importante reforço à teoria de que na interpretação fiscal não há que se utilizar da técnica empírico-indutiva, uma vez que o único ponto em comum é que todos os atos jurídicos se submetem a seu regime próprio, salvo específicas feições atribuídas pelo Direito Tributário, e que devem ser respeitadas em interpretação cuja finalidade seja fiscal. A técnica de interpretação é pelo método empírico dialético, e a força da proposição depende da demonstração dos elementos essenciais e naturais dos atos jurídicos, que denotam a sua efetiva ocorrência, sendo irrelevantes eventuais vícios de nulidade e anulabilidade, que, contudo, não impediram a efetiva ocorrência de suas próprias consequências, ainda que tais consequências possam, posteriormente, ser tratadas pelo ordenamento. Nessa linha, o que procede são testes de corroboração do ato jurídico, conforme o Direito Positivo.

O Direito Privado caminhou no sentido de reconhecer que, muitas vezes, o efeito jurídico e a própria relação obrigacional são criados não só pela vontade, podendo ser alheios a ela, ainda que não por lei, mas por ato tão comumente manifestado nas condutas típicas. Quando o ato se verifica existencialmente, pouco importa se inquirir sobre a vontade, trata-se

---

Saraiva, 2005, p. 272,

251. Washington de Barros Monteiro, *Curso de direito civil*, v. 01, 40ª ed., São Paulo, Saraiva, 2005, pp. 273, 284 e 288) divide em três modalidades de cláusulas, pelos seus efeitos: condição, termo e modo ou encargo. "Considera-se condição, reza o art. 121 do Código de 2002, a cláusula que, derivando exclusivamente da vontade das partes, subordina o efeito do negócio jurídico a evento futuro e incerto; o termo inicial, ao contrário, não impede a aquisição do direito: apenas retarda seu exercício (art. 131). Termo final (*dies ad quem*) é o que faz cessar o direito criado pelo ato. Por igual, evidente sua analogia com a condição resolutiva [...] além disso, o encargo é coercitivo, o que não sucede com a condição. Ninguém pode ser constrangido a submeter-se a uma condição, ao passo que estará sujeito a essa contingência se se tratar de encargo, sob pena de se anular a liberalidade".

252. *Direito tributário internacional*: planejamento tributário e operações transnacionais, São Paulo, Editora Revista dos Tribunais, 2001, pp. 42 e 43.

de ato-fato, comum aos contratos e aos delitos, constituindo, por igual, a categoria à qual podem ser reconduzidos os atos produzidos no âmbito das condutas socialmente típicas.[253]

A substância dos fatos e atos jurídicos é determinada pelo Direito, não pela natureza econômica. É o Direito que diz quando a forma implica a caracterização jurídica ou mesmo nega existência ao próprio fato ou ato jurídico. É o Direito que determina qual é ou quais são os elementos fundamentais para determinar a natureza de um fato ou ato jurídico.

Se o negócio jurídico tem por elemento fundamental a *affectio societatis*, a partir de um documento que possui cláusula de saída programada do contrato, pelas quais as partes definem que uma delas, imediatamente após a ocorrência do evento, se desligará do vínculo negocial, a autoridade administrativa poderá desenvolver raciocínio presuntivo que, no conjunto e no contexto de outros fatos, conclua pela insuficiência da prova do negócio formalmente celebrado e, portanto, por sua não oponibilidade ao fisco.

O que se deve perquirir na análise do suporte fático é a sua completude, nos limites positivados, e não em razões extrassistêmicas. Nenhuma relevância tem para o Direito Tributário se o negócio jurídico visou economia fiscal, quando este negócio jurídico possui os elementos essenciais à sua caracterização. Nessa medida, ele é oponível ao fisco, ainda que pudesse outro negócio ser praticado e cuja consequência fosse mais favorável à arrecadação fiscal. Quando o ordenamento jurídico possui norma com o modal deôntico de permissão, possibilitando ao contribuinte optar pela via menos onerosa fiscalmente, desde que a opção seja juridicamente verdadeira, temos, de outro lado, uma proibição para o Estado, que não pode impedir o exercício de opção do contribuinte. Dada a permissão, é proibido impedir a conduta permitida: "$Pp \equiv - (-Pp)$".

253. Judith Martins-Costa, *A boa-fé no direito privado*, São Paulo, Editora Revista dos Tribunais, 2000, p. 401.

Em suma, os atos jurídicos formalmente apresentados podem ser afastados enquanto prova oponível ao fisco somente se comprovado cumulativamente que:

(i) Existe vício na prova do negócio jurídico formalmente apresentado, desde que não se trate de negócio que se prova exclusivamente pela forma, apresentada em conformidade com as determinações legais.

(ii) O vício na prova corresponde à demonstração da inexistência de elemento essencial ou natural (causa pressuposta ou causa final) à configuração da substância jurídica do negócio causal ou existe elemento acidental que compromete fatalmente a consequência natural daquele negócio, apresentado pelo contribuinte.

(iii) O negócio apresentado pelo contribuinte evitou a configuração de fato jurídico tributário; ou reduziu indevidamente montante de tributo devido; ou, ainda, postergou a incidência tributária.

(iv) Se houver a constatação de outro ato, o ato constatado tem característica diversa daquela apresentada pelo contribuinte, conforme (a) instrução probatória que apresenta o elemento que lhe é essencial; ou (b) prova da consequência natural vivenciada do ato.

(v) No caso de ato jurídico constatado pela Administração, na posição de suporte fático, para a instrução probatória foram observados todos os elementos – essenciais, naturais e acidentais –, respeitando-se o respectivo regime jurídico e os seus efeitos, tais como cláusulas resolutivas e suspensivas.

A experiência nos conduz à constatação de que, muitas vezes, excessos são praticados, mormente em razão de juízos valorativos sem correlação técnico-jurídica com as normas relativas ao regime jurídico, no qual estão inseridos os eventos analisados, constituindo-se obrigações sem respaldo legal. Mas não é porque equívocos são cometidos, e sempre o serão em qualquer esfera, já que o erro é próprio do ser humano, como é a dialética e a solução dos problemas, que podemos simplesmente afastar de alguns a carga tributária que lhes é própria.

Parece-nos que é o próprio sistema jurídico que acertadamente prevê o controle de legalidade de seus atos, mormente dos atos administrativos. Tanto assim que os contribuintes não são, de imediato, compelidos ao pagamento do crédito tributário, podendo discuti-lo no âmbito do processo administrativo fiscal, sendo-lhes resguardado durante todo esse percurso o direito de não sofrer qualquer ato coativo tendente à cobrança do crédito tributário. Ainda, ao se afastar a prova do negócio jurídico formalmente apresentado pelo contribuinte, provando-se a ocorrência de outro, haverá que se cuidar para atribuir todos os efeitos fiscais decorrentes da respectiva desconsideração da prova, garantindo uma tributação proporcional e equânime.[254]

5. A Percussão dos Critérios Adotados Internacionalmente para a Interpretação do Fato Jurídico Tributário

Os elementos para aferição dos atos e fatos jurídicos, tomados por suporte fático do fato jurídico tributário, como tanto reiteramos, são aqueles resultantes da conjugação harmônica das normas que conferem conotação própria, conforme seus respectivos regimes jurídicos. Em se tratando de atos e fatos jurídicos com repercussão internacional e em havendo incidência concomitante de norma interna, mormente de incidência tributária, e de norma de repercussão internacional, há que se buscar

254. Nesse sentido, parece vir ao encontro a recente disposição do art. 21 da LINDB:
Art. 21. A decisão que, nas esferas administrativa, controladora ou judicial, decretar a invalidação de ato, contrato, ajuste, processo ou norma administrativa deverá indicar de modo expresso suas consequências jurídicas e administrativas. (Incluído pela Lei 13.655/2018)
Parágrafo único. A decisão a que se refere o caput deste artigo deverá, quando for o caso, indicar as condições para que a regularização ocorra de modo proporcional e equânime e sem prejuízo aos interesses gerais, não se podendo impor aos sujeitos atingidos ônus ou perdas que, em função das peculiaridades do caso, sejam anormais ou excessivos. (Incluído pela Lei 13.655/2018)

também nestas normas os critérios que denotam os elementos suficientes à caracterização do ato ou fato jurídico e a consequente subsunção ou não deste à norma de incidência tributária.

No capítulo IV, tratamos da interpretação do fato jurídico tributário, segundo a relação da legislação tributária interna com o tratado internacional. Agora, tratamos da própria tradução do suporte fático, a qual deve respeitar também os critérios interpretativos adotados internacionalmente. Como defendemos, as normas para interpretação internacionalmente aceitas são imperativas para os Estados Contratantes, que soberanamente decidem por firmar tratados ou convenções internacionais, pelo que as considerações antes efetuadas ora se aplicam na ótica de casos concretos. Dizemos casos concretos, já que o fato jurídico tributário, mormente em ato de revisão pela autoridade administrativa, é fruto da tradução dos suportes fáticos segundo a competência do sujeito cognoscente.

Desde que introduzido no Brasil, o sistema de tributação em bases universais, porquanto se adotam elementos de conexão distintos entre os Estados, não raro afigura-se a dupla tributação internacional. Tributa-se pelo Estado de fonte – donde se obtém a renda ou o rendimento – e tributa-se pelo Estado de residência do beneficiário – onde reside o titular que aufere a renda ou o rendimento do capital investido no exterior. A extensão do poder de dupla tributação encontra limites nas convenções e nos tratados internacionais, firmados pelos respectivos Estados Contratantes.

Sempre que houver competência tributária cumulativa, aliada a uma convenção internacional, estabelece-se a prioridade de competência tributária, usualmente, primeiramente ao Estado de fonte, devendo o Estado de residência limitar-se à cobrança residual, respeitando o método de isenção e/ou o método de imputação,[255] além da regra de não discriminação.[256]

255. Conforme Convenção-modelo da OCDE para evitar a dupla tributação: Capítulo V (método de eliminação da dupla tributação), artigos 23-A (método da isenção) e 23-B (método da imputação).

256. Conforme Convenção-modelo da OCDE para evitar a dupla tributação: Capítulo VI, artigo 24.

A presunção da oponibilidade dos atos jurídicos praticados pelos sujeitos passivos de obrigação fiscal, sempre que envolver Direito Internacional, pode ser elidida se comprovado que o ato não ocorreu da forma como apresentado. Caminhou-sese no sentido de que se o fato ou o ato não é aquele que se apresentou, não há que se falar em subsunção deste ao tratado internacional. As decisões internacionais costumam segregar as hipóteses de desconsideração de um ato em "simulação de um fato", "simulação econômica" e "simulação de entidade" (desconsideração de sociedade inexistente de fato).

Do mesmo modo que, de acordo com os critérios internacionalmente adotados, de um lado não se admite o ato, cuja prova de existência efetiva é afastada, como oponível ao fisco para fins de utilização de tratado internacional, de outro lado, não se tolera a oposição de legislação interna que crie ficção para a constituição de fato jurídico que esvazie o conteúdo de tratado firmado.

Assim, o fato jurídico tributário deve ser interpretado abstraindo-se qualquer ficção jurídica, quando em jogo convenção internacional aplicável ao caso concreto. É a hipótese clara de norma individual e concreta que possibilita coordenação entre os critérios das normas jurídicas – de alcance interno e internacional – sem modificação das disposições internacionalmente acordadas.

Os critérios internacionalmente adotados para a interpretação dos casos concretos em face da utilização de tratados internacionais são diretivos para a tarefa de constituição de fato jurídico tributário, inclusive na hipótese de incidência de legislação fiscal interna que procura evitar situações evasivas ou elisivas em âmbito internacional. As legislações de alcance internacional, em termos universais, de cunho usualmente antielisivo, são aquelas pelas quais o Estado de residência nega a isenção ou antecipa a tributação, ao passo que o Estado da fonte da renda ou rendimento dificulta a dedutibilidade da despesa ou majora as alíquotas de retenção na fonte (no Brasil, para o Imposto sobre a Renda – IRRF).

Afirmamos que essas legislações têm universalmente finalidade antielisiva específica, porquanto normalmente aplicáveis às situações em que estão envolvidos Estados ou regimes específicos de baixa pressão fiscal ou que não adotam desejável transparência fiscal e societária, dentre as principais razões.

Há também hipóteses em que a legislação procura não uma arrecadação eficaz por meio de norma antielisiva, mas observar o princípio do *arm's length*, como ocorre com a legislação de "preço de transferência". O princípio do *arm's length*[257] implica que as transações entre partes vinculadas tenham parâmetros que se aproximem, tanto quanto possível, daqueles de mercado, normalmente praticadas entre empresas independentes, em condições análogas.[258]

Também em face das disposições do Direito Internacional, entendemos que na constituição do fato jurídico tributário, a partir dos métodos de cálculo do preço parâmetro em comparação com o preço praticado, deve-se evitar qualquer forma de ficção jurídica, sob pena de o fato jurídico tributário constituído não alcançar a finalidade do *arm's length*.[259]

Do mesmo modo e sem procurar exaurir a legislação fiscal de alcance internacional, mas apenas a título exemplificativo da incidência da norma internacional na tradução do suporte fático, ao se constituir fato jurídico tributário em razão de glosa de despesa, pela aplicação de regra de subcapitalização,[260] há que verificar se o endividamento está estabelecido

257. Limite objetivo que determina que os preços devem ser o de concorrência, sem superfaturamento nem subfaturamento. Busca a igualdade na fixação de preços.

258. A fim de atender ao princípio *arm's length*, salutar que o conceito de pessoa ligada seja bastante amplo, alcançando, inclusive, a interposição de pessoas, como de fato previsto no direito interno.

259. No Brasil, é importante que se dê efetividade à possibilidade de se refutar as margens, conforme já previsto no art. 20 da Lei 9.430/96 - O Ministro de Estado da Fazenda poderá, em circunstâncias justificadas, alterar os percentuais de que tratam os arts. 18 e 19, de ofício ou mediante requerimento conforme o § 2º do art. 21. (Redação dada pela Lei 12.715/2012).

260. Medida Provisória nº 472/2009, convertida na Lei 12.249/2010.

com empresa sediada em local de tratado internacional, bem como se é o caso de aplicação dos parágrafos 4º ou 5º, do artigo 24, do Modelo de Convenção da OCDE.[261]

É sempre na interpretação do caso concreto que se há de perquirir a existência de efetivo estabelecimento no outro Estado Contratante e as condições e os elementos denotativos do fato jurídico, tomado por suporte fático no caso concreto.

Nada obstante a vinculação da autoridade administrativa ao quanto disposto nos tratados internacionais positivados no ordenamento jurídico brasileiro, de se lembrar que no âmbito internacional, no que concerne à aceitação de atos e fatos jurídicos tributários, como oposição à constituição do crédito tributário, além da hipótese de contraprova acerca da natureza do ato, não são considerados oponíveis à tributação aqueles atos levados a efeito como forma de utilização abusiva da convenção internacional. Não podemos confundir os conceitos internacionalmente adotados para a interpretação dos tratados internacionais com aqueles prescritos pelo ordenamento jurídico pátrio. O abuso no uso da convenção internacional, assim como as normas oriundas da legislação das CFCs (*Controlled Foreign Companies*), não se confunde com o que se pretende por "abuso da lei fiscal", inexistente e inadmissível em nosso ordenamento. O que se tem é um conceito, convencionalmente

261. Artigo 24 do Modelo de Convenção da OCDE:
Parágrafo 4º. "Salvo se for aplicável o disposto no nº 1 do Artigo 9º, no nº 6 do Artigo 11 ou no nº 4 do Artigo 12, os juros, royalties e outras importâncias pagas por uma empresa de um Estado Contratante a um residente de outro Estado Contratante serão dedutíveis, para efeitos da determinação do lucro tributável de tal empresa, como se fossem pagas a um residente do Estado primeiramente mencionado. De igual modo, quaisquer dívidas de uma empresa de um Estado Contratante a um residente de outro Estado Contratante serão dedutíveis, para o efeito de determinar o patrimônio tributável dessa empresa, nas mesmas condições como se fossem contraídas para com um residente do primeiro Estado mencionado."
Parágrafo 5º. "As empresas de um Estado Contratante cujo capital, total ou parcialmente, direta ou indiretamente, seja possuído ou controlado por um ou mais residentes do outro Estado Contratante não ficarão sujeitas, no Estado primeiramente mencionado, a nenhuma tributação ou obrigação com ela conexa diferente ou mais gravosa do que aquelas a que estejam ou possam estar sujeitas as empresas similares desse primeiro Estado."

estabelecido no âmbito internacional, de que os tratados internacionais não se aplicam para situações contrárias aos seus objetivos, que colidem com a boa-fé das pessoas que dele se utilizam nos Estados Contratantes. Nessa hipótese, é necessária previsão específica no tratado internacional.

A par da previsão no tratado internacional, vale consignar que o artigo 31 da Convenção de Viena sobre o Direito dos Tratados determina que estes devem ser interpretados de boa-fé, à luz de seu objeto e finalidade. No mesmo sentido, dispõem também os pressupostos constantes da Convenção de Viena, além do disposto nos artigos 26 e 46, item 2, da mesma Convenção.[262]

O método e o resultado atribuível ao fato jurídico tributário devem ser coerentes para todos os fins fiscais, observando-se, tanto quanto possível, o modelo OCDE de ajustamentos para evitar a dupla repercussão econômica da tributação. Ou seja, na caracterização do fato importa as orientações internacionais sobre, de um lado, a relevância dos objetivos existentes para a constituição do fato analisado, e, de outro lado, os elementos que no ordenamento pátrio, em conformidade com as normas internacionais, são necessários e suficientes a denotar o regime jurídico ao qual se enquadra o fato.

A partir da análise de casos concretos, única forma de verificar positivamente os costumes convencionalmente estabelecidos em termos universais, depreendemos que a interpretação de boa-fé, induzida pela OCDE, apesar de inexigível para o contribuinte no ordenamento jurídico brasileiro, é adotada como pressuposto de ocorrência efetiva do fato que se pretende oponível ao fisco, porquanto subsumível ao tratado internacional. Em outras palavras, a partir de elementos

262. Como bem esclarecido por Heleno Torres (*Direito tributário internacional*, São Paulo, Editora Revista dos Tribunais, 2001, p. 56), ao dispor sobre os limites do planejamento tributário internacional: "a legitimidade do planejamento tributário internacional se expressa fundamentalmente na compatibilização da tutela dos interesses dos Estados com a dos interesses dos investidores, desde que estes, no uso dos instrumentos mais vantajosos oferecidos pelos ordenamentos, respeitem as normas de controle à elusão e à fraude fiscal".

inerentes a determinado conceito, verifica-se se são alheios ou estranhos àqueles que conotam o fato apresentado, ou se não correspondem a uma verdadeira vivência das situações naturalmente deles decorrentes. Nesse passo, não afrontam, mas vão ao encontro do que defendemos como possível no ordenamento pátrio, para efeito de tradução dos suportes fáticos do fato jurídico tributário.

Bastante elucidativo é o caso americano *"Aiken Industries, 56 TC 925, 08/05/1971"*,[263] no qual o contribuinte pretendeu valer-se de isenção prevista em Tratado Internacional para remessa de valores ao exterior, a título de pagamento de juros. Ilustramos:

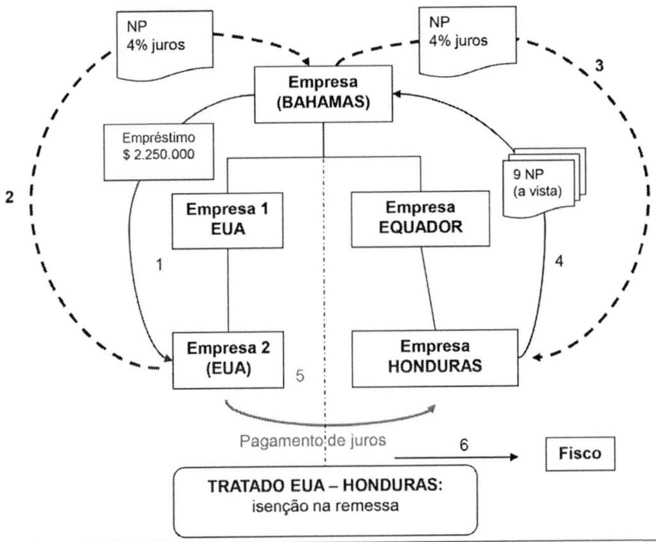

1. Empréstimo da empresa sediada em Bahamas para a empresa sediada nos Estados Unidos.
2. Em contrapartida ao empréstimo, a empresa sediada nos Estados Unidos emite nota promissória para a empresa sediada em Bahamas.
3. A empresa sediada em Bahamas repassa a nota promissória para a empresa sediada em Honduras.
4. Em contrapartida, a empresa sediada em Honduras emite nove notas promissórias para pagamento a empresa sediada em Bahamas, prevendo nova modalidade de pagamento.
5. A empresa devedora nos Estados Unidos efetua pagamento de juros pelo empréstimo para a empresa em Honduras, o que foi feito sem a retenção do Imposto sobre a Renda, em razão da isenção conferida pelo Tratado entre Estados Unidos e Honduras.
6. O Fisco defendeu a desconsideração da empresa em Honduras e, por consequência, a não aplicação dos efeitos do Tratado.

263. *Aiken Industries, Inc. by merger to Mechanical Products, Inc., Petioner v. Comissioner of Internal Revenue, Respondent*, julgado pela *Tax Court*, em 08.05.1971.

Para fins de oponibilidade ao fisco americano em razão do tratado internacional, interpretou-se que a pessoa que recebeu valores para pagamento dos juros teve a mera posse física momentânea dos valores, mas não foi aquela que tinha o domínio e o controle sobre estes. Ou seja, não se desconsiderou o tratado, tampouco se admitiu legislação ou interpretação jurídica de forma a esvaziar o conteúdo do tratado. O que se verificou foi que a empresa de Honduras não era, em verdade, a real beneficiária dos valores pagos a título de juros pela empresa americana. Tal interpretação coaduna-se com o conceito de rendimento próprio e real beneficiário, que pressupõe elementos denotativos de titularidade efetiva e definitividade do recebimento, o que não ocorreu no caso. Restou evidente que a empresa de Honduras serviu apenas de passagem para a transferência dos juros da empresa americana para a empresa em Bahamas. Assim, se os juros, efetivamente devidos à empresa em Bahamas, eram apenas repassados por meio da empresa de Honduras, o ato em verdade não é oponível ao tratado internacional, que tem por partes contratantes Estados Unidos da América e Honduras.

Além da interpretação do fato ocorrido, temos também a interpretação quanto ao próprio local de residência ou ao conceito de sociedade. A OCDE, para efeito da legislação das "CFCs" (*Controlled Foreign Companies*), adota como local da empresa o local da efetiva administração, *concept of place of effective management*. Para determinar se o local da efetiva administração e controle é realmente aquele em que se formaliza a constituição do negócio jurídico, mormente indireto, a fim de aceitá-lo como oponível ao fato jurídico tributário que se realizaria sem a sua ocorrência, deve-se perquirir acerca dos suportes fáticos relacionados ao conceito de sociedade existente.

Sobre esse aspecto, a OCDE refinou o conceito, estabelecendo uma hierarquia de testes, para determinar a residência da empresa para fins fiscais, como a seguir:[264] (i) local da efetiva

264. Parágrafo 24 dos comentários da OCDE.

administração, onde as reuniões da alta administração ocorrem e os controladores e os acionistas exercem o poder de comando; (ii) local dos atos de incorporação; (iii) local do nexo econômico mais forte; e (iv) acordo entre os Estados envolvidos. A segunda regra, em verdade, não está na correta hierarquia, já que ela nada define. O local dos atos de constituição da empresa impõe uma presunção de local de seu efetivo estabelecimento, presunção esta que pode ser elidida pelos demais critérios adotados. Em se tratando de negócio indireto,[265] o critério da atividade econômica não significa a atividade do objeto social das empresas operativas (prestação de serviços, indústria ou comércio), mas a atividade própria de *holding*, relativa à condução dos negócios e às decisões executivas. Todos esses critérios são tomados em respeito ao quanto acordado em tratado, internado pelo Direito de cada Estado Contratante. É só a partir desses critérios que se pode verificar lançamento que implica desconsideração de empresa que se apresenta como negócio indireto (*holding*) – *disregard of conduit companies.*

De se verificar que nos Comentários da OCDE aos artigos 1º, 7º e 10 da Convenção Modelo, esclarece-se que a utilização

265. Apenas a título de esclarecimento, os atos jurídicos que se apresentam como negócio indireto e, dentre outras percussões, impedem a constituição do fato jurídico tributário, foram didaticamente segregados por Alberto Xavier (*O negócio indirecto em direito fiscal. Ciência e técnica fiscal*, Lisboa, DGCI, n. 147, mar., p. 25), ao tratar de negócio jurídico indireto, que estipulou as seguintes modalidades, explicadas na obra de Heleno Torres (*Direito Tributário Internacional*, São Paulo, Editora Revista dos Tribunais, 2001, p. 48): "I. Negócio indireto de exclusão - quando a estrutura do negócio jurídico é elemento da previsão da norma tributária e a do negócio indireto não se encontra prevista em qualquer tipo de imposto. II. Negócio indireto impeditivo - A estrutura do negócio jurídico é ainda elemento da previsão, enquanto a do negócio indireto encontra-se expressamente prevista numa norma de isenção. III. Negócio jurídico redutivo. IV - Como nem sempre o negócio indireto pretende subtrair-se ou impedir qualquer tributação efetiva, limitando-se a desencadear consequências fiscais menos onerosas dos que as que resultariam do negócio jurídico correspondente, este se desdobra em duas possibilidades: a) Negócio redutivo por substituição dos pressupostos – Em certos casos, o negócio direto é elemento da previsão normativa da lei de um certo imposto e o negócio indireto elemento de outro tipo legal, cujas consequências fiscais são menos onerosas. b) Negócio redutivo por substituição de elementos de estatuição – Quando o negócio direto é elemento de qualquer zona de estatuição e as partes recorrem a um negócio indireto que desencadeia efeitos fiscais menos gravosos."

de *holding company* pode ser tratada por meio de normas de sociedades controladas no exterior (*CFCs*), bem como que cada país pode dispor livremente sobre a base de cálculo e o Imposto de Renda devido pelo residente no exterior, desde que impeça a dupla tributação. De outra parte, os mesmos comentários deixam claro que não há que frustrar os propósitos de tratado internacional, por meio de previsão legal que imponha ficção jurídica, e a legislação das *CFCs* direciona-se aos contribuintes que se utilizam de negócios artificiais.

O negócio jurídico indireto não diverge, quanto à sua tradução, de qualquer ato jurídico, seja para impedir ou para reduzir a tributação, opondo-se ou não ao fato jurídico tributário. O negócio jurídico, indireto ou não, há de ser oponível ao fisco sempre que efetivamente ocorrido sob o manto do Direito Positivo. Quando dizemos *efetivamente ocorrido*, queremos dizer que estão presentes os seus elementos essenciais, do que decorre a possibilidade de verificação do exercício ou da ocorrência de seus efeitos próprios.

Também como em todo ou em qualquer ato jurídico apresentado pelo contribuinte, se a sua efetiva ocorrência não se verifica no caso concreto, ele é inoponível ao fisco. Vale dizer, a demonstração da ausência de elementos e consequências próprias do ato jurídico tornam-no inoponível à configuração de eventual fato jurídico tributário subjacente. A presunção de validade do ato jurídico deixa de ser suficiente em razão de enunciado fiscal respaldado em instrução probatória.

Para elucidar os critérios internacionais, citamos caso tratado pelo Professor da Università di Ferrara, Marco Greggi,[266] *Luxottica case* (Sentenças nº 173/2007 e 174/2008, proferidas pelo *Tax Tribunal in Belluno*), acerca de empresa constituída no exterior com o propósito aparente de planejamento fiscal. A solução nos parece passou ao largo, como deve efetivamente ocorrer, de se tratar ou não de planejamento fiscal. A intenção

266. *Battling against Conduit Companies*: the Luxottica case, Roma, Aracne editrice, 2009, p. 11.

de economizar imposto não é fato jurídico tributário, ao contrário, é determinante para qualificar a boa gestão da empresa perante os sócios, que visam ao lucro. O que se verificou naquela oportunidade foi se a *holding company* efetivamente existia como tal. Não se tratou de substância sobre a forma genericamente, mas entendemos que se verificou a substância jurídica daquele negócio indireto. Procurou-se averiguar se o local da *holding company* era efetivamente o local do exercício da sua atividade própria, uma vez que, de acordo com o "*world wide income principle*", a residência determina a responsabilidade fiscal. Uma empresa é considerada residente na Itália quando tem a sua administração própria localizada naquele território ou quando sua principal atividade lá se efetiva, exatamente nos moldes, como orientado pela OCDE.

O julgamento fez uma importante distinção entre a interposição fictícia de pessoa (empresa) e o negócio indireto. Apesar de a situação concreta não se enquadrar em interposição fictícia de empresa, a *holding company* não foi considerada suficiente a fazer oposição à constituição do fato jurídico tributário na Itália. A despeito da *holding company* estar formalmente constituída na Alemanha, o que lhe conferia isenção na tributação sobre o ganho de capital, os elementos probatórios levados ao processo enquadraram-na em regras específicas de entidade que deve ser considerada residente na Itália para fins fiscais, regras essas que não afrontam os critérios internacionalmente adotados.

A sociedade foi considerada residente na Itália, porque, dentre as principais razões, a sua efetiva estrutura administrativa, a operação própria, além da residência dos administradores estiveram, a todo o momento, no território italiano. Tratou-se, no nosso entender, de questão eminentemente probatória que demonstrou a não oposição fiscal do negócio jurídico indireto, pela ausência de elementos jurídicos denotativos da sua efetiva existência no território desejado pelo contribuinte (Alemanha), comprovando-se, de outro lado, os elementos jurídicos denotativos da existência do negócio no território constatado pelo fisco (Itália).

Aparentemente similar foi a conclusão adotada em julgado brasileiro, proferido pelo Conselho Administrativo de Recursos Fiscais, no Processo Administrativo nº 16327.000530/2005-28, o qual reporta a defesa fiscal pela tributação dos lucros auferidos no exterior, tanto aqueles relativos à empresa sediada no território espanhol quanto aqueles relativos às empresas situadas no Uruguai e na Argentina. No que tange a estas empresas, controladas indiretas, apesar de haver uma *holding* situada no exterior, o que impediria a constituição de fato jurídico tributário em razão de tratado internacional, o fisco entendeu que a tributação deveria se efetivar diretamente em relação às controladas indiretas. Ilustramos:

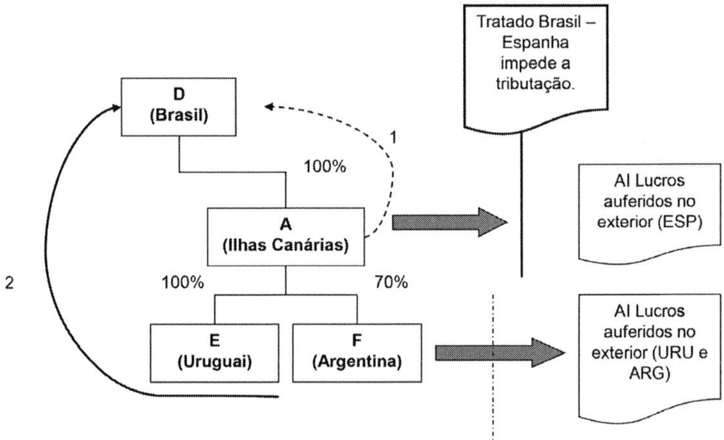

1. Lucro de A não foi tributado por D no Brasil, em razão do Tratado Brasil-Espanha.
2. Lucros de E e F não foram tributados por D no Brasil, em razão do reconhecimento por meio de A e, consequentemente, da aplicação das disposições do Tratado Brasil-Espanha.

A decisão do Tribunal Administrativo foi no sentido de que, para efeito do lucro auferido pela atividade da empresa sediada nas Ilhas Canárias (Espanha), não haveria que se ter tributação em razão das disposições do Tratado Internacional Brasil-Espanha. Entretanto, para efeito dos lucros auferidos pelas controladas indiretas, quais sejam, as empresas sediadas no Uruguai e na Argentina, decidiu-se que os lucros deveriam ser tributados no Brasil, desconsiderando-se, assim, o reconhecimento destes por meio da *holding company* situada em território espanhol, conforme ementa que reproduzimos:

> [...] LUCROS ORIUNDOS DE INVESTIMENTO NA ESPANHA - Nos termos da Convenção destinada a evitar a dupla tributação e prevenir a evasão fiscal em matéria de Imposto sobre a Renda entre Brasil e a Espanha, promulgada pelo Decreto nº 76.975, de 1976, em se tratando de lucros apurados pela sociedade residente na Espanha e que não sejam atribuíveis a estabelecimento permanente situado no Brasil, não pode haver tributação no Brasil.
>
> LUCROS AUFERIDOS NO EXTERIOR POR INTERMÉDIO DE CONTROLADAS INDIRETAS - Para fins de aplicação do art. 74 da MP nº 2.158-35, os resultados de controladas indiretas consideram-se auferidos diretamente pela investidora brasileira, e sua tributação no Brasil não se submete às regras do tratado internacional firmado com o país de residência da controlada direta, mormente quando esses resultados não foram produzidos em operações realizadas no país de residência da controlada, evidenciando o planejamento fiscal para não tributá-los no Brasil. [...]
>
> (Processo Administrativo nº 16327.000530/2005-28, acórdão nº 101-97.070, sessão de 17.12.2008).

A discussão travada nesse processo, independentemente da conclusão final adotada, que chegou inclusive a prover o recurso fazendário para implicar tributação também em relação à controlada direta,[267] presta-se a apontar as controvérsias exis-

---

267. O acordão restou assim ementado:
Assunto: Imposto sobre a Renda de Pessoa Jurídica - IRPJ
Ano-calendário: 2002
CONTROLE DIRETO E INDIRETO. LEGISLAÇÃO SOCIETÁRIA.
A legislação societária permite a construção de estruturas conforme a necessidade do grupo econômico e tutela pela transparência das informações da rede de empresas mediante métodos de avaliação de investimentos (MEP) e consolida institutos para o exercício do poder e controle de cada ente empresarial. Nesse contexto, o controle pode ser exercido de maneira direta ou indireta, pois o que importa é o poder dos investidores para deliberar sobre o destino dos negócios do grupo.
LUCROS NO EXTERIOR. CONTROLADAS DIRETAS OU INDIRETAS. APURAÇÃO INDIVIDUALIZADA. PROPORÇÃO DA PARTICIPAÇÃO ACIONÁRIA.
Os lucros auferidos por controladas e coligadas, diretas ou indiretas, no exterior, serão considerados de forma individualizada, para cada uma das empresas, na proporção de sua participação acionária, para apuração do lucro real, na data do balanço no qual tiverem sido apurados. Para evitar a bitributação, ao se apurar os resultados de controladas ou coligadas de maneira individualizada, deve se afastar os resultados auferidos de investimen-

tos dessas controladas e coligadas por meio de equivalência patrimonial.

APURAÇÃO DOS LUCROS E OUTROS RESULTADOS NO EXTERIOR.

O art. 1º da IN SRF nº 213, de 2002, com base na legislação tributária (art. 25 da Lei nº 9.249, de 1995 e 16 da Lei nº 9.430, de 1996), e na legislação empresarial dispondo sobre o conceito de controladas (arts. 116 e 243 da Lei nº 6.404, de 1976 e art. 1098 do Código Civil), estabelece procedimentos para apurar os lucros de controladas e coligadas e resultados de outras participações societárias. O rito previsto nos §§ 1º, 2º, 3º, 4º e 5º da instrução normativa operacionaliza a apuração dos lucros (1) das controladas no exterior (diretas ou indiretas), que serão adicionados ao lucro líquido da controladora no Brasil, (2) das coligadas, que serão adicionados ao lucro da investidora, e (3) das filiais e sucursais que serão adicionados ao lucro líquido da matriz no Brasil, que será, para os três casos, considerado de forma individualizada, por filial, sucursal, controlada ou coligada, vedada a consolidação dos valores. O § 6º dispõe sobre tributação residual, que diz respeito a resultados não abrangidos pelos parágrafos anteriores, auferidos por outros investimentos.

ART. 74 DA MP Nº 2.158-35, DE 2001. TRATADO PARA EVITAR DUPLA TRIBUTAÇÃO DE RENDA. MATERIALIDADES DISTINTAS.

Não se comunicam as materialidades previstas no art. 74 da MP nº 2.158-35, de 2001, e as dispostas na Convenção Brasil-Espanha para evitar bitributação de renda. Os lucros tributados pela legislação brasileira são aqueles auferidos pelo investidor brasileiro na proporção de sua participação no investimento localizado no exterior, ao final de cada ano-calendário. São diferentes os lucros dos residentes na Espanha e os lucros auferidos pelos investidores no Brasil.

OPERACIONALIZAÇÃO DA NEUTRALIDADE DO SISTEMA E SUPERAÇÃO DO DIFERIMENTO DA TRIBUTAÇÃO.

A neutralidade do sistema de tributação quando investidor e investida estão localizadas no Brasil opera-se mediante a exclusão dos resultado positivo da investida apurado via Método de Equivalência Patrimonial no lucro real da investidora, porque os lucros da investida já foram tributados no Brasil pela mesma alíquota que seriam se o fossem pela investidora. Estando investidor no Brasil e investida no exterior, se a alíquota no exterior é menor do que a brasileira, quebra-se a neutralidade do sistema, e viabiliza-se diferimento por tempo indeterminado da tributação, caso a investidora, que detém poder de decisão sobre a investida, decida não distribuir os lucros. Por isso, o art. 74 da MP nº 2.158-35, de 2001, ao determinar que os lucros sejam auferidos pelo investidor brasileiro, na medida de sua participação, ao final de cada ano-calendário, dispondo sobre aspecto temporal, evitou o diferimento, e, ao mesmo tempo, o art. 26 da Lei nº 9.249, de 1995, autorizou a compensação dos impostos pagos no exterior, viabilizando a neutralidade do sistema.

ART. 74 DA MP Nº 2.158-35, DE 2001. TRATADO DE BITRIBUTAÇÃO. NÃO REPERCUSSÃO NAS PARTICIPAÇÕES SOCIETÁRIAS DO PAÍS CONTRATANTE.

Ao ser interpretar quem seriam os sujeitos de um tratado de bitributação, o país da fonte é o país em que deve se encontrar a empresa onde efetivamente são desempenhadas as atividades produtivas. Tais atividades podem ser produzidas pela própria empresa, ou mediante investimentos, desde que naquele país contratante. Pode ser até mesmo uma holding, desde que concentre investimentos que desempenhem atividades produtivas localizados no mesmo país, e não um mero "hub", um centralizador de investimentos localizados em países não signatários de acordos com o Brasil. O tratado de bitributação deve ser aplicado em situações no qual, efetivamente, as empresas se localizam nos países contratantes. Alargar o conceito da empresa situada no país da fonte para qualquer empresa que concentre auferimento de renda de outras empresas, independente das tentes na constituição de fato jurídico tributário, envolvendo critérios interpretativos internacionalmente adotados. Apesar de aparente similaridade entre o referido julgado e aquele que descrevemos, apreciado pela corte italiana, divergência reside pela ausência de acusação fiscal, neste caso, quanto a existência de fato ou do local de residência da *holding company*.

Na linha de raciocínio que adotamos, se o ato jurídico apresentado pelo contribuinte possui os elementos jurídicos necessários à sua oposição para a constituição do fato jurídico tributário e se, na interpretação dos fatos, a autoridade administrativa está restrita também aos critérios e normas internacionalmente firmados e internamente positivados,[268] a decorrência lógica é a de que os lucros auferidos pelas controladas indiretas, reconhecidos pela controlada direta, estão nesta resguardados pelas disposições da convenção internacional.

Em suma, a constituição do fato jurídico tributário, envolvendo interpretação de negócios ocorridos no exterior, quando

---

circunstâncias ou da localização dos investimentos, subverte a finalidade e o objetivo dos tratados internacionais. Não há que se conceber que dois países se reúnam para dar amparo a sistemas paralelos de tributação.
JUROS DE MORA SOBRE MULTA DE OFÍCIO. INCIDÊNCIA.
A multa de ofício, penalidade pecuniária, compõe a obrigação tributária principal, e, por conseguinte, integra o crédito tributário, que se encontra submetido à incidência de juros moratórios, após o seu vencimento, em consonância com os artigos 113, 139 e 161, do CTN, e 61, § 3º, da Lei 9.430/96.
Assunto: Processo Administrativo Fiscal
Ano-calendário: 2002
CÂMARA SUPERIOR DE RECURSOS FISCAIS. RECURSO ESPECIAL. ADMISSIBILIDADE E MÉRITO. ETAPAS DISTINTAS. APRECIAÇÃO DO MÉRITO. APLICAÇÃO DO DIREITO.
Uma vez superado o exame de admissibilidade, primeira etapa e estreito filtro processual, passa-se ao exame do mérito, quando se aplica o direito, em que o julgador tem plena liberdade de firmar sua convicção e para interpretar a legislação tributária, não ficando restrito aos fundamentos das partes, mas apenas à matéria tipificada pela autoridade fiscal.
Acórdão nº 9101-002.589, julgado em 14.03.2017.

268. Caso eventual instrução normativa houvesse limitado o alcance do tratado internacional, considerando que esse trabalho tem por premissa observar a competência conferida à autoridade administrativa, que lhe vincula às normas fiscais, as considerações que fizemos prestar-se-iam apenas para os julgamentos, observados os limites de suas competências.

suportados por convenções internacionais, referendadas pelo ordenamento jurídico brasileiro, implica a conjugação: (i) da aplicação de norma que evidencia a relação de coordenação entre a legislação tributária interna e as disposições das convenções internacionais, e (ii) da aplicação das disposições normativas, universalmente reconhecidas, que orientam as traduções dos suportes fáticos, sendo inadmissível a constituição de fato com fundamento em ficção ou critério que esvazie o conteúdo do acordo internacional firmado pelo Brasil.

6. O Enunciado Prevalecente

No ato administrativo de lançamento, o motivo é um evento, pressuposto fático do ato. O mesmo ato administrativo deve ter motivação, relatando, na linguagem das provas, uma versão do evento, a fim de constituir o fato jurídico tributário.[269] Enquanto o ônus da prova no processo é uma faculdade de quem pleiteia algo, assumindo o risco do êxito, para a autoridade administrativa é uma obrigação perquirir acerca da materialidade da incidência fiscal, seja o resultado obtido favorável ou desfavorável à arrecadação. Ainda que o resultado positivo seja desfavorável à arrecadação, o mesmo resultado será favorável à tarefa administrativa *ex lege*, de tributar nos limites da lei e, portanto, de cumprir também o dever de devolver ou de imputar pagamentos indevidos. Da mesma forma, tem o contribuinte o dever legal de informar a Administração Pública e de declarar as ocorrências que correspondem à materialidade de um fato jurídico tributário.

A prova pode ter por objeto demonstrar a insuficiência da prova de determinado ato jurídico *lato sensu* apresentado pelo contribuinte, considerando sempre o conjunto de elementos que circundam o objeto da prova, não se limitando à negação, mas caminhando para a prova da ocorrência de materialidade lícita de incidência fiscal. A partir da análise

269. Como, por exemplo, dispõe o art. 2º, *caput*, da Lei 9.784/99.

de todo o conjunto de suportes fáticos, o sujeito cognoscente procede a uma qualificação jurídica das ocorrências. Não obstante existir valoração no conhecimento do fato e valoração da prova, o que confere grau de subjetividade ao produto do processo probatório, elimina-se a arbitrariedade fiscal pela exclusão de elementos colaterais eventualmente existentes no contexto do objeto analisado.

Na dúvida sobre a classificação de um determinado ato jurídico *lato sensu*, prevalece o valor positivado na Norma Fundamental, de que ninguém é obrigado a fazer ou deixar de fazer senão em virtude de lei, do que decorre o valor da liberdade individual.

A qualificação e a valoração dos fatos são subjetivas, mas objetivamente vertidas em linguagem apropriada e consistente. A linguagem é apropriada, na medida em que segue as regras para a validade jurídica da proposição descritiva - de tradução dos suportes fáticos. O ordenamento jurídico é composto por um conjunto de textos normativos que são ponto de partida para a validade do argumento jurídico. Esse ponto de partida deve ser válido e vigente para não contaminar, *a priori*, o argumento. O argumento expõe-se como ato de fala, na função performativa da linguagem, provocando efeito, seja de declaração, seja de comando.

Enquanto ato de fala, a validade do argumento pressupõe, em breve resumo: (i) procedimento convencionalmente aceito, com pessoas e circunstâncias particulares adequadas; (ii) execução do procedimento de modo correto e completo por todos os participantes; e (iii) condução do procedimento pautada pela boa-fé.[270]

No que tange à boa-fé, tratamos da sua modalidade objetiva, necessariamente praticada pela Administração Pública no âmbito da tradução do conjunto fático para a subsunção à

270. Austin, J. L. *Quando dizer é fazer: palavras e ação*, trad. de Danilo Marcondes de Souza, Porto Alegre, Artes Médicas, 1992, p. 31.

norma tributária. É a confiança na conduta da Administração Pública, pautada na legalidade e na segurança jurídica, do que decorre também a interpretação dos fatos da forma mais benéfica ao administrado.

Quanto ao procedimento, é ele que legitima o ato da Administração, é a base para o controle dos atos no âmbito do Direito Público. Quanto mais institucionalizado o procedimento, mais legítimo é o ato. Porque muito apropriado, não podemos deixar de citar a importância da institucionalização dos procedimentos, relatada por Clarice von Oertzen de Araújo,[271] como forma de refletir a separação dos poderes e impor a característica de freios e contrapesos no ordenamento, limitando e estabelecendo parâmetros à retroalimentação do sistema, eliminando, por fim, os excessos e os desvios no processo de positivação.

Não bastassem os requisitos tratados, o argumento prevalece, se dotado de consistência. A consistência implica a observância dos seguintes critérios:

(i) se a norma tributária determina efeito divergente para fato (colhido por suporte fático) submetido a outro regime jurídico, deve-se observar o que determina o regime próprio do qual originou-se o fato jurídico para sua caracterização e adotar os efeitos prescritos pelo Direito Tributário;

(ii) se a norma tributária toma por materialidade situação jurídica já definida por outro ramo do Direito, sem alterar-lhe os efeitos para fins fiscais, o suporte fático deve ser traduzido exclusivamente conforme as regras do subsistema jurídico a que pertence;

(iii) se for juridicizado produto cujos elementos pertencem a outro sistema (ciências ideais ou ônticas), deve-se observar as normas do sistema a que os fatos

271. Semiótica na hermenêutica e interpretação constitucional, in Congresso Nacional de Estudos Tributários VI - Sistema Tributário Brasileiro e a Crise Atual, São Paulo, Noeses, 2009, *passim*.

pertencem para sua caracterização, tomando-se o produto para os efeitos e conforme os efeitos determinados pelo sistema jurídico; e

(iv) se a norma tributária toma por materialidade situação jurídica que envolve a aplicação de Direito Internacional, deve-se observar a relação de coordenação entre a norma fiscal interna e a norma de repercussão internacional, bem como deve-se respeitar os critérios internacionalmente aceitos para a tradução dos suportes fáticos (fatos jurídicos).

Na aplicação desses critérios deve-se tomar em conta se houve alteração expressa na ordem jurídica ou no sistema que mantém relação de intertextualidade com o Direito Tributário. Necessário averiguar, também, se a sociedade, em contínuo processo de evolução, não introduziu normas que atribuiu novos sentidos a antigos textos.[272] Nesses casos, importante perquirir a que conceito o Direito Tributário se reporta, a fim de não criar norma que, no caso concreto, extrapola a competência do Poder Executivo ou do Poder Judicial.

Para bem delimitar o limite na aplicação dos critérios tratados, reportamo-nos novamente às normas contábeis que mantêm constante relação de intertextualidade com o Direito Tributário, lembrando que as incidências fiscais reportam-se até agora aos reconhecimentos e mensurações que a contabilidade adotou até as mudanças promovidas pelas Leis 11.638/2007, 11.941/2009, e 12.973/2014 e decorrentes normas infralegais contábeis editadas pela Comissão de Valores Mobiliários e pelo Conselho Federal de Contabilidade. Vale dizer, tais mudanças, que enfatizam a avaliação de ativos e passivos em detrimento da demonstração de resultados realizados,[273]

272. Cecília Priscila de Souza, *Intertextualidade no Direito Tributário*, Dissertação de Mestrado, Pontifícia Universidade Católica – PUC/SP, São Paulo, 2012.

273. Marcos Shigueo Takata, *A "Nova" Contabilidade Relativa às Stock Options – Sua Relação e Reflexo ou não no Direito Tributário*, in Roberto Quiroga Mosquera; Alexsandro Broedel Lopes. (Org.). Controvérsias Jurídico-Contábeis (aproximações e distanciamentos), São Paulo, Dialética, 2011, v. 2.

não podem servir, muitas vezes, de suporte para a aplicação da norma fiscal, inserida no ordenamento tomando por base os princípios e conceitos da "antiga" contabilidade.

Para o fisco ou para o contribuinte, como brilhantemente preleciona Paulo Ayres Barreto,[274] tem-se um "confronto entre duas manifestações de linguagem". Essas camadas de linguagem, que, como vimos, podem ser tantas quantos forem os atos de revisão, devem ser pautadas pelo procedimento necessário e privilegiar a consistência jurídica da linguagem.

A argumentação que prevalece é a mais convincente na justificativa, a que demonstra maior identidade de referenciais (mais consistente) e a mais apropriada aos fins a que se destina. A argumentação precisa estar adequada aos sentidos especificamente positivados no Direito, inclusive pelos órgãos credenciados à sua aplicação. Se existente enunciado do Poder Judiciário, este prevalece, respeitada também sua hierarquia.

274. Por honestidade intelectual, mister esclarecer que o Professor Paulo Ayres Barreto tratou do confronto entre as manifestações de linguagem especificamente em relação ao ato simulado, e não no contexto desta obra, comparando a linguagem exarada pelo contribuinte, com o intuito de evitar a ocorrência do fato gerador, e a exarada pela autoridade administrativa, com o escopo de requalificar o fato jurídico tributário. (*Ato simulado e sonegação fiscal*, in Congresso Nacional de Estudos Tributários VII - Direito Tributário e os conceitos de direito privado, São Paulo, Noeses, 2010, p. 1.058).

CAPÍTULO VI

A EFICÁCIA DO FATO JURÍDICO TRIBUTÁRIO

"Além disso, em todas as deliberações, e em todos os pleitos, é necessária a faculdade de raciocinar com solidez, pois sem ela as decisões dos homens são precipitadas e as suas sentenças injustas, e contudo, se não houver uma eloquência poderosa que conquiste a atenção e o consenso, o efeito da razão será pequeno".

Thomas Hobbes[275]

1. A Coerência Intranormativa Interproposicional

O efeito do fato jurídico tributário é fruto da causalidade jurídica, tendo em vista norma incidente válida e vigente. Dado um fato, demonstrado pelos meios de prova e subsumido à hipótese da incidência tributária, cabe ao agente competente a formalização da relação jurídica decorrente. É pela relação jurídica que se atribui eficácia ao fato jurídico. E é com a interposição do fato que se torna possível a efetivação da relação jurídica antes abstrata.

Não só os fatos jurídicos implicam individuação da hipótese fática, como também os seus efeitos (relação jurídica)

275. *Leviatã*, trad. Heloisa da Graça Burati São Paulo, Editora Rideel, 2005, p. 403.

estão no plano concreto da realidade social. Sem o fato jurídico não se propaga o efeito próprio, o liame obrigacional. É por essa razão que também a prestação pecuniária decorrente pode afirmar ou até infirmar o fato jurídico.

A norma individual e concreta, por meio do emprego da linguagem competente, a partir da realização do evento juridicamente descrito, apresenta as notas conceituais eleitas para a descrição do evento e construção do fato jurídico tributário. Referidas notas devem conceituar o critério material, o critério espacial e o critério temporal. Uma vez efetuada essa descrição, *deve ser* o prescritor da regra-matriz de incidência, o qual contém dois critérios, a saber, o pessoal – sujeito ativo e sujeito passivo – e o quantitativo – base de cálculo e alíquota.

Pode ocorrer um desalinho entre os enunciados do antecedente e do consequente da norma individual e concreta ou um desajuste nos próprios enunciados. Quanto ao desajuste nos próprios enunciados, há possibilidade de ocorrer erro de fato ou erro de direito.

O erro de fato corresponde, como leciona Paulo de Barros Carvalho,[276] ao desajuste "interno na estrutura do enunciado, por insuficiência de dados linguísticos informativos ou pelo uso indevido de construções de linguagem que fazem as vezes de prova". O erro de fato pode estar na hipótese ou na consequência da norma.

A norma individual e concreta pode ser também objeto de erro de direito, quando o desajuste ocorre entre esta e a norma geral e abstrata que lhe fundamenta. O erro na utilização da alíquota, ou o erro de sujeito ativo, é sempre um erro de direito, na medida em que só pode corresponder ao erro de subsunção da norma concreta na norma abstrata. Mas, nada impede que outros elementos, como a própria base de cálculo, sejam viciados por erro de direito, o que se verifica quando o erro está na

276. *Direito Tributário*: fundamentos jurídicos da incidência, 7ª ed., São Paulo, Saraiva, 2009, p. 302.

subsunção do enunciado do antecedente ou do consequente da norma individual e concreta aos elementos conotativos da hipótese ou da consequência, prescritos na norma geral e abstrata.[277]

Dois exemplos sobre erro na base de cálculo bem ilustram a distinção entre erro de fato e erro de direito. O erro de direito fica evidente quando a autoridade administrativa apura a base de cálculo correspondente à omissão de receita, calculando o *quantum debeatur* a partir da totalidade das receitas, ao invés de apurar apenas os efeitos da postergação em relação a um fato jurídico que se consubstancia em reconhecimento da receita em ano-calendário posterior àquele em que deveria ser reconhecida, considerando que esse reconhecimento ocorreu antes do início da fiscalização e em situação que não causa outro efeito que não o da postergação.[278]

Quanto ao erro de fato na base de cálculo, é o caso de lançamento em razão de omissão de receita que observa a metodologia e os critérios previstos na norma geral e abstrata, mas possui equívoco porque um dos valores foi digitado erroneamente.

Independentemente da existência de erro de fato ou de erro de direito, pode ocorrer um desalinho entre os enunciados do antecedente e do consequente da norma individual e concreta. Esse desalinho é o que denominamos de incoerência

277. "Desde que, em qualquer dos casos, atendam aos seguintes requisitos propostos por Paulo de Barros Carvalho: 1) A linha divisória entre erro de fato e erro de direito fica bem nítida: se o desajuste de linguagem verificar-se no interior de uma única norma, seja no antecedente ou no consequente, teremos erro de fato. 2) Para que se trate de erro de fato, essa norma tem de ser individual e concreta. 3) Quando os desacertos de linguagem envolverem duas ou mais normas, sendo uma delas, obrigatoriamente, regra individual e concreta, e outra, também, necessariamente, geral e abstrata, teremos erro de direito. 4) Como particularidade das normas jurídicas tributárias, qualquer desalinho com relação à "alíquota" ou ao "sujeito ativo" será sempre erro de direito, porquanto esses os únicos fatores compositivos da estrutura normativa, que não podem ser encontrados na contextura do fato jurídico tributário. Sua consideração supõe, necessariamente, o trajeto que vai da norma geral e abstrata à norma individual e concreta." (Tácio Lacerda Gama, *Competência tributária* – fundamentos para uma teoria da nulidade, São Paulo, Noeses, 2009, p. 413).

278. Omissão de receita não se confunde com o reconhecimento a destempo da receita (*vide* Parecer Normativo COSIT nº 02, de 08.08.1996).

intranormativa interproposicional. É a relação jurídica da norma individual e concreta que confirma ou infirma a eficácia do fato jurídico tributário. Reportamo-nos, nesse sentido, tanto à eficácia jurídica quanto à eficácia social (efetividade).

As consequências advindas da existência de erro de fato, erro de direito ou de desalinho entre antecedente e consequente, no lançamento de ofício, nem sempre são as mesmas. O erro de direito, via de regra, não é passível de correção pelo julgador. Ou seja, quando há erro na capitulação legal, não pode o julgador administrativo ajustar o fundamento do lançamento. Isto porque, nos termos do art. 142 do Código Tributário Nacional, a competência jurídica para efetuar o lançamento de ofício é atribuída apenas à autoridade fiscal, não sendo estendida à autoridade julgadora, que fica impossibilitada de ajustar o lançamento para corrigir erro de direito. Do contrário, estaríamos permitindo uma nova constituição do fato jurídico tributário e, portanto, novo lançamento de ofício, por autoridade que não aquela que possui competência jurídica.

Válido citar a jurisprudência do Conselho Administrativo de Recursos Fiscais, que sempre caminhou no sentido de que a autoridade julgadora (Delegacia da Receita Federal de Julgamento e Conselho Administrativo de Recursos Fiscais) não possui competência para aperfeiçoar o lançamento quando existente erro de direito:

> IRPJ - INOVAÇÃO QUANTO AO LANÇAMENTO NO ATO DECISÓRIO DA DELEGACIA DA RECEITA FEDERAL DE JULGAMENTO - IMPOSSIBILIDADE - O dever poder de decidir conferido ao Delegado da Receita Federal de Julgamento está adstrito aos termos do lançamento efetuado pela autoridade fiscal, não cabendo-lhe *(sic)* aperfeiçoá-lo ou transformá-lo de qualquer forma, sob pena de transposição de sua competência legal. C.S.S.L - ERRO NA APURAÇÃO DA BASE DE CÁLCULO - IMPOSSIBILIDADE DE APERFEIÇOAMENTO POR ESTE ÓRGÃO JULGADOR - Não tendo a autoridade lançadora obedecido aos preceitos legais para a fixação da base de cálculo da contribuição, não cabe a este órgão aperfeiçoar o lançamento, mas apenas afastar a exigência, diante do erro ocorrido. (Acórdão nº 103-20.754, sessão de 17.10.2001).

> IRPF - AUTO DE INFRAÇÃO - NULIDADE – ACRÉSCIMO PATRIMONIAL A DESCOBERTO - A descrição dos fatos e o enquadramento legal tipificados no auto de infração devem ser compatíveis entre si, sob pena de sua nulidade *ab initio*. (Acórdão nº 102-45.296, sessão de 06/12/2001).

Importante apontarmos para a diferença entre a existência da capitulação legal equivocada *in totum*, que impossibilita a constituição do crédito tributário se não efetuado novo lançamento, hipótese correspondente ao erro de direito, da capitulação legal feita em excesso, e que não prejudica a apreciação do lançamento. Apenas nesta última hipótese não temos por consequência o cancelamento do lançamento, desde que não constatada violação ao pleno exercício do direito de defesa do sujeito passivo no âmbito do processo administrativo fiscal, na premissa de que a capitulação legal pertinente foi efetuada e que aquela em excesso não lhe é contraditória.

Já o erro de fato pode, em regra, ser objeto de ajuste pelo julgador administrativo, inclusive com exclusão parcial de crédito tributário, desde que tal ajuste não implique alteração das feições do crédito tributário na parte em que mantido. Com isto, queremos dizer que não pode ser alterado o fato constituído pelas provas e sua subsunção à norma geral e abstrata apontada desde o lançamento de ofício, na forma como descrito no Termo de Verificação Fiscal.

O desalinho entre antecedente e consequente também pode ser objeto de ajustamento, na medida em que, assim como a correção do erro de fato, não implique nova subsunção a uma outra norma geral e abstrata, o que equivaleria à configuração de novo fato jurídico tributário. Reiteramos, portanto, que o ajuste por autoridade julgadora somente é possível se dele não decorrer a constituição de novo fato ou a subsunção a outro comando jurídico.

Quando dizemos que não é permitido que do ajuste no lançamento de ofício se configure novo fato, reportamo-nos à impossibilidade de atribuir nova consequência às provas dos suportes fáticos e ao produto do seu conjunto denotativo do fato jurídico tributário. Da mesma forma, ao pressupor a impossibilidade de ajuste que implique subsunção a outro comando jurídico, referimo-nos ao produto da convergência das normas que denotam o comando imediatamente vinculante para a Administração Pública.

Neste ponto, vale lembrar que desde o início esclarecemos que na primeira revisão efetuada pela Administração Pública para proceder ao lançamento de ofício, o objeto não é um fato de incidência fiscal isoladamente considerado, mas aquele que se apresenta na norma expedida pelo particular para a constituição do crédito tributário, tomando-se em conta, portanto, todas as incidências que, em relação de includência necessária, apontam o fato suficiente a implicar obrigação decorrente. Na ocasião, mencionamos exemplo que enseja a confluência de ao menos três incidências para a constituição do fato suficiente a denotar a específica obrigação tributária, cuja ilustração reproduzimos:

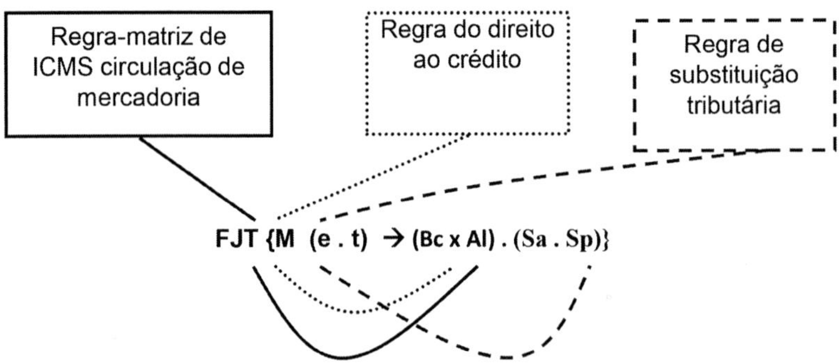

Se a partir da revisão desse objeto houve a expedição de norma individual e concreta (lançamento de ofício), negando ou não o fato apresentado na norma revisada, para respectivamente constituir ou complementar obrigação, na revisão desse lançamento de ofício é esta a norma (produto do lançamento de ofício) que se constitui em seu objeto, toda ela e não apenas um fato isolado, já que a revisão do fato só tem pertinência jurídica se dela decorrer a consequência. Nesse passo, a revisão é permitida desde que não condicionada à alteração na subsunção de quaisquer aspectos da norma (concreta) revisada às normas (abstratas) que lhe fundamentam.

Retornando à relação entre fato e obrigação, Eurico Marcos Diniz de Santi,[279] em perspicaz trabalho, ao tratar da incidência das normas jurídicas, atribui ao fato juridicizado e à respectiva norma jurídica eficácia jurídica e efetividade, se o fato jurídico produzir o efeito de prescrição de relação jurídica e dessa prescrição normativa decorrer coincidência no universo do comportamento social.

A efetividade depende da solidez de raciocínio, e, no âmbito jurídico, é o raciocínio lógico e coerente que atribuirá, em grande parte, a eloquência necessária ao convencimento do indivíduo sobre o cumprimento da norma.

O fato jurídico corresponde a um corte no suporte fático. Não é todo o suporte fático que entra no mundo jurídico, mas apenas a parte recortada pelo juízo valorativo do operador do direito. O legislador deve considerar, para efeito do recorte na realidade social, a estrutura lógica da norma. Também o operador do direito, ao constituir o fato jurídico, deve atentar para que as versões factuais adotadas sejam necessárias e eficientes a implicar a prescrição da conduta que pretende seja cumprida. Noutro giro, a conduta prescrita deve guardar absoluta relação com o fato jurídico, sob pena de torná-lo ineficaz, juridicamente ou socialmente.

E não é só. Como vimos desde o início, ao fato jurídico tributário em ato de primeira revisão pela Administração (lançamento de ofício) são atribuídas novas feições, decorrentes de novas traduções dos mesmos suportes fáticos ou de inclusão de outros suportes fáticos, traduções essas que podem pressupor as considerações, positiva ou negativa, do fato jurídico e da relação jurídica, anteriormente constituídos pelo particular, então revisados. É a partir desse fato jurídico tributário,

279. *Lançamento tributário*, São Paulo, Max Limonad, 1996, p. 56.

aferido com base na completude de seus suportes fáticos considerados em ato de revisão, que se constitui logicamente a relação jurídica obrigacional de mesma natureza.

Nas relações regidas pelos modais deônticos, os fatos jurídicos são a causa de efeitos específicos, relacionados pelo conectivo (sincategorema) condicional. Dessa forma, "se p, então q", assim representado: "p ⊃ q". "p" representa um fato jurídico e "q" a relação jurídica que daquele fato deriva. Torquato Castro Júnior,[280] em filosófico estudo, trata do *modus ponens*, salientando que esse esquema é o mesmo do funcionamento da norma jurídica, pressupondo, ao mesmo tempo, o conectivo condicional de que tratamos e o conjuntor (simbolizado por um ponto: "."), que significa que "p" verdadeiramente ocorreu, e é a conjugação desses dois pressupostos que realmente implica o surgimento da relação jurídica. Vejamos exemplo citado pelo autor:

> (II) [(p ⊃ q) . p] ⊃ q
>
> Parênteses e colchetes demarcam unidades de leitura. O que se diz entre os parênteses é (I): assumindo ser dado "p", então é dado "q"; o que se diz entre os colchetes é que além de se saber que (I) é uma operação verdadeira, sabe-se também que ocorreu o antecedente dessa operação verdadeiramente – e não apenas em tese, como em (I) enquanto função.
>
> [...]
>
> Esse é um esquema formal para a norma contida no art. 2º do Código Civil brasileiro. O *modus ponens* expressa a enunciação de que, admitindo-se a regra "p ⊃ q", com o específico conteúdo do art. 2º do C.C. e constatada concomitantemente a ocorrência concreta de "p", i.e. de um "nascimento com vida", então, é de concluir-se ser verdadeiro que se iniciou a "personalidade civil", i.e., desse sujeito nascido com vida.[281]

280. *A pragmática das nulidades e a teoria do ato jurídico inexistente*, São Paulo, Noeses, 2009, p. 112-113.

281. Idem.

A partir da correspondência entre antecedente e consequente formalizada pelo *modus ponens*, o estudo deôntico necessariamente deve analisar o paradoxo do condicional: se o antecedente é verdadeiro, também é verdadeiro o consequente; e, por outro lado, se o consequente é falso, também é falso o antecedente.

A construção do fato jurídico tributário em ato de revisão se dá pela linguagem das provas, que sucede o recorte do universo social a partir de juízos valorativos. A pretensão do homem de alcançar a verdade é ainda questão tormentosa, constante no discurso científico. Se a realidade humana é compreendida por meio de versões expressas em linguagem, então a verdade é uma correspondência entre uma proposição e uma interpretação mais originária do fato. A verdade dessa proposição depende, também, da ausência de contradição.

Bastante oportuno, para o nosso enfoque, o conceito de verdade na acepção de coerência, já que preserva a ausência de contradição entre as proposições. Ou seja, independentemente da aproximação entre a ocorrência fenomênica e o enunciado do fato jurídico tributário, como bem lembra Fabiana Del Padre Tomé,[282] a verdade depende da coerência das proposições que, em seu conjunto, descrevem sem contradição a realidade, deduzindo-se as proposições umas das outras.

Já tratamos da proposição do fato jurídico tributário e, naquela oportunidade, ressaltamos a importância da coerência intranormativa intraproposicional entre os enunciados dos suportes fáticos. Claramente defendemos que, na composição do fato jurídico, é inadmissível a contradição entre os enunciados dos suportes fáticos necessários, de constatação e de revisão.

E não poderia ser de outra forma. A lógica clássica é baseada em três princípios básicos: o princípio da identidade, o princípio da não contradição e o princípio do terceiro excluído. O princípio da identidade postula que "uma coisa é uma coisa, outra coisa é outra coisa", formalizado como "p≡p". O

---

282. *A prova no direito tributário*, São Paulo, Noeses, 2005, p. 13.

princípio da não contradição, formalizado como "- (p . -p)", significa afirmar que não é possível que uma coisa seja e não seja ao mesmo tempo. Por último, o princípio do terceiro excluído implica a utilização da conjunção na modalidade excludente, representado pelo conectivo "v" (alternativa excludente), assim representado "p v -p".

Sobre a coerência intranormativa interproposicional, valemo-nos dos ensinamentos de Humberto Ávila,[283] que, muito embora colocados em outro contexto, aqui nos auxiliam na divisão desse conceito em plano formal e plano substancial. No plano formal, o que veste nosso objeto, um conjunto de proposições é coerente se preenche os requisitos de (i) consistência e de (ii) completude. Consistência porque não contém contradição; completude porque possui todos os elementos e implica consequência lógica.

A coerência no plano substancial, adaptada agora para a norma individual e concreta, corresponde à relação de dependência recíproca entre as proposições, satisfazendo os requisitos de implicação lógica e de equivalência lógica. A verdade da premissa permite concluir pela verdade da conclusão; e o conteúdo de verdade da primeira proposição (antecedente) atua sobre o conteúdo de verdade da segunda proposição (consequente).

A materialidade do fato imponível está intrinsecamente relacionada à prestação pecuniária, já que esta deve ocorrer na medida daquela. Daí porque afirmamos que a configuração da obrigação tributária pode afirmar ou até infirmar o fato jurídico tributário. A unidade de medida traduzida em expressão numérica, prevista na lei como base de cálculo da prestação obrigacional, deve corresponder à real apuração do valor econômico da materialidade descrita no fato jurídico tributário.

O real valor econômico pode ser tão somente substituído por um valor presumido, se (i) simultaneamente comprovado que o valor presumido tem previsão legal e seguiu-se a opção

283. *Sistema constitucional tributário*, 3ª ed., Saraiva, São Paulo, 2008, p. 31.

do sujeito passivo (*i.e.*, lucro presumido), (ii) a lei assim se impõe por motivo específico (*i.e.*, regra de preço de transferência ou substituição tributária) e (iii) a lei assim determina pela impossibilidade comprovada da aferição do valor real (*i.e.*, arbitramento). Seja o valor apurado por metodologia que privilegia o real ou o presumido, ele tem sempre relação de proporcionalidade com a materialidade descrita no antecedente da norma individual e concreta.

A base de cálculo deve ser sempre uma expressão econômica do fato jurídico tributário e, como este, também está subordinada à reserva legal. Como acertadamente assevera Misabel Derzi:[284] "quando um tributo está posto em lei, tecnicamente correta, a base de cálculo determina o retorno ao fato descrito na hipótese de incidência. Portanto, o fato medido na base de cálculo deverá ser o mesmo posto na hipótese".

Concluímos disso que a base de cálculo não tem só a função de quantificar a prestação jurídica tributária, como também tem a função de confirmar, por coerência, o fato jurídico tributário no âmbito da norma individual e concreta. Da mesma sorte, no âmbito da norma geral e abstrata, a base de cálculo prevista *in abstracto* confirma ou infirma a própria natureza jurídica do tributo. Em ambas as normas, eventual incoerência intranormativa pode levar ao absurdo de tornar a norma socialmente ou juridicamente ineficaz, salvo hipóteses em que é possível o ajuste da base de cálculo, sem alteração da metodologia do lançamento e sem desconfiguração do fato jurídico tributário.

Estabelecida a premissa de que deve ser observada a relação de causa e efeito entre o fato jurídico tributário e a base de cálculo, lembramos que o *quantum debeatur* é produto da aplicação de alíquota sobre base de cálculo em concreto. Também a alíquota utilizada subordina-se à reserva legal e pode, ainda que em menor grau, afirmar ou tornar ineficaz o fato jurídico tributário.

---

284. Notas de atualização ao livro *Direito tributário brasileiro*, de Aliomar Baleeiro (Rio de Janeiro, Forense, 11ª. ed., 2002 p. 65).

Por estarmos diante de norma individual e concreta, não tratamos da problemática da alíquota em face de eventual caráter confiscatório ou outras conjecturas de cunho legal ou constitucional. Utilizamos da Teoria Geral do Direito para adentrar exclusivamente na análise da norma individual e concreta, tomando por premissa a validade sistêmica da norma geral e abstrata que lhe fundamenta. Mas, ainda assim, se o objeto da norma individual e concreta é uma prestação pecuniária específica, a partir da conjugação de base de cálculo e alíquota, por óbvio que a alíquota deve ser aquela exatamente prevista na norma geral e abstrata, na qual o fato jurídico tributário se subsumiu.

Ainda no que tange à coerência intranormativa interproposicional, considerando que (i) a proposição antecedente atua no conteúdo da proposição consequente, (ii) não há que se falar em relação jurídica se não houver ao menos dois sujeitos, já que as relações jurídicas são irreflexivas,[285] e (iii) os sujeitos, ativo e passivo, compõem o consequente da norma, então ambos os sujeitos devem satisfazer o requisito de implicação lógica do fato jurídico tributário.

2. A Relação do Consequente com o Fato Jurídico, nos casos de Substituição Tributária e de Antecipação

O Direito Tributário atribui a condição de sujeito passivo da obrigação ao contribuinte e ao responsável. O contribuinte é de fato a pessoa que realiza a materialidade da hipótese de incidência, ao passo que o responsável é colocado na condição de sujeito passivo por determinação legal, como é o caso da sucessão (arts. 129 e 133 do Código Tributário Nacional). Nessa parte, não tratamos de sujeição passiva propriamente, mas da constituição de fato jurídico tributário que, visando à transferência do sujeito passivo, pressupõe ressarcimento ou

285. Mesmo na relação do sujeito com uma coisa, como se verifica nos direitos reais, existe a relação jurídica mediata entre dois sujeitos.

retenção, pelo que restringimos nossas considerações às hipóteses de substituição tributária. Isso ocorre quando o sujeito responsável absorve totalmente o débito tributário, em razão de fato que não lhe é próprio.

A substituição tributária foi introduzida no atual ordenamento jurídico pelo art. 128 do Código Tributário Nacional, com a finalidade de modernizar e facilitar a fiscalização, presumindo a ocorrência do fato jurídico tributário ou diferindo a sua realização para o terceiro responsável (substituto). A norma geral e abstrata de substituição tributária estabelece relação entre o substituto e o fato jurídico tributário, prescrevendo, por consequência, comando, para que o substituto cumpra com a obrigação tributária, como escreve Maria Rita Ferragut,[286] relativa ao "fato juridicamente relevante praticado pelo substituído, ao mesmo tempo em que exonera este último a cumprir com a obrigação".

A substituição tributária pode ser *para frente*,[287] *para trás* e *convencional*, respectivamente, (i) determinando recolhimento da exação antes da ocorrência do fato jurídico tributário, presumindo a sua ocorrência futura, (ii) posteriormente à ocorrência do fato jurídico tributário e (iii) no momento mesmo da ocorrência do fato jurídico tributário (retenção).[288]

O fato jurídico da substituição tributária não se confunde com o fato jurídico tributário. O substituto legal tem também o seu próprio e específico dever jurídico, este é fruto de incidência sobre fato-signo próprio, e aquele (obrigação decorrente de substituição tributária) é fruto de incidência sobre

---

286. *Responsabilidade tributária e o Código Civil de 2002*, São Paulo, Noeses, 2005, p. 60.

287. Apesar de gravemente combatida, a substituição para frente foi autorizada pelo art. 150, § 7º da CF/88: "a lei poderá atribuir a sujeito passivo de obrigação tributária a condição de responsável pelo pagamento de imposto ou contribuição, cujo fato gerador deva ocorrer posteriormente, assegurada a imediata e preferencial restituição da quantia paga, caso não se realize o fato gerador presumido".

288. Art. 45, parágrafo único, do Código Tributário Nacional:
"A lei pode atribuir à fonte pagadora da renda ou dos proventos tributáveis a condição de responsável pelo imposto cuja retenção e recolhimento lhe caibam".

fato-signo de outrem, do substituído. Na hipótese de retenção na fonte, modalidade de substituição tributária, o mesmo ocorre, porquanto o dever de pagar não se confunde com a materialidade de incidência fiscal. O dever de pagar é do sujeito passivo que, contudo, não é aquele que praticou o fato-signo de incidência fiscal, ainda que se trate de retenção exclusivamente na fonte.

A Lei Complementar, em sua competência materialmente privativa, estabelece que o sujeito passivo da obrigação tributária é o contribuinte, que mantém relação pessoal e direta com o fato jurídico tributário ou o responsável, cuja obrigação decorre exclusivamente de disposição expressa em lei. O responsável recolhe o tributo porque a lei assim determina, não porque realizou a materialidade descrita na norma de incidência tributária, apesar de o responsável possuir vínculo indireto com o fato que se subsume à incidência tributária. O fato jurídico do substituto é um pressuposto de fato específico, diverso do fato jurídico tributário, praticado pelo substituído. Daquele deriva a obrigação de retenção e recolhimento, ao passo que deste deriva a consequência tributária efetivamente relacionada à materialidade da hipótese de incidência.

Como tratamos no capítulo III acerca da descrição dos elementos do fato jurídico tributário no caso da substituição tributária, lembrando que defendemos a aplicação conjunta da norma de incidência tributária e da norma de substituição para a introdução de nova norma individual e concreta, a coerência intranormativa intraproposicional se verifica (i) pelo relato completo da materialidade do fato jurídico da substituição, evidenciando todos os elementos (*v.g.*, batismo da mercadoria, finalidade da operação, destino, etc.) suficientes ao enquadramento da ocorrência relatada na regra da substituição tributária, (ii) pelo relato completo dos elementos materiais, espaciais e temporais da incidência tributária, ainda que presumida e (iii) pela inexistência de contradição entre o enunciado do suporte fático de substituição e o enunciado do suporte fático de incidência tributária.

Necessária também a coerência intranormativa interproposicional, entre a proposição antecedente e a proposição consequente. No tocante à substituição, ainda que o substituto seja o responsável pelo adimplemento da obrigação, o fato jurídico tributário não pode ignorar a situação do substituído. Melhor dizendo, a coerência impõe que na constituição do fato jurídico tributário e da respectiva obrigação, seja considerado, por implicação lógica do suporte fático da substituição, o substituto como sujeito passivo e, por equivalência lógica, o regime jurídico (materialidade) do substituído, e não do substituto, mormente para efeito de quantificação do débito, que apenas deve ser recolhido, mas não efetivamente arcado pelo substituto.

Por equivalência lógica, temos então que, consoante ensina Aires F. Barreto,[289] sempre que houver substituição, necessário que (i) a obrigação seja escriturada "tendo em vista as características objetivas do fato implementado pelo contribuinte", não pelo responsável, (ii) os elementos subjetivos relevantes sejam estabelecidos também em relação à pessoa do contribuinte e (iii) o substituto tenha o direito de perceber ou reter do contribuinte o *quantum* do tributo a ser pago.

Peculiar é a hipótese de substituição tributária *para frente*, a qual implica relato de um fato jurídico tributário presumido. A consequência também presumida não pode ferir a coerência intranormativa interproposicional, pressupondo sempre a prova em contrário e a devolução dos valores indevidamente adiantados ao fisco. Reforça esse posicionamento a própria Constituição da República:[290]

> A lei poderá atribuir ao sujeito passivo da obrigação tributária a condição de responsável pelo pagamento de imposto ou contribuição, cujo fato gerador deva ocorrer posteriormente, assegurada a imediata e preferencial restituição da quantia paga, caso não se realize o fato gerador presumido.

---

289. *ISS na Constituição e na Lei*, 2ª ed., São Paulo, Dialética, 2005, p. 351.

290. Art. 150, § 7º, da Constituição Federal, acrescentado pela Emenda nº 03, de 17 de março de 1993.

No caso da substituição *para frente*, são pelo menos dois suportes fáticos: o suporte fático da relação jurídica de substituição e o suporte fático da conduta do substituído. A conduta do substituído é presumida, correspondendo a uma possibilidade, forte é verdade, de sua ocorrência, mas não uma necessidade de sua ocorrência. A presunção se presta paradoxalmente como prova de fato ainda não ocorrido, e é por essa razão que tanto se aventa sobre o direito de devolução pelo fisco dos valores arrecadados, para os quais não houve a efetiva materialização da presunção no mundo fenomênico.

É de fato tormentoso encontrar coerência entre o consequente e o antecedente, quando no fato jurídico tributário encontramos o suporte fático de relação jurídica de substituição tributária *para frente*. A uma porque nunca se tratará de um fato praticado pelo sujeito passivo e de grandeza por ele auferida, do que decorre que a coerência implica a relação entre o aspecto quantitativo do consequente e o fato presumido do substituído. A duas porque especificamente nos casos de substituição *para frente* o aspecto material do fato jurídico ainda não ocorreu. O tempo *no* fato encontra referência na relação de substituição tributária. Nessa hipótese, quando da revisão, a coerência impõe a verificação da relação entre a grandeza tributada e a ocorrência na experiência, se traduzida ou não na presunção antes adotada, inclusive em relação à eventual pauta de valores abstratamente determinada.

A despeito de nossas considerações, logicamente depreendidas da relação entre o fato jurídico tributário e o consequente da norma individual e concreta, consignamos que o Supremo Tribunal Federal colocou uma pá de cal na insurreição dos contribuintes contra a sistemática da substituição tributária.[291]

Não bastasse, encontrava-se em Repercussão Geral a discussão sobre a definitividade ou não da base de cálculo

291. Supremo Tribunal Federal, Primeira Turma, Recurso Extraordinário n. 213.396-5/SP, Relator Ministro Ilmar Galvão, julgado em 02.08.1999, DJ 01/12/2000: "[...] A responsabilidade, como substituto, no caso, foi imposta, por lei, como medida de política fiscal, autorizada pela Constituição, não havendo que se falar em exigência tributária despida de fato gerador".

presumida, sobre a ótica da restituição da diferença do imposto pago a mais no regime de substituição tributária. Ao fim e ao cabo, aguardou-se decisão sobre a necessidade de o fato jurídico tributário, tomado pelo fisco em ato de revisão, traduzir o evento juridicamente comprovado ou se basta a consideração da presunção hipoteticamente estabelecida, ainda que não verificada no caso concreto.[292]

Pois bem, na decisão de Repercussão Geral nos autos do Recurso Extraordinário n. 593.849/MG,[293] no qual foi alterado entendimento do STF sobre o regime de substituição tributária do Imposto sobre Circulação de Mercadorias e Serviços (ICMS), expandiu-se a hipótese de revisão de fato jurídico tributário, em face de descumprimento de substituição para frente, incluindo-se, em seu escopo, as hipóteses em que há diferença entre o valor recolhido previamente e o valor apurado no momento da venda. Na mesma sessão, foram julgadas as ADIs 2.675 / PE[294] e 2.777 / SP.[295]

A partir desta decisão, a Administração Pública, quando revisar obrigação decorrente do fato jurídico tributário, que pressupõe a substituição tributária, deverá averiguar a

---

292. Sobre este aspecto, lembramos que o plenário do Supremo Tribunal Federal, no julgamento da ADI n. 1.851-4/AL (Relator Min. Ilmar Galvão, julgado em 08.05.2002, DJ 13.12.2002) entendeu que: "[...] O fato gerador presumido, por isso mesmo, não é provisório, mas definitivo, não dando ensejo a restituição ou complementação do imposto pago, senão, no primeiro caso, na hipótese de sua não realização final. Admitir o contrário valeria por despojar-se o instituto das vantagens que determinaram a sua concepção e adoção, como a redução, a um só tempo, da máquina-fiscal e da evasão fiscal a dimensões mínimas, propiciando, portanto, maior comodidade, economia, eficiência e celeridade às atividades de tributação e arrecadação. Ação conhecida apenas em parte e, nessa parte, julgada improcedente".

293. Supremo Tribunal Federal, Pleno, Repercussão Geral no Recurso Extraordinário n. 593.849/MG, Relator Ministro Ricardo Lewandowski, DJ 08.10.2009.

294. O próprio governador de Pernambuco entrou com uma ADI buscando a declaração de inconstitucionalidade do art. 19, II, da Lei 11.408/96, do Estado de Pernambuco, que permitia o pedido de restituição dos valores pagos a maior em relação ao valor apurado no momento da venda.

295. Em que o Governador de São Paulo propugnou a inconstitucionalidade dos arts. 66-B, II da Lei 6.374/1989, do Estado de São Paulo, com fulcro na decisão proferida nos autos da ADI n. 1.851/AL.

existência da materialidade praticada pelo substituído e a conformação entre o fato jurídico tributário e os sujeitos (ativo e passivo), envolvidos na relação jurídica obrigacional. Nesse aspecto, quando a Corte Suprema julgou a ADI n. 1.851-4/AL, já afastou a possibilidade de subsistir fato jurídico tributário quando ao final não realizado o fato gerador presumido. Comparando os fundamentos da decisão proferida nos autos da ADI 1.851-4/AL e o fundamento da decisão do RE 593.849/MG, é questionável a própria viabilidade do sistema de substituição tributária, na medida em que se retira sua justificativa "extrafiscal", a saber, a praticabilidade.

Independentemente da decisão proferida pelo Supremo Tribunal Federal, também é ponto incontroverso que a Administração Pública, quando revisar obrigação decorrente de fato jurídico tributário que pressupõe a substituição tributária, deverá averiguar, no mínimo, a existência da materialidade praticada pelo substituído e a conformação entre o fato jurídico tributário e os sujeitos (ativo e passivo) envolvidos na relação jurídica obrigacional. Nesse aspecto, quando a Corte Suprema julgou a ADI nº 1.851-4/AL, já afastou a possibilidade de subsistir fato jurídico tributário quando ao final não realizado o fato gerador presumido.

Também não nos esqueçamos de que, inclusive na substituição convencional, tantas vezes o responsável tributário tem que arcar com o ônus da obrigação, mesmo não tendo retido do substituído a importância respectiva. Se a não retenção ou mesmo a impossibilidade de ressarcimento não se verificam por culpa do substituto, resta comprometida a coerência intranormativa interproposicional, já que é suporte fático do fato jurídico tributário (que mantém relações de implicação e equivalência lógica com a obrigação) o requisito da possibilidade de reembolso do substituto em qualquer que seja a modalidade de substituição tributária.

Ainda, especificamente nas hipóteses de retenção, dependendo da prescrição da norma geral e abstrata que deve indicar a exclusividade ou não da responsabilidade do substituto pelo adimplemento da obrigação tributária é que se verifica, a partir do ato de revisão, a obrigação coerente com o fato jurídico tributário então constituído. Para cumprimento do requisito de implicação lógica, deve-se procurar, no caso concreto, a ocorrência efetiva da relação jurídica não tributária entre substituto e substituído e a possibilidade de reembolso, além da vinculação da materialidade praticada pelo substituído à competência tributária do sujeito ativo.

Ora, se não houve a retenção, não se efetivando o consequente da relação jurídica não tributária, e se é possível estabelecer-se a relação jurídica entre fisco e substituído, sem prejuízo deste, então é o que deve ser observado no consequente da norma que revisou o fato jurídico tributário. Nesse sentido, já se manifestou a própria Receita Federal do Brasil, procurando a coerência entre a obrigação e a situação excepcional de não retenção verificada no caso concreto.[296] Nesses casos, para o substituto, o fato jurídico é apenas o de descumprimento da retenção. O descumprimento da retenção, como fato ilícito, enseja penalidade. Vejamos o item 14 do Parecer Normativo 01/2002:

> 14. Por outro lado, se somente após a data prevista para a entrega da declaração de ajuste anual, no caso de pessoa física, ou, após a data prevista para o encerramento do período de apuração em que o rendimento for tributado, seja trimestral, mensal estimado ou anual, no caso de pessoa jurídica, for constatado que não houve retenção do imposto, o destinatário da exigência passa a ser o contribuinte. Com efeito, se a lei exige que o contribuinte submeta os rendimentos à tributação, apure o imposto efetivo, considerando todos os rendimentos, a partir das datas referidas não se pode mais exigir da fonte pagadora o imposto.

---

296. Acórdão CSRF/01-03.784, sessão de 19.02.2002:
"IRPF - RESPONSABILIDADE - Constada pelo Fisco a ausência de retenção do Imposto de Renda na Fonte, a título de antecipação do imposto devido na Declaração de Ajuste Anual, após o término do ano-calendário, incabível a constituição do crédito tributário mediante o lançamento de Imposto de Renda na Fonte na pessoa jurídica ou física pagadora dos rendimentos. O lançamento a título de imposto de renda, se for o caso, deverá ser efetuado em nome do contribuinte, o beneficiário dos rendimentos. Recurso negado."

A partir dessas premissas, parece-nos que, toda vez que houver revisão e o fato jurídico tributário envolver substituição, é importante constar como elemento do fato jurídico tributário a situação que configura a possibilidade de retenção ou de percepção do valor do imposto a ser recolhido pelo substituto, melhor dizendo, a culpa do substituto pelo não reembolso e a impossibilidade jurídica (sem prejuízo dos direitos e garantias individuais) de constituir fato jurídico tributário para o contribuinte.[297]

Não havemos que ignorar também a necessidade de implicação lógica entre fato concreto e sujeição ativa. A substituição, seja ou não na modalidade de retenção, só pode ser efetuada se o elemento espacial do fato jurídico tributário não implicar confronto com a competência ativa do ente federativo. Nesse sentido, abordamos, no capítulo III, as situações relativas à previsão normativa para retenção do ISS.

Por isso que, se de um lado é permitido norma que visa à praticidade, pela qual também se atendem a igualdade e a capacidade contributiva, possibilitando a "execução simplificada, econômica e viável das leis",[298] por outro lado, os abusos não devem ser permitidos, devendo, ao revés, serem coibidos pelo poder jurisdicional típico ou atípico, nos atos de revisão. Nas lições de Aires F. Barreto,[299] a "deslocação" do sujeito passivo exige rigoroso cuidado do legislador para não fugir aos desígnios constitucionais da capacidade contributiva e da igualdade, além de, dizermos nós, da competência do ente tributante, sujeito ativo.

A mesma coerência entre a individuação do fato, em ato de revisão, e o consequente da norma se verifica nos casos de antecipação. Se ao tempo da revisão *do* fato a antecipação não tem mais lugar em face de apuração definitiva, como ocorre nos casos de estimativa de IRPJ, tem-se a integral

---

297. A impossibilidade jurídica de constituir fato jurídico tributário para o contribuinte pode decorrer simplesmente de previsão legal.

298. Aliomar Baleeiro, *Limitações constitucionais ao poder de tributar*, 7ª ed., São Paulo, Forense, 1997, p. 789.

299. *ISS na Constituição e na Lei*, 2ª ed., São Paulo, Dialética, 2005, p. 352.

substituição do fato jurídico da antecipação pelo fato jurídico tributário. Partindo da premissa que já adotamos, no sentido de que toda a interpretação que constitui algo e desconstitui a prova daquilo sobre o qual ela se sobrepõe implica a atribuição de todos os efeitos dentro de um mesmo sistema e regime próprio (tributário), não podemos admitir que exista obrigação de antecipar quando já houver fato jurídico tributário de apuração efetiva do tributo devido.

Em outras palavras, o fato jurídico de antecipação implica a obrigação de pagar o tributo apurado conforme a regra de antecipação (*e.g.*, estimativa). Se esse fato jurídico tributário de antecipação deixa de existir após um determinado tempo, com a introdução de norma individual e concreta que constitui fato jurídico tributário ao qual corresponde a obrigação de pagar o tributo efetivamente devido, então não há mais que se falar em qualquer aspecto quantitativo relacionado a fato jurídico de antecipação, que perdeu efetividade. A norma geral e abstrata só pode prever, após a retirada da ordem jurídica do fato jurídico de antecipação, a sanção pelo não recolhimento daquela obrigação, que também, por coerência lógica, deve observar, quando da revisão, proporcionalidade em relação à materialidade do fato jurídico tributário que substituiu em definitivo o fato da antecipação.[300]

A par das peculiaridades da revisão do fato jurídico tributário nos casos de substituição tributária e de antecipação,

300. Válido nesse ponto colacionar reiterada jurisprudência do Conselho Administrativo de Recursos Fiscais, conforme se verifica, por exemplo, da ementa do Acórdão CSRF/01-05.552 (Recurso nº 105-139.794, Processo nº 10680.005834/2003-12, Relator Conselheiro Marcos Vinícius Neder de Lima, sessão de 04/12/2006):
CSLL — MULTA ISOLADA POR FALTA DE RECOLHIMENTO DE ESTIMATIVA — TRIBUTO APURADO INFERIOR AO VALOR CALCULADO POR ESTIMATIVA. O artigo 44 da Lei nº 9.430/96 determina que a multa de ofício seja calculada sobre a totalidade ou diferença de tributo, grandeza que não se confunde com o valor calculado sob base estimada ao longo do ano. Na apuração do lucro real anual, o tributo devido pelo contribuinte só é conhecido ao final do período de apuração quando ocorre a aquisição de renda pelo contribuinte - fato gerador do Imposto sobre a Renda. Improcede a aplicação de penalidade pelo não recolhimento de estimativa quando o valor do cálculo estimado ultrapassa o tributo devido na escrita fiscal ao final do exercício.

qualquer fato jurídico tributário, inclusive fruto de revisão, deve manter coerência lógica com a proposição consequente – relação jurídica tributária –, e esta com aquele.

3. A Coerência Intranormativa Interproposicional na Revisão para Complementação

O aspecto quantitativo deve corresponder à mensuração do aspecto material do fato jurídico tributário, coerente, portanto, com os respectivos suportes fáticos. Não se trata mais de mera combinação da base de cálculo e alíquota, previstas na norma geral e abstrata, mas da sua observância em face da realidade demonstrada nos enunciados dos suportes fáticos do fato jurídico tributário, em ato de revisão. Desde logo: o direito do sujeito passivo à quantificação da real dimensão do débito está assegurado constitucionalmente e decorre dos princípios informadores do Sistema Tributário Nacional.

Muito bem, retornando ao conceito de verdade por coerência, pelo qual a verdade da premissa permite concluir pela verdade da conclusão e o conteúdo da primeira atua sobre o conteúdo da segunda, válido lembrar que didaticamente classificamos a revisão em duas espécies: revisão com negação ou revisão para complementação da situação jurídica revisada.

Iniciamos pela revisão para complementação, cuja formalização do fato jurídico constituído por ato de revisão foi assim formulada:

FJT {[SFc (e.t.)]. SFr . SFcn [FJT1 . (SaRSp)]}

O fato jurídico tributário (FJT) é a junção (i) do fato jurídico que enseja a complementação – suporte fático de constatação (SFc) em coordenadas de espaço e tempo (e.t), com (ii) o comportamento de enunciação da norma anterior (suporte fático de revisão da enunciação – SFr) e com (iii) o fato jurídico anterior (FJT1) e a relação jurídica obrigacional decorrente (SaRSp). Como desde o início defendemos, somente a integralidade, apresentada pela união de todos os enunciados, corresponde ao enunciado protocolar suficiente a implicar a relação jurídica tributária.

Considerando que não há negação da situação jurídica revisada e que o conjunto daquela norma revisada com as novas constatações é que conforma o fato jurídico tributário, não se admitindo lançamento que constitui fato jurídico isolado em decorrência de ilícito, porquanto este não é sequer tributário e dele só decorreria sanção, temos que:

(i) por implicação lógica, não há alteração de sujeito ativo e sujeito passivo;

(ii) por implicação lógica, a relação jurídica antes apresentada é totalmente considerada para efeito de quantificação positiva ou negativa do crédito tributário em ato de revisão; e

(iii) por decorrência lógica, a situação jurídica revisada, juntamente com a nova constatação, atua sobre a apuração da obrigação tributária decorrente do ato de revisão.

Ilustramos:

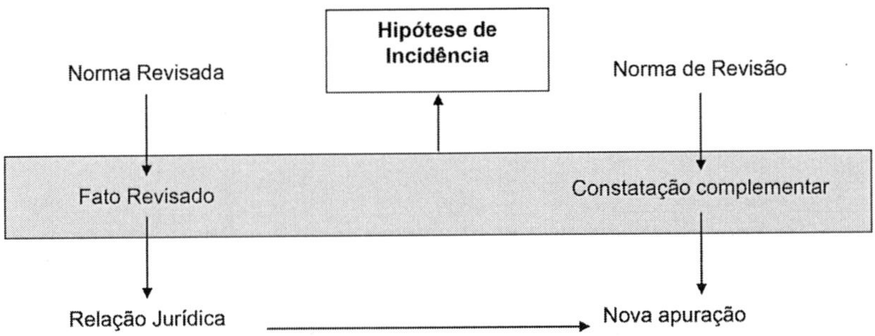

Salutar aqui a análise pragmática, mormente porque nosso objeto é a averiguação em concreto da materialidade de incidência tributária, especialmente nos diversos atos de revisão. Sobre esse aspecto, em primeiro lugar, de se considerar que se o fato jurídico corresponde ao conjunto de suportes fáticos, dentre os quais está em consideração positiva o que anteriormente fora constituído, qualquer revisão deverá levar em conta a nova constatação dentro de todo o contexto. Em levantamento efetuado pela fiscalização, por exemplo, deve ser sempre verificado o que compôs a enunciação do fato jurídico e da obrigação anteriormente constituídos, ora revisados, evitando-se a duplicidade de exação.

Se a apuração revisada também pertence ao fato jurídico tributário em ato de revisão, por decorrência lógica ela atua sobre a apuração da nova obrigação. É por isso que, há muito, o Tribunal Administrativo Federal, em ato de revisão, considera integralmente o prejuízo fiscal (IRPJ) e a base de cálculo negativa (CSLL), do ano-calendário referente ao fato revisto, além de compensar o prejuízo fiscal acumulado e a base de cálculo negativa acumulada, respeitando-se as limitações legais e as compensações já efetuadas, para fins de apuração da obrigação decorrente da revisão. A título elucidativo, vejamos as ementas abaixo transcritas:[301]

> APURAÇÃO DE MATÉRIA TRIBUTÁVEL. RECOMPOSIÇÃO DO LUCRO REAL. No lançamento de ofício realizado em razão de infrações à legislação do IRPJ, deve ser recomposto o lucro real do período-base, levando em conta o prejuízo fiscal apresentado na declaração de rendimentos. O mesmo ocorre em relação à base de cálculo negativa da CSLL. (Acórdão nº 107-09.141)
>
> IRPJ COMPENSAÇÃO DE OFÍCIO - REDUÇÃO DE PREJUÍZO FISCAL - Havendo prejuízo fiscal declarado, em montante superior ao do valor tributável apurado em ação fiscal, cabe, tão somente, proceder à redução do referido prejuízo. (Acórdão 108-08.698)

E não poderiam ser mais acertadas as decisões, já que, como vimos, não existe fato isolado de ilícito que possa ensejar, *per si*, obrigação tributária. Quando se tem um ato de revisão para complementação, via de regra, o ato ilícito é suporte fático

---

301. Conselho Administrativo de Recursos Fiscais: Acórdão nº 107-09.141, sessão de 12 de setembro de 2007 e Acórdão nº 108-08.698, sessão de 26 de janeiro de 2006. As mesmas premissas não raro são adotadas no âmbito previdenciário, a exemplo do acórdão 206-00.610, de 13 de março de 2008 que determinou a consideração da apuração anterior e o limite do teto do salário de contribuição.

mediato que apenas motiva a complementação do fato jurídico tributário anteriormente constituído. Ilustramos:

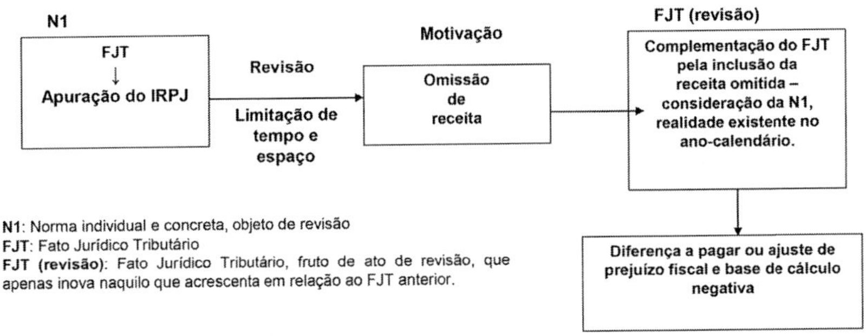

O mesmo se verifica em qualquer lançamento de ofício para complementação da obrigação, como na glosa de despesa:

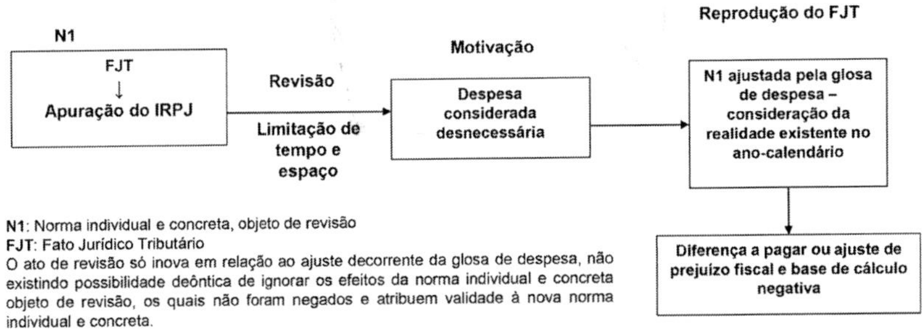

Nessa mesma linha de raciocínio, é ilógico e sem sentido deôntico desconsiderar o saldo credor de tributo apurado pela sistemática da não cumulatividade, seja o lançamento fulcrado ou não em crédito indevido, a exemplo do que ocorre nos lançamentos para cobrança de ICMS. Por isso, lamentamos o posicionamento atualmente firmado em Câmaras Reunidas do Tribunal de Impostos e Taxas do Estado de São Paulo. Citamos:[302]

> ICMS. CRÉDITO INDEVIDO COM BASE EM DOCUMENTOS FISCAIS DECLARADOS INIDÔNEOS, CUJAS PRIMEIRAS VIAS

302. Câmaras Reunidas do Tribunal de Impostos de Taxas do Estado de São Paulo: acórdão proferido no processo DRTC-II-90963571001, AIIM 2015753-8, Relator Durval Barros, sessão de 21.05.2009, publicado em 30.05.2009.

> NÃO FORAM APRESENTADAS AO FISCO. DECADÊNCIA - SALDO CREDOR. Inocorrente a decadência do item 1.2 do DDF. Inaplicabilidade da regra do § 4º do artigo 150 do CTN às infrações relativas a crédito indevido, uma vez que os pressupostos de sua aplicação não estão atendidos. Aplicabilidade, aos casos da espécie, da regra de decadência do artigo 173, inciso I do CTN. O valor indevidamente creditado deve ser sempre reclamado em Auto de Infração, independentemente do saldo do ICMS apresentado pelo contribuinte em sua conta gráfica, porque a lei assim o exige. A existência de saldo credor não é excludente da prática infracional que, *in casu*, restou plenamente configurada e legalmente tipificada.

Quando não se considera o saldo credor para o respectivo período, o que se pratica, em verdade, é a tributação, sem respaldo legal, de fato ilícito isoladamente considerado e não de fato jurídico tributário. Demonstramos:

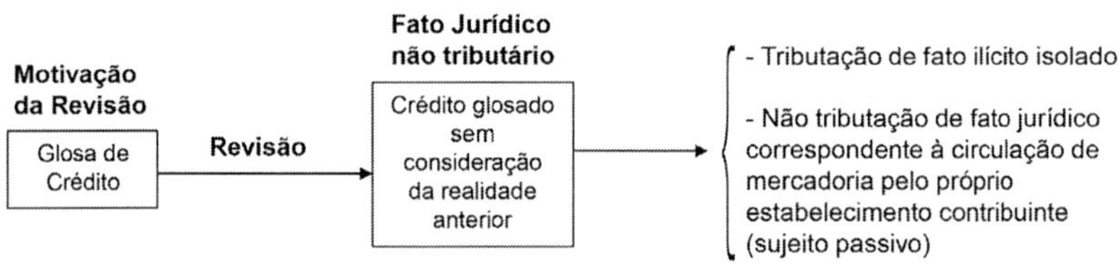

Tributação de fato ilícito isolado *versus* tributação sobre fato jurídico tributário (FJT), que toma em consideração a validade da norma individual e concreta anteriormente apresentada (N1), cuja apuração dela decorrente foi apenas complementada:

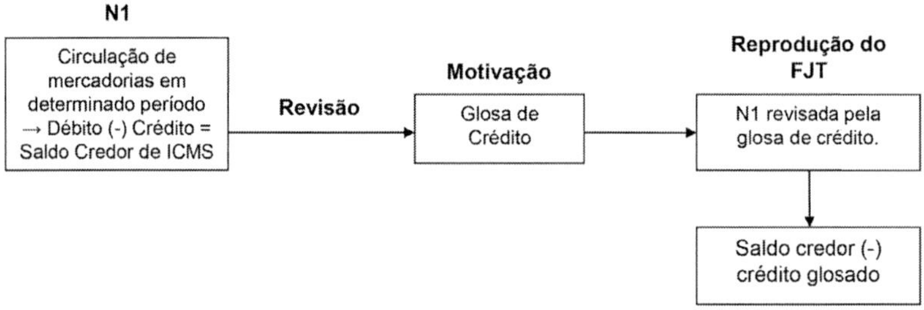

Na revisão para complementação – sem negação do fato jurídico tributário anteriormente declarado –, a apuração anterior só pode ser ignorada quando um sujeito passivo está sendo cobrado por tributo de outrem, o que ocorre, como vimos, no caso de substituição tributária ou de responsabilidade subjetiva. Em se tratando de substituição tributária, o fisco deve apontá-la na motivação da revisão, e, por decorrência, a possibilidade de reembolso do substituto deve constar como suporte fático do fato jurídico da substituição tributária. De outra parte, se a revisão está motivada em responsabilidade subjetiva, pela culpa *in eligendo* ou *in vigilando*, legalmente impostas, há que se considerar a boa-fé na constituição do fato jurídico tributário, como adiante tratamos no capítulo VII.

4. A Coerência Intranormativa Interproposicional na Revisão com Negação

Novamente buscando a validade do fato jurídico por coerência na relação entre este e a sua consequência, retomamos a formalização do fato jurídico constituído por ato de revisão com negação do fato revisado:

FJT {SFrn -[FJT1 . (SaRSp)] . SFr . [SFc(1,2,3...) (e.t)]}

Na constituição do novo fato jurídico tributário (FJT), há uma negação dos enunciados anteriores relativos aos suportes fáticos então adotados – nega-se o fato jurídico anterior (-FJT1) e, por decorrência, nega-se a respectiva relação jurídica [–(SaRSp)]. A realidade jurídica que até então prevaleceu entra como suporte fático de revisão (SFrn), para que seja negada. Também compõe o novo fato jurídico tributário o comportamento de enunciação da norma anterior (suporte fático de revisão da enunciação – SFr) e a tradução dominante dos suportes fáticos (SFc), em coordenadas de tempo e espaço (e.t).

Tais suportes fáticos podem ser somente os mesmos adotados na realidade negada, diferentemente traduzidos para o fim a que se destinam, como pode ocorrer o acréscimo ou a total substituição de suportes fáticos tomados em consideração. Na revisão com negação, o fato anteriormente constituído é considerado negativamente, negando-se, por decorrência, a relação implicada.

Muito bem, considerando que há negação da situação jurídica revisada, considerando, ainda, que a negação dessa situação jurídica é pressuposto probatório da enunciação da nova realidade jurídica, tendo em vista o princípio da não contradição e do terceiro excluído, e, considerando, por fim, que é impossível juridicamente que fato ilícito isoladamente implique a constituição de relação jurídica tributária, devendo ser considerada toda a situação fática que compõe a materialidade lícita de incidência fiscal, temos que:

(i) por implicação lógica, pode haver ou não alteração de sujeito ativo, de sujeito passivo, ou de ambos;

(ii) por implicação lógica, a norma revisada é considerada negativamente para efeito de prova do novo fato jurídico tributário constituído em ato de revisão, ao passo que a nova constatação determina a consideração de todos os elementos necessários à subsunção da norma individual e concreta à norma geral e abstrata;

(iii) por decorrência lógica, a apuração anterior atua na consequência para implicar direito de imputação ou de restituição, em face da apuração da obrigação tributária decorrente do ato de revisão; e

(iv) o direito de imputação ou de restituição deve ser analisado em face da alteração ou não de sujeitos envolvidos nas relações jurídicas, negada e constituída em ato de revisão.

Ilustramos:

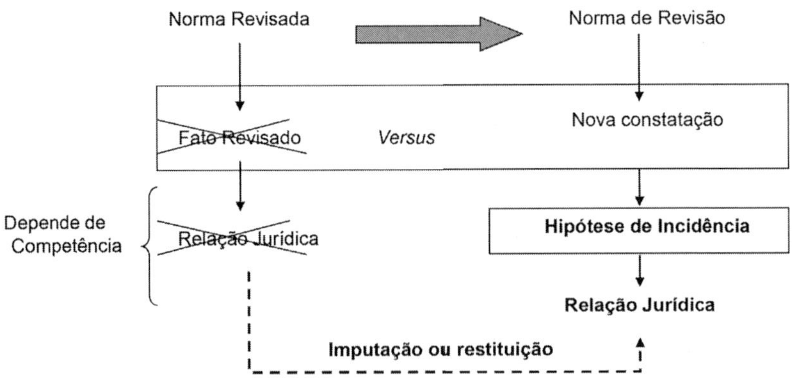

Novamente de grande valia a análise pragmática, aqui por conta da negação da situação jurídica anterior, tão farta de aspectos. Iniciamos pela desconsideração da situação jurídica de contribuinte do ICMS que estava amparado por regime especial de base de cálculo reduzida. Em razão de fato excepcional (redução de base de cálculo), a apuração do contribuinte desprezava qualquer tipo de crédito. Ao afastar para o caso concreto o regime especial, inclusive de forma retroativa, pressuposto do lançamento, constituiu-se novo fato jurídico, cuja realidade é de contribuinte enquadrado na regra geral de apuração não cumulativa de ICMS.

Ora, por implicação lógica da desconsideração da realidade jurídica anterior, deve ser a consideração integral da nova realidade, sob pena de, pelo código lícito/ilícito que opera no sistema jurídico, se sancionar e não tributar. A subsunção à nova realidade jurídica prescreve a consideração dos créditos a que faz jus o contribuinte, tomando-se em conta a regra vigente ao tempo *no* fato, constituído em revisão (tempo *do* fato). Ainda, por decorrência lógica da negação da relação jurídica anterior, tem-se o dever de a Administração Pública imputar os valores recolhidos em razão daquela relação jurídica negada, quando da apuração da nova relação jurídica.

Vejamos quadro explicativo:

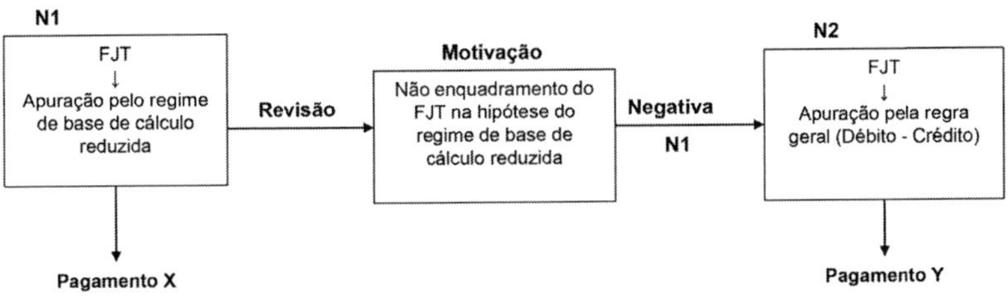

N1 = Norma individual e concreta, objeto de revisão
FJT = Fato Jurídico Tributário
N2 = Norma individual e concreta, produto do ato de revisão

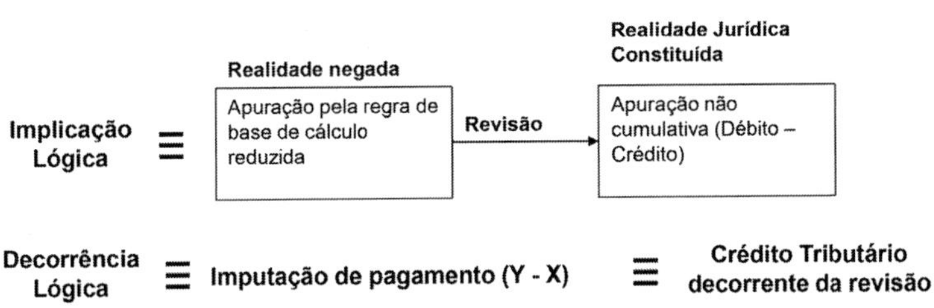

O controle de legalidade na revisão do fato jurídico tributário precisa observar os efeitos lógicos de implicação e decorrência entre fato e obrigação, não só por questão de coerência intranormativa interproposicional, mas também para validar a prova do fato e a relação de subsunção desse fato e da obrigação dele decorrente com as normas gerais e abstratas que lhes cuidam.

Não bastasse isso, o administrado tem constitucionalmente garantido o direito ao controle de legalidade pela Administração Pública. Ainda que ele seja responsável pelo conteúdo do fato jurídico tributário que ele mesmo informa e pela respectiva obrigação tributária que do fato decorre, a administração tributária deve controlar a legalidade, inclusive do que o próprio contribuinte informa, não só para cobrar, mas para evitar a cobrança de valores indevidos.

Caminhou ao encontro de nossa tese a recente disposição do já citado art. 21 da Lei de Introdução às Normas de Direito Brasileiro - LINDB, segundo o qual, há que se observar, na revisão do ato, os efeitos da negação atribuídos pela autoridade administrativa, garantindo-se uma decisão que confira uma tributação sempre proporcional e equânime.

Se cada vez mais se moderniza a Administração Tributária, transferindo ao contribuinte a operacionalização e criando mecanismos de controle, como é o caso do SPED, que compreende a Nota Fiscal Eletrônica (NF-e), a Escrituração Contábil Digital (ECD) e a Escrituração Fiscal Digital (EFD), tanto maior a obrigação da Administração de revisar, para mais ou para menos, o fato jurídico tributário e a obrigação dele decorrente. Como bem asseverado por Juliana Furtado Costa Araújo,[303] que exemplarmente impõe à Administração o dever de controlar a legalidade, "jamais poderá ser um ofício delegado a máquinas, mas sim a pessoas especializadas em exigir o crédito tributário que tenha por fundamento de validade estritamente a legislação tributária".

---

303. *A modernização da administração tributária*: iniciativas da Fazenda Pública visando ao incremento de sua atuação, in Congresso Nacional de Estudos Tributários V - Direito Tributário, linguagem e método, São Paulo, Noeses, 2008, p. 558.

Marco Aurélio Greco,[304] tratando da mútua implicação dos princípios que regem a atividade administrativa, verifica que é preciso haver legalidade com moralidade, moralidade com eficiência e eficiência dentro da legalidade, para, ao final, concluir pela necessidade de devolução *ex officio* de tributo indevidamente recolhido, o que implica, por maior razão, na imputação dos tributos pagos, para tratá-los em conformidade com as feições atribuídas aos suportes fáticos do fato jurídico tributário constituído em ato de revisão, mormente quando efetuada pela própria Administração Pública.

Passamos agora à situação exemplificativa de negação da classificação do serviço, adotada pelo contribuinte, para efeito de constituição de obrigação de pagar Imposto sobre Serviços – ISS. A negação da classificação do serviço implica a negação do fato jurídico tributário, que, então, em conjunto com a relação dele decorrente, entra como suporte fático de revisão do novo fato jurídico tributário. Disso decorrem, a princípio, as implicações e decorrências lógicas de que tratamos.

Entretanto, a situação jurídica torna-se complexa se, da divergência entre as classificações, adotadas pelo contribuinte e pela administração tributária, decorrer alteração de sujeição ativa, porque uma atividade está sujeita ao deslocamento de competência para o Município do tomador do serviço e a outra não. Em se verificando malfadada situação, não haverá como a administração tributária efetuar a imputação dos valores recolhidos, mas nem por isso perde a municipalidade o direito e o dever de constituir o fato jurídico tributário próprio de sua competência. Tal fato jurídico também não perde eficácia por incoerência intranormativa interproposicional, vez que a desconsideração da realidade anteriormente apresentada é limitada para a sua finalidade (prova), dela não decorrendo a desconstituição jurídica do fato relatado pelo contribuinte, em face de outra municipalidade, em razão da indelegabilidade da competência tributária.

---

304. "Devolução ex officio de tributo indevido", in Karem Jureidini Dias e Marcelo Magalhães Peixoto (coords.), *Compensação tributária*, São Paulo, MP, 2007, p. 25.

Idêntico efeito se verifica na hipótese de desconsideração de fato que implique alteração de sujeito passivo, quando da constituição de nova relação jurídica. Ilustrativo é o caso de desconsideração fiscal da prova de atos jurídicos que foram apresentados pelo contribuinte para caracterizar associação, bastante efêmera.

A partir da análise jurídica dos elementos que denotam o ato jurídico apresentado pelo contribuinte, conclui a fiscalização, por meio de prova e fundamento jurídico, que o suporte fático corresponde, em verdade jurídica, a uma alienação de participação societária. Ao assim constituir o fato jurídico tributário, o raciocínio concordante e preciso dos indícios impede a formação de relação jurídica em face de empresa efêmera criada para aparentar situação diversa da caracterizada por meio de provas. Nessa medida, não pode ser sujeito passivo tal empresa, integrando o polo passivo os sócios, considerados alienantes e verdadeiros beneficiários.

A par da complexidade inerente à atribuição de todos os efeitos decorrentes da negação de situação jurídica anterior, entendemos que quanto mais se apresentar a consideração dos efeitos logicamente implicados pela negação e as imputações dela decorrentes, o fato jurídico tributário gozará de maior juridicidade e eficácia. Elucidativo, nesse ponto, o debate que se instaurou em julgados divergentes acerca do mesmo evento,[305] que apresentamos:

Momento 1

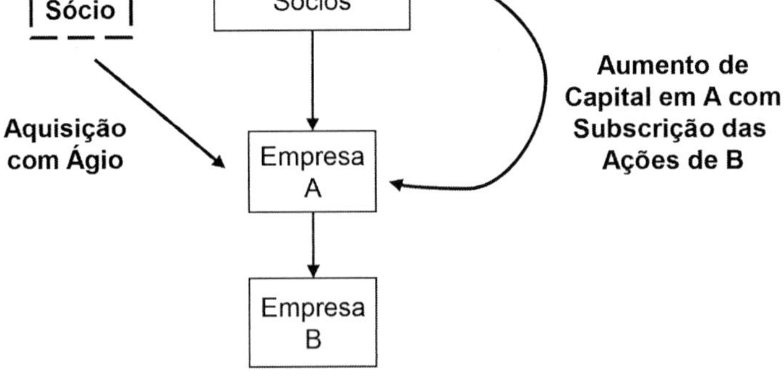

Momento 2

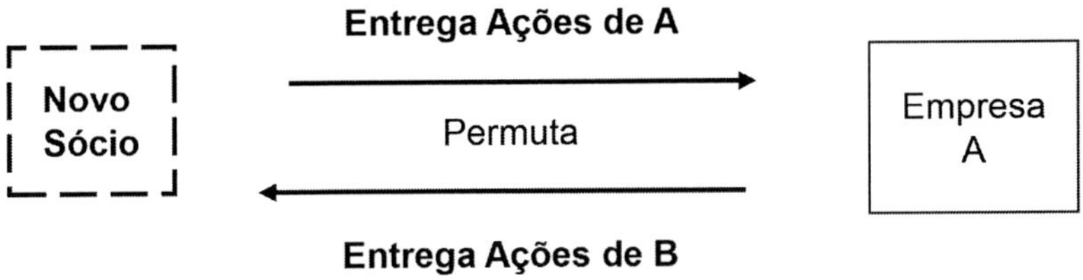

A despeito de pendente decisão definitiva acerca da divergência instaurada sobre a sujeição passiva,[306] de acordo com a premissa que adotamos, a necessária gravidade, precisão e concordância no raciocínio fiscal sobre a inoponibilidade à tributação da prova formal do ato jurídico de associação apresentado pelo contribuinte, impõe seja ignorada a "empresa A", constituída apenas como passagem para a ocorrência do fato jurídico tributário que se pretende caracterizado, relativo à alienação de participação societária ("empresa B"). Se assim é, os reais beneficiários do ganho de capital na alienação de participação societária são os sócios, alienantes da "empresa B", e não a "empresa A".

Na alteração de sujeição passiva, cabe ao agente revisor verificar (i) se é possível efetuar a imputação ao sujeito passivo, de valores eventualmente pagos em face da relação jurídica negada ou (ii), no caso de alteração de sujeito passivo, se não é hipótese de exceção que autoriza a imputação, por não causar prejuízo, em razão

306. Conforme consta da ementa, o acórdão nº 108-09.507, de 05/12/2007, foi no sentido de inexistir erro na sujeição passiva:
[...] SUJEIÇÃO PASSIVA. ERRO. INEXISTÊNCIA — Se verificada a gravidade, precisão e concordância nas conclusões da autoridade fiscal sobre a existência de atos dissimulados, todos devem ser desconsiderados para efeito de constituição do fato jurídico, elegendo-se por sujeito passivo o real contribuinte/responsável.
Em sentido oposto foi a decisão no acórdão nº 108-09.227, de 28/02/2007, conforme se verifica da seguinte ementa:
PRELIMINAR DE NULIDADE DO LANÇAMENTO - ERRO NA IDENTIFICAÇÃO DO SUJEITO PASSIVO - Configura erro na identificação do sujeito passivo, quando o Fisco não lavra o auto de infração na empresa onde foram efetuados os aportes financeiros e para qual foi dirigido o ganho econômico, quando ela permanece ativa após os fatos considerados como simulados e controlada pela pessoa física beneficiada, direta ou indiretamente, pela não tributação do ganho de capital na alienação de participação societária.

de desconsideração da existência ou da não individuação (por confusão) do sujeito passivo apresentado na relação jurídica negada.

No que concerne à imputação ao sujeito passivo dos pagamentos efetuados em face da relação jurídica negada, de se verificar se tal ato não implica em usurpação de competência tributária. A desconstituição jurídica da obrigação é implicação lógica da própria negação do fato e da relação jurídica apenas quando se tratar de mesmo ente tributante; do contrário, limita-se o alcance dos efeitos da negação ao suporte fático de revisão, enquanto pressuposto probatório simplesmente.

De outra parte, quando houver alteração de sujeito passivo, na possibilidade, por exceção, de imputação, esta deve ser aceita pelo sujeito da relação jurídica negada, porque o fato jurídico tributário criado em face de outrem não pode surtir efeitos indesejáveis a terceiros e, ainda que não implique exação fiscal, ao contrário, deve o sujeito com ela acordar, tomando em conta seus próprios motivos. A imputação só deve ser de ofício provocada quando se tratar, obviamente, de mesmos sujeitos no polo da relação negada e no polo da nova relação jurídica.

Em acórdão do Conselho Administrativo de Recursos Fiscais que tratou dos efeitos da reclassificação fiscal, descaracterizando a prova do ato jurídico de emissão de debêntures e constituindo fato jurídico diverso, decidiu-se que o fato jurídico deveria se reportar a um determinado evento, negando-se, por implicação lógica, o fato jurídico anteriormente apresentado e, por decorrência lógica, imputou-se também os efeitos benéficos da nova realidade jurídica aos sujeitos envolvidos nas relações jurídicas, negada e constituída. Vejamos:

> se afastados os efeitos do suposto pagamento de prêmio na subscrição de debêntures e tributados pelo fisco os valores registrados como atribuídos à controladora a título de participação, os valores assim registrados pela beneficiária devem nela ser tratados como lucros recebidos da investida, sem tributação. Se referidos valores foram oferecidos à tributação na beneficiária, porque titulados como rendimentos, devem ser agora deduzidos do valor tributável decorrente da glosa das amortizações do prêmio, independentemente de formalidades, pois não se trata de

repetição de indébito ou de compensação de créditos, mas sim de reclassificação dos fatos.[307]

A operação pode ser assim desenhada:[308]

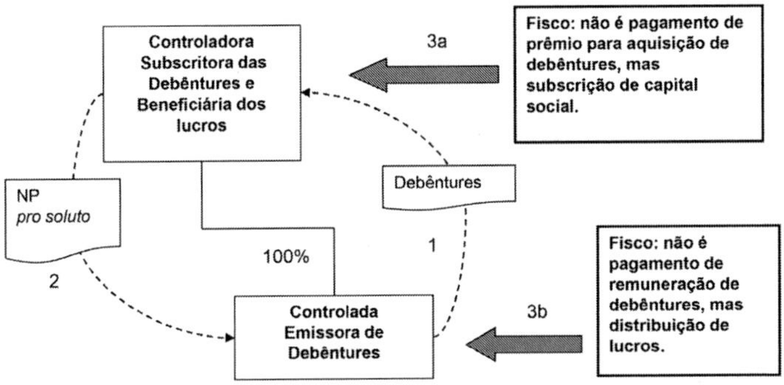

1. Emissão de debêntures pela controlada, adquiridas pela controladora.
2. Entrega de nota promissória *pro soluto* pela controladora à controlada, correspondente ao montante total das debêntures.
3. O fisco, a partir da tradução dos suportes fáticos (dentre outros, subscrição total pela controladora, com prêmio 100 vezes superior ao valor nominal e com 100% da participação nos lucros), constata o seguinte:
a) aporte de capital na controlada pela controladora, o que implicou na glosa de despesa relativa ao pagamento do prêmio das supostas debêntures pela controladora; e
b) distribuição de dividendos pela controlada à controladora, gerando glosa de despesa relativa ao pagamento da remuneração das debêntures.

Andou bem o Tribunal Administrativo quando, em ato de revisão, imputou os efeitos da negação da realidade jurídica anterior. Sem adentrar no mérito da desclassificação da prova pela fiscalização e da nova tradução dos suportes fáticos, se de acordo com o novo fato jurídico, negou-se a existência de pagamento de participações atribuídas às debêntures, não há que se manter como fato jurídico o rendimento de debêntures contabilizado pela controladora. Ora, considerando que, de acordo com o novo fato jurídico tributário, o que a controladora recebeu foi participação nos lucros, e esta não é tributável, o tributo antes recolhido em razão do rendimento de debêntures foi devolvido

307. Trecho do voto do Conselheiro Luiz Martins Valero, prolatado no acórdão nº 107-09587, sessão de 17. 12.2008, do Conselho Administrativo de Recursos Fiscais.

308. Operação referente ao Processo Administrativo nº 18471.000013/2006-00 (acórdão nº 107-09587, sessão de 17.12.2008) e ao Processo Administrativo nº 18471.000009/2006-33 (acórdão nº 107-09.601, sessão de 17.12.2008), ambos do Conselho Administrativo de Recursos Fiscais.

à controladora na forma de imputação, por meio de dedução do valor tributável decorrente da glosa das amortizações do prêmio por ela pago para aquisição das supostas debêntures.

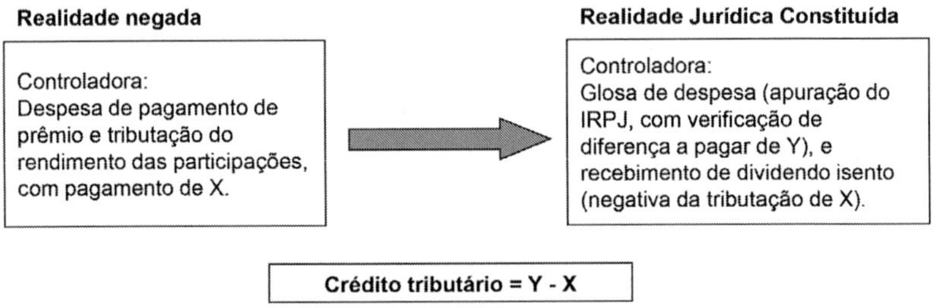

Não há prejuízo em decorrência da imputação de ofício; ao contrário, efetuá-la é dever da Administração Tributária ou tarefa jurisdicional, dos poderes típicos e atípicos, no controle de legalidade dos atos públicos. De se verificar que, no exemplo tratado, não houve alteração de sujeição passiva ou ativa, sendo que a imputação foi efetuada diretamente em relação ao sujeito passivo que, de um lado, procedeu à tributação de rendimentos, a qual, por implicação lógica do lançamento de ofício, foi considerada indevida, e, de outro lado, pertencia como parte em processo administrativo, no qual se averiguava lançamento de ofício, efetuado em relação ao mesmo conjunto de atos jurídicos examinados e requalificados.

Para bem elucidar, citamos ainda outro exemplo em que, no controle de legalidade do lançamento de ofício, o Tribunal Administrativo determinou a imputação dos efeitos da negação da realidade jurídica anterior. Trata-se de operação de societária em que a empresa autuada subscreveu e integralizou capital em empresa veículo, por meio da conferência da totalidade de ações de sua subsidiária, gerando ágio,[309] posteriormente amortizado após evento de incorporação. A fiscalização, de um lado, glosou a amortização do ágio, alegando sua artificialidade e, de

309. O ágio é a mais valia representada pela diferença entre o preço de aquisição e o valor patrimonial do investimento.

outro lado, tributou o ganho de capital na subscrição das ações, rejeitando a possibilidade do diferimento na sua tributação.[310]

Por razões de mérito que deixamos de abordar, concluímos pelo acerto na decisão do Conselho Administrativo de Recursos Fiscais que, ao manter a glosa referente à despesa de amortização de ágio, matéria inclusive de desistência do recurso pelo contribuinte, determinou o cancelamento da tributação do ganho de capital. Nesse sentido, concluiu o voto condutor do acórdão[311] que "os mesmos fundamentos que ensejam a glosa do ágio deveriam motivar o procedimento que a fiscalização deveria ter determinado à autuada, qual seja, o estorno dos lançamentos, ajustes na Parte B do Lalur, para excluir todos os efeitos contábeis e fiscais dessas operações". Trata-se de realizar o que estamos a denominar de imputação dos efeitos da negação da realidade jurídica anterior – imputação dos efeitos da própria prova do fisco – nos atos de revisão, o que assim ilustramos:

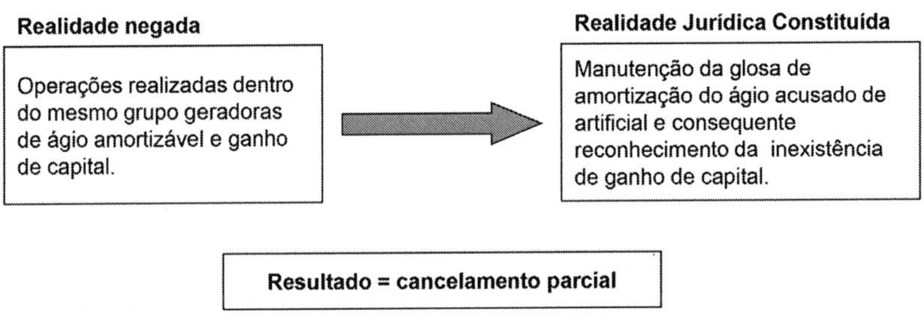

Diferente é o caso em que se pretende imputação de valores pagos por um sujeito passivo a outro em função de requalificação de atos jurídicos ou, ainda, de situação que se requer

310. Rejeitou a aplicação in casu do art. 36, da Lei 10.637/2002.

311. Conselho Administrativo de Recursos Fiscais. Acórdão nº 1402-01.080, sessão de 14.06.2012, Relator Antonio José Praga de Souza:
"[...] desconsiderados os efeitos tributários da amortização do ágio, em face da artificialidade das operações e da falta de propósito negocial, também não é cabível a concomitante tributação de ofício do ganho de capital apurado nessas operações. Uma vez que o Grupo Empresarial reconheceu tacitamente a impropriedade, desistindo do recurso no que tange a glosa do ágio e respectiva multa de ofício, cumpre cancelar a tributação do ganho de capital, determinando-se sejam escoimados todos os efeitos contábeis e fiscais dessas operações."

imputação de efeitos em relação ao mesmo sujeito passivo, mas que pressupõe situação jurídica que extrapola a competência fiscal, não configurada à época.

Como já adiantamos, a imputação é também possível, ainda que haja alteração de sujeição passiva, em situação excepcional de confusão ou inexistência de fato do sujeito da relação desconsiderada, desde que, é claro, não haja alteração de sujeição ativa (autoridade competente para tributar). Quando do julgamento do Processo Administrativo nº 11020.003823/2003-26.[312] justamente porque se desconsiderou a prestação de serviço pela pessoa jurídica, atribuindo-a à pessoa física – ou bem porque havia uma confusão entre a pessoa física e a jurídica, ou bem porque se entendeu por uma inexistência de fato da pessoa jurídica –, os tributos por ela pagos foram imputados, para efeito de apuração do crédito tributário decorrente do novo fato jurídico:

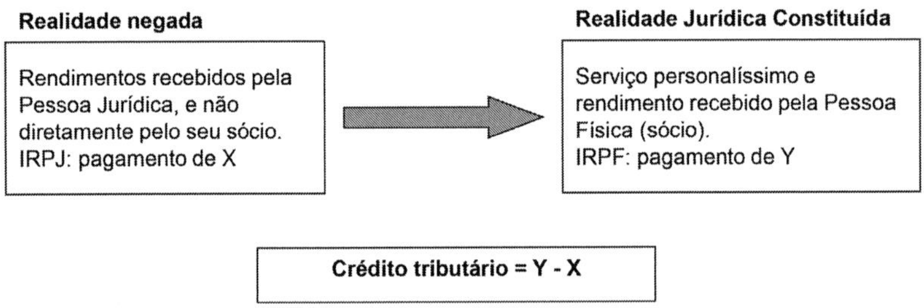

A despeito de nossa discordância no mérito, quanto à transferência de ofício dos rendimentos da pessoa jurídica à pessoa física, uma vez desconsiderada a prestação de serviços pela pessoa jurídica, logicamente irreparável a imputação dos valores recolhidos pela pessoa jurídica (realidade jurídica negada), aos valores devidos pela pessoa física, a quem foram atribuídos os rendimentos.

Em suma, quando há negação do fato e da relação jurídica anterior, a integralidade de situações daqueles decorrentes, por

312. Conselho Administrativo de Recursos Fiscais: Processo Administrativo nº 11020.003823/2003-26, Acórdão nº 106-14.244, sessão de 20.10.2004.

implicação e decorrência lógica, deve ser considerada, tanto para efeito de caracterização do fato jurídico tributário,[313] como para efeito de constituição da relação jurídica obrigacional, aí se incluindo a sujeição ativa e passiva e a imputação.

A imputação é uma função administrativa. Não havemos que tomar os atos administrativos de forma isolada, posto que é juridicamente relevante o conjunto de atos que implicam o poder e o dever outorgados pelo ordenamento jurídico, visando a um determinado fim. A Administração Pública só se vale do poder em vista da obtenção do fim, na medida e no limite que o ordenamento jurídico lhe impõe. Tem a Administração, assim, o poder de cobrar e o dever de imputar para que alcance a finalidade da exação sem o locupletamento ilícito.

De se verificar que a consideração da realidade negada, melhor dizendo, a negativa da realidade jurídica antes apresentada, é tão fundamental para efeito de constituição do fato jurídico tributário em ato de revisão que, se não observados os efeitos implicacionais, tem-se a possibilidade de nulidade material do fato jurídico tributário, como o erro de sujeição passiva, por exemplo. Já os efeitos logicamente decorrentes da consideração em negação da relação jurídica anterior podem ser atribuídos no momento do julgamento, é o caso da imputação.

A não observância da imputação pela autoridade administrativa, no ato de constituição do novo fato jurídico tributário, não altera a sua materialidade. Contudo, se as revisões permanecem sem efetuar as imputações decorrentes, na pragmática, tem-se, no limite, a diminuição da eficácia do fato jurídico tributário (adimplência do crédito fiscal). Sem dúvida que gera no contribuinte a sensação de pagamento indevido ou cobrança em duplicidade se a imputação, possível em se tratando de um mesmo sujeito ativo, não é determinada. Apenas para a repetição de indébito é que importa o prazo prescricional, já que a imputação pertence ao controle de legalidade do crédito constituído a partir da revisão do fato jurídico tributário.

---

313. *Vide* Acórdão nº 108-09.037, sessão de 18 de outubro de 2006, do Conselho Administrativo de Recursos Fiscais.

Resta-nos uma ressalva quanto à imputação de ofício em razão da negação da prova de situação apresentada pelo sujeito passivo. Tratamos no capítulo III do aspecto temporal do fato jurídico tributário e defendemos que o tempo *do* fato (da revisão) não retorna ao tempo *no* fato. O tempo *do* fato não retorna ao tempo *no* fato para alterar outros fatos, com ele não diretamente relacionados, constituindo outros fatos jurídicos e criando um círculo vicioso. Não é possível retirar do Direito o predicado de ser prospectivo. Por isso que não vislumbramos possibilidade de, a partir de um lançamento, retornar ao passado para modificar a situação contábil do contribuinte, seja para tributar, seja para atribuir efeitos benéficos ao sujeito passivo, salvo se, nessa última hipótese, houver determinação legal de tratamento excepcional, de cunho exclusivamente fiscal.

Quando o fato jurídico tributário é constituído em ato de revisão, a atribuição de nova feição, por negação ou não do fato jurídico anteriormente apresentado e da relação dele decorrente, necessariamente implica a consideração das ocorrências passadas para a constituição da relação jurídica tributária em ato de revisão. De outro modo, essas ocorrências compõem, por implicação lógica, a própria materialidade do fato jurídico tributário constituído em ato de revisão.

Da negativa da realidade jurídica anterior, há também efeitos logicamente decorrentes, que afetam o consequente da norma individual e concreta. O primeiro efeito lógico é o de que a obrigação decorrente do novo fato jurídico corresponde a uma apuração inteiramente nova e completamente subsumível à prescrição da norma geral e abstrata de incidência tributária. O segundo efeito decorre da própria pertinencialidade jurídica da negativa da realidade anterior, a qual enseja, por consequência, efeitos de imputação ou de repetição de indébito. Tais efeitos devem ser observados, mormente pelo método da imputação, a fim de se atribuir maior eficácia ao próprio fato jurídico tributário, ressalvadas as hipóteses (i) de impossibilidade jurídica de retornar ao tempo *no* fato, para afetar situações não tributárias ou causar exação a terceiros, (ii) de usurpação de competência tributária, em razão de alteração de sujeição ativa, e (iii) de efetiva alteração de sujeição passiva, hipótese em que caso a caso se verifica a possibilidade jurídica de imputação ou repetição de indébito.

CAPÍTULO VII

A SANÇÃO EM RELAÇÃO AO FATO JURÍDICO TRIBUTÁRIO

"Mas 'ponderar' e 'sopesar' é apenas uma imagem; não se trata de grandezas quantitativamente mensuráveis, mas do resultado de valorações que – nisso reside maior dificuldade – não só devem ser orientadas por uma pauta geral, mas também à situação concreta em cada caso."

Karl Larenz[314]

1. Relação entre Fato Jurídico Tributário e Sanção

A norma jurídica é imperativa, na medida em que prescreve as condutas, e é também autorizante, porque permite ao lesado exigir o cumprimento de determinada obrigação em razão da violação da conduta prescrita. Se assim é, essa autorização está umbilicalmente relacionada ao conteúdo alcançado pela imperatividade da norma jurídica.[315]

---

314. *Metodologia da ciência do direito*, 3ª ed., trad. José Lamego, Lisboa, Fund. Calouste, 1997, p. 575.

315. Não podemos confundir sanção, que é uma consequência jurídica prevista na norma primária, com coação, que é a sua aplicação efetiva, delegada ao Poder

Cossio[316] denomina a norma sancionadora como perinorma, esquematizando da seguinte maneira:

Dado FT deve ser P ou dado Não P deve ser S:

Endonorma	*Perinorma*

NORMA COMPLETA

O fato jurídico tributário está no antecedente da norma jurídica individual e concreta e, em nexo de causalidade jurídica, implica uma relação deôntica, posta sintaticamente no consequente da mesma norma primária dispositiva. Eventual desobediência da relação deôntica enseja a norma primária sancionadora, na qual a consequência corresponde a uma sanção de direito material. No esquema de Cossio, a norma incorpora a conduta lícita e a conduta ilícita. Conforme Maria Helena Diniz,[317] "Cossio incorpora com seus dois termos (endonorma e perinorma), unidos pela disjuntiva 'ou', o ilícito, sem expulsar, como já dissemos, o lícito [...]"

O vocábulo *sanção* experimenta ainda outras mutações semânticas. É adotado pelo Direito Positivo brasileiro, tanto para indicar a aprovação de uma lei, quanto para indicar uma coerção. Interessa-nos apenas a sanção como meio coercitivo. O dever preestabelecido por uma regra jurídica que o Estado utiliza como instrumento jurídico para impedir ou desestimular diretamente um ato ou fato que a ordem jurídica proíbe.[318]

Judiciário. A sanção é elemento necessário e específico da norma jurídica, distinguindo-a das demais normas.

316. Carlos Cossio, *Teoria egológica del derecho y el concepto jurídico de libertad*, Buenos Aires, Abeledo-Perrot, 1964, p. 661-662 *apud* Maria Helena Diniz, *Compêndio de introdução à ciência do direito*, 18ª ed., São Paulo, Saraiva, 2006, p. 367.

317. *Compêndio de introdução à ciência do direito*, 18ª ed., São Paulo, Saraiva, 2006, p. 368.

318. Alfredo Augusto Becker, *Teoria geral do direito tributário*, 4ª ed., São Paulo, Noeses, 2007, p. 556.

Assim, a sanção corresponde à consequência jurídica pela desobediência a determinada norma jurídica, sendo elemento a ela inerente. A desobediência de um dever imposto por uma norma jurídica corresponde ao denominado ilícito, o qual é a razão da imposição da sanção, consequência jurídica.

Como já escrevemos,[319] se a sanção é consequência jurídica da desobediência de uma determinada norma jurídica, então a natureza da sanção está diretamente relacionada com a natureza da norma jurídica desobedecida, melhor dizendo, com o comportamento lícito que se quer realizado, do que decorre o ilícito que se tenta impedir.

A relação jurídica da norma primária sancionadora (R'') tem por pressuposto o não cumprimento da relação jurídica obrigacional (R'), entre sujeito ativo (Sa) e sujeito passivo (Sp), prevista na norma primária dispositiva. Esquematicamente norma primária completa:

$$\underbrace{D\{[h \rightarrow R'(Sa, Sp)}_{\text{Endonorma}} \;.\; \underbrace{[-R'(Sa, Sp) \rightarrow R''(Sa, Sp)]\}}_{\text{Perinorma}}.$$

Em decorrência de atos de revisão do fato jurídico tributário, pode ocorrer a imputação de sanção pela autoridade administrativa (*i.e.*, multa de ofício) ou o reconhecimento espontâneo pelo administrado (*i.e.*, multa de mora). As sanções encontradas, isolada ou cumulativamente, podem ser classificadas em face do tipo de ilícito, a saber: (i) sanção de natureza tributária; (ii) sanção de natureza administrativa; e (iii) sanção de natureza penal tributária. Será de natureza tributária, se aplicada em razão de descumprimento de uma obrigação tributária (obrigação de dar, entregar dinheiro aos cofres públicos). Será de natureza administrativa, se relacionada ao

319. Karem Jureidini Dias, Possibilidade de imposição de multa qualificada nos lançamentos relativos a planejamento fiscal, in Pedro Anan Jr. (coord.), *Planejamento Fiscal*, vol. II, São Paulo, Quartier Latin, 2009, p. 358.

descumprimento de uma obrigação acessória (obrigação de fazer). E, será de natureza penal tributária a sanção aplicada às infrações decorrentes de atos dolosos, visando à fraude ou à sonegação fiscal.

Para melhor análise da relação de implicação da sanção pelo fato jurídico tributário, devemos também considerar a sanção segundo sua finalidade. De acordo com essa classificação, a sanção é uma consequência jurídica que pode ser (i) de natureza indenizatória, reparando os efeitos do ato ilícito praticado, (ii) de natureza compensatória, ressarcindo o fisco pelos prejuízos sofrido, ou (iii) de natureza penalizatória, apenando aquele que cometeu o ilícito. Ainda sobre a natureza da multa, Hector Villegas[320] classifica-as como repressivas ou repressivo-compensatórias, dependendo da finalidade de castigar o infrator ou de ressarcir o fisco e castigar o infrator. Em ambos os casos, a consequência jurídica deverá pretender coibir a ilicitude, observando-se, contudo, a boa-fé da Administração Pública.

A multa de mora é espécie de penalidade pecuniária, mas de cunho indenizatório e não punitivo, o que se justifica pelo fato de o contribuinte ter declarado e pago a obrigação, ainda que a destempo. Já para o evento do não pagamento, nos lançamentos de ofício, encontramos sanção *v.g.* de natureza repressiva ou repressivo-compensatória.

Aproximando a classificação da sanção segundo sua finalidade da classificação pelo tipo de ilícito, desde logo constatamos que a natureza penal-tributária implicará sanção repressivo-compensatória; ao passo que a de natureza tributária ou administrativa poderá ser indenizatória, compensatória ou repressivo-compensatória, a depender dos efeitos e da gravidade do ilícito cometido.

Da mesma forma como insistimos anteriormente na necessidade de coerência intranormativa entre o fato jurídico e

---

320. *Curso de finanzas, derecho financiero y tributario*. 2ª ed., Buenos Aires, Ediciones Depalma, 1975, p. 356.

a relação jurídica obrigacional, agora também afirmamos que a sanção imputada deverá manter absoluta coerência com o fato jurídico previsto na norma dispositiva, sob pena de tornar ineficaz a proposição prescritiva do fato jurídico revisado e a própria norma de revisão.[321]

O fato jurídico tributário alcançará efetividade se houver acatamento pela comunidade em relação ao mandamento de cumprir a obrigação decorrente do fato apurado em revisão, incluindo a multa e consectários legais. De nada adiantará ao contribuinte ou responsável pagar um tributo sem multa quando esta compõe o crédito tributário. Se o pagamento da multa é importante para a efetividade do fato jurídico tributário, então ela também diz respeito aos padrões de acatamento da comunidade.

Não temos dúvida de que a autoridade administrativa, no exercício de sua função, tem por obrigatória a conduta de imputar a sanção prevista em lei para o descumprimento do fato jurídico tributário relacionado. Também o administrado só terá por adimplida sua obrigação se computar a sanção que lhe é imposta por lei. Daí a importância da mensuração da sanção, ajustando-lhe a proporcionalidade em relação ao comportamento ilícito do sujeito passivo, correspondente à inobservância de uma conduta obrigatória ou proibida.

Seja mais para um lado ou para outro, um Estado não se sustenta sem comando e sem consenso. O comando não resiste se não houver um mínimo de consenso. E o consenso precisa de razoável comando sancionador. Norberto Bobbio[322] notadamente certifica: "somos inclinados a considerar um ordenamento tão mais 'jurídico' (o Estado de direito é um Estado no qual o controle jurídico foi se ampliando, e por isso

---

321. Por isso que sempre defendemos que o percentual e a base (tributo devido ou fato jurídico), quantificadores da sanção, devem variar de acordo com a sua natureza predominantemente repressiva ou compensatória, dependendo das características do descumprimento da obrigação.

322. *Teoria geral do direito*, trad. Denise Augustinetti, São Paulo, Martins Fontes, 2007, p. 150.

é mais 'jurídico" do que um Estado de polícia) quanto mais a técnica da sanção vai se aperfeiçoando."

Inegável a dimensão axiológica do direito, porquanto é produzido pelo homem e para o homem. Os valores de um povo ao legislar e até de uma autoridade ao proceder ao lançamento são preferências que impactam nas enunciações, como algo que adere, e não como algo que existe. Dizemos que o valor adere ao trabalho humano, porque, salvo prescrições normativas específicas, o valor aparece na atividade humana de interpretar, construindo conteúdos significativos dos enunciados prescritivos e expedindo normas jurídicas.

São os enunciados dos suportes fáticos do fato jurídico tributário e do fato ilícito que, conjugadamente, devem ditar a proporcionalidade da sanção imputada no caso concreto. A proporcionalidade, nos dizeres de Humberto Ávila,[323] é um postulado normativo que tem vários significados, podendo corresponder desde a limitação à violação de um direito fundamental, até a limitação da pena à circunstância. A proporcionalidade é, então, um postulado que autoriza e determina a aplicação de vários princípios, ao prescrever que um meio, ou uma consequência, deve ser adequado, necessário e não excessivo, o que se verifica caso a caso.

Para a Administração Pública, a proporcionalidade tem a função de garantir a existência dos fins perseguidos pelo Estado, em relação de ponderação com os direitos e garantias individuais. Considerando que a proporcionalidade é um dever posto de forma aberta relativamente à conduta humana ou à aplicação de outras normas, ela não pode ser ilimitadamente aplicada pela autoridade administrativa ou pelo próprio particular, no cumprimento espontâneo da sanção, dado os limites de suas competências.

Uma coisa é a proporcionalidade que deve buscar a lei quando prevê a imputação da sanção, considerando o tipo de

---

323. A distinção entre princípios e regras e a redefinição do dever de proporcionalidade, in *Revista de Direito Administrativo* nº 215, Rio de Janeiro, Renovar, jan-mar/1999, p. 153.

ilícito e a finalidade da sanção, conforme as classificações que já abordamos; outra coisa é o festejado poder eventualmente concedido ao julgador administrativo para, em situações concretas, reduzir ou relevar a penalidade;[324] e diverso ainda é o caso da verificação da situação concretamente ocorrida e o ajuste da penalidade, nos limites da lei, conforme o ilícito praticado e o lícito desobedecido.

Mantendo a coerência de nossa pesquisa, o dever de agir e de imputar a pena de forma proporcional deve ser aferido nos limites da competência de cada autoridade, ajustando a pena em conformidade com o sistema. O comando da proporcionalidade implica objetivamente na atividade estatal, para fins de imputação de sanção, quando é expressamente concretizado por meio de regra jurídica e na análise da relação entre os suportes fáticos do fato jurídico tributário, o fato jurídico da sanção e os efeitos dos fatos.

Nos casos concretos, portanto, segregamos a relação de proporcionalidade entre o fato jurídico tributário revisto e a sanção dele decorrente, sob basicamente dois enfoques, quais sejam: (i) nos efeitos do fato jurídico revisado, que não pode, em função de sua reincidência normativa, apenar mais de uma vez o sujeito passivo; e (ii) na consideração da análise do caso concreto, ajustando a consequência.

Esse ajuste de consequência no caso concreto é justificado na semiótica, ao analisar os sistemas que trocam informações com os seus meios, pelo princípio da equifinalidade. O sistema normativo é carregado de carga axiológica, nele influenciando os valores, que podem ser ditados pelos princípios de direito ou os ditarem. Determinada conduta precisa se ajustar a um ou outro lugar, num contexto de reações possíveis, para atender a novos padrões, a mudanças muitas vezes necessárias. Como explica Clarice von Oertzen de Araújo,[325] um resultado pode ser determinado mediante a conjuga-

324. Art. 527-A do Regulamento do ICMS/SP.

325. Fato e evento tributário – uma análise semiótica, in Eurico Marcos Diniz de

ção de vários fatores, ou seja, um mesmo resultado pode ser objeto de diferentes condutas:

> os "resultados" (homeostases – assim entendidas as modificações verificadas após um certo lapso de tempo) dos sistemas abertos, em dado momento, não são determinados pelas suas condições iniciais, mas sim pelos parâmetros do próprio sistema, e podem ser determinados de diversas formas, mediante a conjugação de vários fatores, e, portanto, os mesmos resultados não terão, necessariamente, as mesmas origens, mas poderão ter se ocasionado de diversas origens.

Para ajustar o fato ao contexto, Tercio Sampaio Ferraz Jr.,[326] ao tratar da validade das normas, lembra-se de normas-origem, que não gozam de validade relacional, mas têm força impositiva. Defende o jurista que a imperatividade expressa uma relação de calibração – regra de ajustamento – e não uma relação com outra norma. No campo pragmático, as regras de calibração permitem o cambiamento momentâneo do padrão de funcionamento do sistema, permitindo a sua própria manutenção. Exemplifica o jurista:

> As regras jurídicas de calibração não só estatuem relações dinâmicas de imperatividade, mas também surgem e desaparecem na História, e têm por fonte a jurisprudência dos tribunais (regras jurisprudenciais: a prova cabe a quem alega), a doutrina (regras doutrinárias: normas jurídicas constituem uma ordem escalonada), a política (regras políticas: o princípio da maioria), a moral (regras morais: o princípio da boa-fé), a religião (regras religiosas: o princípio cristão da dignidade da pessoa humana) etc.[327]

A justificar a utilização das regras de calibração, temos que, em havendo relação de tensão, deve ser escolhida a regra que melhor realiza os direitos entre todos os envolvidos na

Santi (coord.), *Curso de especialização em direito tributário:* estudos analíticos em homenagem a Paulo de Barros Carvalho, Rio de Janeiro, Forense, 2005, p. 344.

326. *Introdução ao estudo do direito:* técnica, decisão, dominação, 4ª ed., São Paulo, Atlas, 2003, p.193.

327. Ibidem, mesma página.

tensão. Ainda que se aceite a restrição na busca da verdade, em matéria de direito punitivo, a averiguação deve ser ampla. Manifesta-se nesse sentido o saudoso Professor Geraldo Ataliba,[328] para quem, em se tratando de sanção, impera a busca da verdade material, em suma, o "informalismo em favor do acusado".

O princípio da boa-fé presta-se justamente para calibrar o fato no contexto e permite, assim, proporcionalizar a pena sem arranhar a legalidade do Direito Positivo. Para tanto, desde logo uma advertência: é necessário conhecer a conduta para enquadrar a pena segundo a classificação indenizatória, compensatória ou repressivo-compensatória, conjugada à classificação quanto à natureza tributária, administrativa ou penal-tributária.

2. A Calibração do Direito no Caso Concreto

A boa-fé pode ser entendida como um princípio ou um limite, que não pretende ser uma cláusula em branco para a atuação da Administração ou do administrado, mas uma maleabilidade necessária à consideração em determinado caso concreto de uma consciência coletiva em conformidade com imperativos éticos. A boa-fé é muito usada nos ordenamentos ou nos subsistemas jurídicos que admitem, como o Direito Privado brasileiro,[329] a fraude à lei ou o abuso do direito. Mas, mesmo em outras situações, muitas vezes a sua aplicação é imperativa.

Desde logo, esclarecemos que não tratamos da teoria da boa-fé aplicada à perinorma ou à sanção regulada pela norma secundária, ao ato coativo. Também não tratamos da boa-fé normativamente de forma geral estatuída, por exemplo, nos efeitos modulatórios das decisões, porquanto restringimos nosso estudo ao fato jurídico tributário e, por conseguinte, à

---

328. *Princípios de procedimento tributário*, in Péricles Luiz Medeiros Prade e Célio Benevides de Carvalho (coord.), *Novo Processo Tributário*, São Paulo, Resenha Tributária, 1975, p. 29.

329. A utilização do conceito de boa-fé para delimitar ou estabelecer consequências próprias a atos nulos ou anuláveis é muito utilizada no Direito Privado, produzindo efeitos excepcionais ao ato nulo, por exemplo.

norma individual e concreta primária, tanto dispositiva como sancionadora. Tratamos, assim, da imposição da sanção, cuja competência é diversa daquela exercida para o ato de coação e daquela prevista em âmbito geral.

Nesse cenário, a boa-fé aplica-se, na norma primária sancionadora, para calibrar e ajustar o direito ao caso concreto, reduzindo ou relevando a penalidade. Excepcionalmente, a boa-fé atua por meio de norma de calibração da norma primária dispositiva.

O conceito de boa-fé é um conceito jurídico aberto, impreciso. Por isso, o conceito de boa-fé implica uma regra que não corresponde às definições formais do sistema jurídico. É na pragmática que se verificará a aplicabilidade ou não da boa-fé, como instituto que legitima a atribuição de efeitos excepcionais ao fato jurídico tributário ou ao decorrente fato jurídico da sanção.

Dada a indisponibilidade do crédito tributário, a Administração Pública e o julgador só podem, nos limites de suas competências, aplicar a norma de calibração da boa-fé para afetar o fato jurídico tributário e a correspondente obrigação tributária, quando esse fato, ao ser revisado, recebe suporte fático tal que assume ele uma característica de sanção. Nesse caso, ou quando a boa-fé aplica-se diretamente à norma primária sancionadora (sem afetar o fato jurídico tributário), poderá o agente revisor, que produz a norma individual e concreta, valer-se da teoria da boa-fé para verificar se há voluntariedade no ilícito praticado, melhor dizendo, se havia ou não, no caso concreto, a efetiva possibilidade da prática ou certeza quanto ao comportamento exigido.

Em se tratando de regime jurídico de Direito Público, quanto mais a lei prever, sob qualquer forma possível, a boa-fé para regência da imposição de sanção, maior eficácia será atribuída ao fato jurídico tributário, pela diminuição da rejeição à sua configuração e ao respectivo adimplemento da implicada obrigação. Já quando da apreciação por Tribunal Administrativo e Judicial, também nos limites das respectivas competências, é conferida uma maior liberdade para que a boa-fé, ainda que não expressamente prevista, possa ser aplicada ao caso concreto, não só como medida de justiça, mas como medida que visa a atribuir, insistimos, eficácia ao fato jurídico tributário constituído em ato de revisão.

O Código Tributário Nacional não deixou de prever a boa-fé como critério norteador para imposição de penalidade, como facilmente notamos da dicção do art. 112, incisos III e IV, bem como dos arts. 138, 108, inciso IV. Especificamente endereçado ao Poder Legislativo, o art. 172 do Código Tributário Nacional autoriza a autoridade administrativa a conceder remissão total ou parcial do crédito tributário, atendendo a considerações de equidade, bem como, dentre outras hipóteses, quando houver erro ou ignorância escusável do sujeito passivo quanto à matéria de fato.

São regras que permitem criar, para casos concretos, uma norma que, excepcionando a *dura lex*, considera uma situação concreta. A diferença reside em que, em determinadas regras, como a previsão do *in dubio pro reo*, do artigo 112 do Código Tributário Nacional, não é necessário lei, atuando a regra na interpretação do próprio fato jurídico tributário. Já na hipótese de remissão do crédito tributário, total ou parcialmente, exige-se lei, em face da supremacia do interesse público.

Ainda, o próprio Código Tributário Nacional atribui força normativa aos atos administrativos (art. 100), excluindo expressamente qualquer efeito de punição para o administrado que observa esses atos. Não há que se atribuir consequência, tampouco sanção, para aquele que se pautou na segurança jurídica. Como bem lembra Misabel Abreu Machado Derzi,[330] o Brasil tem "a ordem positiva mais forte em segurança jurídica e em direitos e garantias dos contribuintes". No Direito Tributário, a proteção da confiança se aplica aos contribuintes, e não para proteger a cobrança de tributos, em razão da limitação constitucional ao poder de tributar.

---

330. *Modificações da jurisprudência no direito tributário*, São Paulo, Noeses, 2009, p. 320.

Flavio Rubinstein[331] apresenta classificação doutrinária entre boa-fé subjetiva e boa-fé objetiva. Enquanto esta se caracteriza pela conduta exigível em conformidade com imperativos éticos, aquela implica a própria ignorância do sujeito acerca da lesão de um determinado interesse juridicamente protegido. No que tange à boa-fé objetiva, os atos jurídicos de Direito Público geram expectativas para o administrado, que os apreende como válidos, por força do próprio ordenamento jurídico, criando indubitável expectativa concreta acerca daquilo previsto ou daqueles critérios contidos no ato administrativo, do que decorre a comprovação da boa-fé subjetiva do administrado. A legítima confiança que tem o administrado nos atos da Administração Pública impõe limites para a mesma Administração, que não deve atribuir consequências nefastas, patrimoniais ou não, decorrentes da alteração de seu posicionamento, revisão de seus atos ou erro de sua parte. Toda vez que os limites de autuação não são observados, afronta-se a segurança jurídica no próprio sistema hierárquico que rege o Direito Público.

Inegável a aplicação da boa-fé na revisão, pela Administração Pública, dos seus próprios atos. Tal se verifica, portanto, nas efetivas hipóteses, exemplificativamente, (i) de impossibilidade de revisão de lançamento de ofício, por motivo de erro de direito, (ii) de declarações de efeitos *ex tunc* que não devem propagar, retroativamente, efeitos a terceiros em boa-fé (caso da "Súmula Administrativa de Documentação Tributariamente Ineficaz") e (iii) de revisão do conteúdo de pronunciamentos anteriores, que serviram de orientação aos administrados, os quais só devem surtir efeitos prospectivos para fim sancionador.

Passamos, então, a analisar o ajuste da consequência pela boa-fé, tratando, primeiramente, da calibração em face do fato jurídico tributário e a correspondente obrigação tributária,

331. *Boa-fé objetiva no direito financeiro e tributário*, Série Doutrina Tributária vol. III, São Paulo, Quartier Latin, 2010, p. 41.

quando esse fato, ao ser revisado, recebe suporte fático de ilicitude, implicando verdadeira sanção aplicada ao sujeito passivo, que passa a ser, em razão de descumprimento de obrigação legal, responsável pelo recolhimento de tributo devido por outrem. Posteriormente, analisamos a calibração pela boa-fé diretamente em face do ilícito na norma primária sancionadora.

2.1. Boa-fé Objetiva da Administração Pública como Excludente da Responsabilidade do Administrado

Cumpre investigar se o fato jurídico tem natureza tributária ou natureza de sanção. Se o fato jurídico tem natureza de sanção, ele deve ser disciplinado pelas regras jurídicas específicas das sanções, e não lhe deve ser simplesmente de forma objetiva estabelecida uma relação causal de obrigação tributária. A natureza jurídica de sanção atribuível ao fato jurídico só se verifica quando esse é constituído em ato de revisão pela Administração Pública. A licitude ou ilicitude do fato jurídico corresponde a uma valoração atribuída no próprio sistema jurídico à proposição antecedente.

Sabemos que a norma geral e abstrata jamais poderia conferir natureza ilícita ao fato gerador. O art. 3º do Código Tributário Nacional define tributo como prestação pecuniária compulsória que não se constitua em sanção de ato ilícito, nitidamente segregando a relação jurídica do tributo da relação jurídica de sanção, exigida pelo descumprimento de deveres jurídicos. Por isso que é a partir da análise do fato, se lícito ou ilícito (na acepção simples de descumprimento), que podemos classificar uma obrigação como de natureza tributária ou sancionatória.

A Administração Pública deve captar dentre os suportes fáticos, se há ilicitude compondo a materialidade da incidência. Como já dissemos, o descumprimento de uma determinada obrigação pode servir de fato jurídico para a norma primária sancionadora e, excepcionalmente, de suporte fático para a própria cobrança de tributo, como no caso do descumprimento da obrigação do sujeito passivo de fiscalizar.

A sanção nem sempre corresponde a uma repressão, um castigo. Ela pode simplesmente estar fundamentada na compensação pela aplicação forçada de determinado objeto jurídico, o que acontece na imposição ao sujeito passivo do dever de pagar tributo pela inobservância do dever de fiscalizar.

Klaus Tipke e Joachim Lang,[332] ao classificar as normas tributárias em três grupos, distinguiram as normas de finalidade fiscal, das normas de finalidade social e das normas de finalidade simplificadora, esclarecendo que uma norma pode ter uma ou mais finalidades. Não obstante aqueles autores tenham tratado as normas de finalidade simplificadora entre as normas que evitam a excessiva complexidade da lei, essa peculiar classificação interessa-nos para lembrar que muitas normas do Sistema Tributário são normas não só de finalidade fiscal, mas também de finalidade simplificadora no caso para o Estado, retirando dele parte das funções fiscalizadoras e arrecadatórias.

Na atualidade, verificamos uma quase privatização da gestão tributária. A par da função típica e indelegável que enseja a execução *interna corporis*, a Administração Pública delega a gestão tributária ao particular. É o caso das determinações para retenção na fonte, da substituição tributária em geral e de normas mais específicas de cada ente federativo, a exemplo da obrigatoriedade de o contribuinte verificar a validade do documento emitido por aquele que lhe fornece mercadorias (se o documento for inidôneo, o contribuinte sofrerá a glosa do crédito de ICMS e IPI, por exemplo).

Muitas vezes, o antecedente da norma individual e concreta que constitui o crédito tributário pode ter em sua composição suporte fático correspondente ao fato jurídico do descumprimento, pelo sujeito passivo, daquelas obrigações determinadas nas normas de finalidade simplificadora sob a ótica estatal. Nesses casos, o antecedente da norma que determina uma obrigação de pagar tributo não tem só o suporte

---

332. *Direito Tributário (Steurrecht)*, trad. de Luiz Dória Furquim, Porto Alegre, Sergio Antonio Fabris Ed., 2008, pp. 175-178.

fático lícito da materialidade de incidência tributária, mas, também, o suporte fático da ilicitude do descumprimento da responsabilidade de fiscalizar, o que justifica que o sujeito passivo seja onerado pelo tributo incidente sobre materialidade por outrem praticada. Nessa medida, ao suporte fático relativo ao fato jurídico ilícito confere-se o tratamento das sanções.

Para melhor elucidar, pensemos na glosa do crédito de ICMS em razão de documento inidôneo. É exigido o ICMS, dado o fato da apuração que considerou crédito não suportado em documento idôneo. Além do ICMS, é exigida a multa de ofício e os juros. A própria exigência do ICMS tem um suporte fático lícito, correspondente ao fato jurídico da circulação da mercadoria praticado por um suposto fornecedor e um suporte fático ilícito, correspondente ao não cumprimento, pelo sujeito passivo, de sua responsabilidade quanto à verificação da regularidade fiscal do fornecedor.

Não se nega que o fato jurídico revisado tenha, dentre seus suportes fáticos, o ilícito correspondente à culpa *in eligendo* ou *in vigilando*, como na situação em que o sujeito passivo deixa de conferir a idoneidade do documento fiscal que acompanha a mercadoria por ele recepcionada, por exemplo. De outra parte, o recebimento de mercadorias desacompanhadas de documento fiscal idôneo não deve se prestar como suporte fático suficiente de fato jurídico correspondente ao não cumprimento de uma obrigação, quando o administrado toma todas as precauções e confia na informação da própria administração tributária (exemplo, Sintegra – Sistema Integrado de Informações sobre Operações Interestaduais com Mercadorias e Serviços), devendo antes ser verificada a existência de culpa *in eligendo* ou *in vigilando*.

Existem infrações que dependem da participação subjetiva do agente e infrações que não requerem dolo ou culpa. Não há que se falar em responsabilidade do administrado, subjetiva ou objetiva, se este não puder, como ensina Celso Antonio Bandeira de Mello,[333] "evadir-se conscientemente à

333. Ilícito tributário, *Revista de Direito Público*, v. 62, São Paulo, Malheiros, p. 25.

conduta censurada". O administrado não pode sofrer sanção, inclusive quando essa implica fato jurídico de cobrança de tributo devido por outrem, se não puder corresponder à sua ação ou à sua omissão voluntária. A ação pode até não ser diretamente praticada pelo sujeito, mas ele precisa estar no mínimo voluntariamente envolvido com o ilícito. A consciência implica a voluntariedade e vice-versa.

Estevão Horvath,[334] exteriorizando convicções de valoroso agente administrativo, lembra-se da necessária contrapartida do Estado, assegurando o não prejuízo ao particular na sua atividade de gestão tributária. Deve o Estado estabelecer efetivas possibilidades de retificação das declarações do particular, bem como facilitar a devolução de pagamentos indevidos, o que estendemos para a necessidade de imputação correta dos pagamentos erroneamente efetuados, e, ainda, prover o particular com a informação dos dados necessários e suficientes para o desempenho da sua tarefa. Deve também a Administração abster-se de "impor unilateralmente, regramentos que venham a atingir os direitos e garantias dos contribuintes".

É necessário abandonar a concepção de que credor e devedor colocam-se sempre em posição antagônica. Na atualidade, o Direito Tributário toma a mesma diretriz, o devedor coopera com o credor na satisfação do seu crédito. A bem da verdade, o administrado coopera com o Estado, cada vez mais cumprindo obrigações relativas à arrecadação e fiscalização de tributos próprios e alheios. Quanto mais se esperar cooperação do administrado para com o Estado, maior deve ser a boa-fé objetiva do Estado e a crença na boa-fé subjetiva do administrado. Oportuno o colóquio sobre os princípios fundamentais da responsabilidade no Direito Comparado:

> *Il y aujourd'hui un concept nouveau d'obligation qui s'oppose au concept traditionnel, tel que l'obligation était définie par les juristes romains. Cette notion qu'on nomme de conception classique analyse le créditeur et le débiteur comme des individus absolument*

334. *Lançamento tributário e "autolançamento"*, São Paulo, Quartier Latin, 2010, p. 155.

> *séparés, en position clairement antagonique. Aujourd'hui, en raison de l'application du principe de la bonne foi au droit des obligations, le rapport obligatoire est considéré aussi comme un ordre de coopération entre les parties pour accomplir l'intérêt du créditeur.*[335-336]

Constitui ponto cardeal do regime de Direito Público a conduta da Administração pautada em boa-fé objetiva, inclusive no concernente às suas obrigações colaterais, dentre elas os; (i) deveres de cuidado, previdência e segurança; (ii) deveres de aviso e esclarecimento; (iii) deveres de informação; (iv) deveres de colaboração e cooperação e (v) deveres de proteção. A culpa do administrado pressupõe que este não se acautelou, apesar da correção da conduta e das informações fornecidas pela autoridade administrativa. O administrado não pode ser responsabilizado quando ele acreditou no seu administrador, na boa-fé objetiva do ente público.

Reforçando nosso entendimento, foi recentemente inserido no ordenamento jurídico o art. 30 da LINDB, o qual, prestigiando a boa-fé objetiva, determina que "as autoridades públicas devem atuar para aumentar a segurança jurídica na aplicação das normas, inclusive por meio de regulamentos, súmulas administrativas e respostas a consultas".

Quando o Estado transfere ao contribuinte a responsabilidade de fiscalizar ou arrecadar, ele também fornece ao contribuinte, ou deve fornecer as informações para tanto necessárias e suficientes. Não pode o Estado, anos depois, verificar que a sua informação não estava correta, retroagir para tornar

---

335. Clovis do Couto e Silva, *Les principes fondamentaux de la responsabilité civile en droit brésilien et comparé*, Cours fait à la Faculté de Droit et Sciences Politiques de St. Maur, Paris, datilografado, 1980, inédito, p. 1, *apud* Judith Martins-Costa, *A boa-fé no direito privado*, São Paulo, Editora Revista dos Tribunais, 2000, p. 381.

336. Hoje, existe um novo conceito de obrigação que se opõe ao conceito tradicional, tal como a obrigação foi definida pelos juristas romanos. Essa noção, chamada de concepção clássica, analisa o credor e o devedor como indivíduos absolutamente separados, em uma posição claramente antagônica. Hoje, por causa da aplicação do princípio da boa-fé ao direito das obrigações, a relação obrigacional também é considerada como uma ordem de cooperação entre as partes para cumprir o interesse do credor (tradução própria).

inidônea ou declarar a inexistência de uma determinada pessoa jurídica e imputar, *ipso facto*, à pessoa de boa-fé, a responsabilidade pelo pagamento. Não pode o Estado dizer que constatou uma nova realidade e, com isso, criar um fato jurídico tributário suportado também em suporte fático de cunho sancionador, simplesmente porque a ilicitude não se verifica, em razão da ausência de culpabilidade do administrado.

A possibilidade de o Estado não conhecer toda a verdade é inegável. É aí que reside o princípio da confiança. As respostas às consultas e o conteúdo de quaisquer declarações feitas pela Administração Pública, mormente a tributária, têm a induvidosa capacidade de orientar o conhecimento e normalmente a conduta dos administrados, sejam essas declarações verdadeiras ou não. Mesmo errando, o Estado não deve atribuir, como consequência de seu erro, uma penalidade ao particular. O Estado não deve quebrar a relação de confiança que o administrado nele deposita. Tomamos de empréstimo as lições de Misabel Abreu Machado Derzi,[337] que tanto nos socorre nesse momento:

> A confiança sistêmica é uma ilusão, ou seja, ela supõe a falta de informações. Quem dispõe de informações muito completas e consistentes de um fato não precisa confiar. Mas quando não é possível esgotar as informações, o risco é inerente ao processo. O sistema funciona, então, com confiança.

O administrado confia no Estado e dele merece obter proteção. O Estado, por seu turno, deve assumir a responsabilidade pela confiança gerada, sendo-lhe proibido *venire contra factum proprium*. Ainda, sempre que houver uma declaração, uma informação do Estado, é ele que deve assumir as consequências, da *culpa in contraendo* e da própria responsabilidade pela falsidade de informações,[338] relativamente à parte dependente, que não tem o domínio do acontecimento, estando em situação mais frágil.

---

337. *Modificações da jurisprudência no direito tributário*, São Paulo, Noeses, 2009, p. 330.

338. Arts. 122 a 129 e 179, inciso II, do Código Civil.

O princípio da segurança jurídica pressupõe a confiança e a previsão da atuação do Poder Público.[339] A segurança jurídica não só admite negativa de atuação estatal, resguardando os direitos dos administrados, e protegendo o direito adquirido, o ato jurídico perfeito e a coisa julgada; mas, principalmente, é cogente para o Estado. É o Estado que deve resguardar a vida em sociedade, de tal forma que reste preservado o Estado Democrático de Direito. No Estado Democrático de Direito, o administrado deve ter a possibilidade de conhecer com segurança os efeitos dos atos que pratica, para que possa ter previsão acerca dos efeitos de sua conduta. É por isso que a proteção à boa-fé ou à confiança não fere a legalidade. Ao contrário, a aplicação da teoria da boa-fé como mecanismo de garantir a segurança jurídica está perfeitamente inserida na Constituição da República e, assim, na organização sistêmica que tem a legalidade como princípio.

O interesse público nos atos administrativos não é aquele exclusivamente arrecadatório, mas também o de preservar a confiança dos indivíduos nos atos do Poder Público que lhe dizem respeito. Do contrário, estaria a Administração Pública provocando uma rebelião por parte daqueles que a ela se subordinam então voluntária e democraticamente. Se o contribuinte pautou-se em ato da própria Administração Pública, então é ela que deu causa a uma situação consolidada, devendo, na medida de sua participação – ativa ou por tolerância – responsabilizar-se pelos efeitos, protegendo aqueles que se lhe subordinaram em boa-fé. Assim se convalida o ato do Poder Público, antes viciado.

A despeito de o Superior Tribunal de Justiça ter tratado apenas da boa-fé subjetiva – boa-fé do administrado –, fato é que consignou em sede de Recurso Especial Representativo de Controvérsia,[340] que, se houve uma aparência de regula-

339. Como explicitado no ordenamento jurídico pela Lei 13.655/2018, que alterou o Decreto-lei 4.657, de 4 de setembro de 1942 (Lei de Introdução às Normas do Direito Brasileiro – LINDB).

340. Cf. artigo 543-C do Código de Processo Civil de 1973, com correspondência no art. 1.036 do Código de Processo Civil de 2015.

ridade e a comprovação da ocorrência da operação, não há que se sancionar o contribuinte pela mitigação do crédito de ICMS, em face de ato declaratório de inidoneidade, publicado posteriormente à data da operação. Vejamos a ementa do Recurso Especial nº 1.148.444/MG:[341]

> [...]
>
> 2. A responsabilidade do adquirente de boa-fé reside na exigência, no momento da celebração do negócio jurídico, da documentação pertinente à assunção da regularidade do alienante, cuja verificação de idoneidade incumbe ao Fisco, razão pela qual não incide, à espécie, o artigo 136, do CTN, segundo o qual "salvo disposição de lei em contrário, a responsabilidade por infrações da legislação tributária independe da intenção do agente ou do responsável e da efetividade, natureza e extensão dos efeitos do ato" (norma aplicável, *in casu*, ao alienante) [...].

Apesar de se tratar de cobrança de ICMS, verificamos que tal cobrança é oriunda também de suporte fático correspondente a uma ilicitude, tanto assim que no próprio relato da infração usualmente se dispõe que houve crédito indevido de imposto, em razão de documento inidôneo emitido por outrem. É uma cobrança de tributo pelo descumprimento de uma responsabilidade *in elegendo* ou *in vigilando*. Se é de responsabilidade subjetiva que se trata, necessário calibrá-la no caso concreto, a partir dos dados fáticos que compõem o suporte fático do fato jurídico.

Não há que se alegar que, por se tratar de cobrança do tributo e não apenas de imposição de sanção, à vista do disposto no artigo 136 do Código Tributário Nacional, que configura objetiva a responsabilidade por infração, não se tem que interpretar da forma mais benéfica ao infrator. Se a interpretação cuida de infração, há que, primeiro, aplicar a interpretação benéfica, incidindo previamente as regras de interpretação do art. 112 do Código Tributário Nacional, para, só depois, aplicar objetivamente o quanto do disposto naquele

341. Superior Tribunal de Justiça, 1ª Seção, *DJe* de 24.04.2010.

artigo. Nesse sentido, "a questão de saber se a infração está, ou não, configurada, é precedente indispensável para que se possa cogitar da atribuição de responsabilidade a alguém por seu cometimento".[342]

Não havemos, entretanto, de falar de responsabilidade do Estado, que elida o fato jurídico decorrente do crédito indevido, por exemplo, se não foi uma legítima confiança que imperou no ato do sujeito passivo, mas, ao revés, restou demonstrado que esse dela se usurpou indevidamente, para fins ilícitos.

Pelo instituto da boa-fé materializa-se a justiça na composição do fato jurídico tributário revisto. Como defende Hart,[343] a aplicação de uma regra a uma pessoa em particular demanda atenção para a subsunção de seu caso à regra, porquanto as regras têm uma combinação de conduta regular, sem afastar a possibilidade de existir uma situação tal que distinga essa conduta como padrão. Com alguma restrição, tomamos esse postulado em nosso socorro, justamente para defender que é devida especial atenção ao caso concreto, mormente ao aspecto distintivo da conduta padrão, prescrita ou esperada. A partir dessa premissa, também com ressalvas à teoria do sistema aberto de Canaris,[344] não é incoerente com a nossa metodologia admitir que a especificidade do caso concreto pode se referir a alguma ideia compartilhada pela maioria (os *tópoi*).

Nessa toada, podemos afirmar que, em se tratando de cobrança de tributo fulcrada também em descumprimento de uma obrigação de fazer, cuja ilicitude subsume-se a uma regra de responsabilidade subjetiva, há que atentar para as peculiaridades que ensejaram a conduta. A partir daí, temos um denominador comum, que leva à uniformização das decisões aos casos concretos pela calibração, por meio do instituto da boa-fé.

---

342. Hugo de Brito Machado, *Comentários ao Código Tributário Nacional, volume II*, São Paulo, Atlas, 2004, p. 280.

343. *O Conceito de Direito*, Lisboa, Fundação Calouste Gulbenkian, 1994, p. 95.

344. Mario G. Losano, *Sistema e estrutura no direito, vol. 02: o século XX*, trad. Lucas Limberti, São Paulo, Editora WMF Martins Fontes, 2010, p. 327.

2.2 Boa-fé Subjetiva e Erro de Proibição para Exclusão ou Redução da Sanção

Tratamos agora da calibração pela boa-fé efetuada diretamente em face da gravidade do ilícito descrito no antecedente da norma primária sancionadora. Válido retornar ao quanto já expusemos acerca da sanção como consequência jurídica da desobediência da conduta prescrita na norma primária dispositiva, do que decorre a relação da sanção com a natureza da prescrição desobedecida. Também como já vimos, a intenção do administrado na prática de um ato, que serve de suporte fático para o fato jurídico tributário ou para o impedimento de sua necessária configuração, não importa para efeito de constituição do fato jurídico tributário revisto, mas o conhecimento sobre a ilicitude do fato integra, como suporte fático, a conduta ilícita, que é pressuposto para a imputação da sanção.

Já defendemos que a sanção não deve ser excessiva, mas necessária para coibir a prática do ilícito. Tanto assim que não olvidamos da necessidade de sanção de natureza penal-tributária aplicada às infrações decorrentes de atos dolosos, visando à fraude ou à sonegação. Infelizmente, não é sempre que encontramos essa segregação nas normas gerais e abstratas de comando punitivo, o que nos parece medida salutar.

É recomendável diferençar a conduta sujeita a sanção de natureza penal-tributária da conduta sujeita a sanção de natureza tributária, porque, apesar de ambas terem cunho compensatório, as últimas devem ser menos repressivas em face das primeiras. Quando o dolo compõe um dos suportes fáticos do fato jurídico tributário revisto, a sanção deve ser maior para atender ao princípio da proporcionalidade da pena e alcançar a sua finalidade, não só reparadora do dano, mas também educadora. Tem culpa aquele que deu causa ao resultado, danoso a outrem, por imprudência, negligência ou imperícia.[345] O dolo, por sua vez, corresponde à consciência e à vontade de alcançar

345. Art. 18, inciso II, do Código Penal, combinado com arts. 186, 187 e 927 do Código Civil.

o resultado ou assumir o risco de produzi-lo. O dolo pode ser eventual – consciência do risco quanto ao resultado; genérico – vontade de praticar a conduta típica; ou específico – vontade de praticar a conduta típica com finalidade específica.

Para que se configure o dolo, contudo, a Administração Pública deve provar o elemento subjetivo correspondente ao agir intencionalmente, considerando a existência de opção entre a prática ou não da infração, com o *animus* de praticar a conduta atípica, aliado ao conhecimento da ilicitude do comportamento. E não é só, o dolo deve ser *no* fato e não em comportamentos adjacentes. A sanção está na mesma norma primária concreta desencadeada pelo fato jurídico tributário, e a ele se reporta.

Muitas vezes os entes federados lamentavelmente estipulam sanção em relação aos fatos jurídicos desobedecidos, deixando de atentar para a existência de procedimento doloso ou não, colocando todas as condutas numa mesma classe, sem possibilitar o ajuste no contexto de reações possíveis para aferição de um resultado, como se não houvesse a conjugação de vários fatores, tão diversos no contexto pragmático, que chegam a um mesmo fato.

Elucidativamente, o subsistema legislativo federal gradua a pena conforme a sua natureza indenizatória, compensatória e repressivo-compensatória, considerando sempre a conduta do administrado na prática da infração. A multa de ofício, normalmente repressivo-compensatória, corresponde ao percentual de 75% (setenta e cinco por cento) sobre o tributo devido. A natureza repressiva é acertadamente tanto maior quanto mais grave a conduta. Por essa razão que, nesse subsistema, a multa é agravada, aumentado seu percentual pela metade, nos casos de não atendimento pelo sujeito passivo, no prazo marcado, de intimação para prestar esclarecimentos ou apresentar documentos; e, nesse mesmo âmbito federal, há ainda previsão para a qualificação da penalidade, duplicando seu percentual, nos casos de sonegação e fraude. Para a qualificação da penalidade, a Lei 9.430/96, em seu art. 44, § 1º, estabelece que "o percentual de multa de que trata o inciso I do *caput* deste artigo [75%] será duplicado nos casos previstos nos arts. 71, 72 e 73 da Lei 4.502, de 30 de novembro de 1964, independentemente de outras penalidades administrativas ou criminais cabíveis". Importante observar que a menção aos arts. 71, 72 e 73 da Lei 4.502/64 é feita para limitar a qualificação da sanção, ou seja, a sua gravosa imputação, aos casos em que de fato se verifica conduta dolosa.

Já o ente federado estadual, a exemplo do Estado de São Paulo, não tem a previsão para a graduação da sanção conforme a conduta. A pena não é possível de ser mensurada quando da análise do caso concreto, porque o legislador optou por estabelecê-la de forma predeterminada para cada tipo de infração, impedindo a apreciação no caso concreto da relação da infração com todos os suportes fáticos do fato jurídico sujeito à revisão. Não podemos deixar de apontar o prejuízo em tal escolha, mencionando, exemplificativamente, o que ocorre com as infrações relacionadas à glosa de crédito. Esse tipo de determinação legal engessa a autoridade administrativa, impedindo-a de proporcionalizar a infração em razão dos suportes fáticos apreciados em atos de revisão. Acaba a autoridade administrativa sendo compelida a imputar severa penalidade, ato do qual decorre, na maior parte das vezes, representação fiscal para fins penais, em qualquer hipótese de glosa de crédito, pouco importando se o contribuinte se usurpou de uma determinada situação ou se foi induzido a erro pela própria Administração Pública.

Há normas ainda endereçadas à atividade julgadora, como a louvável disposição do Regulamento do ICMS (art. 527-A do RICM/SP) do mesmo ente federado, Estado de São Paulo, a qual dispõe que a multa pode ser reduzida ou relevada se verificada a boa-fé no caso concreto, desde que não haja falta de recolhimento de imposto.[346]

---

346. O art. 106 do Código Tributário Nacional, apesar de não ser norma interpretativa que possibilita calibrar penalidade em razão da boa-fé, tem a finalidade de não permitir que o sujeito passivo seja apenado por uma infração, que, de tão duvidosa, deixa de ser assim tratada tempos depois. O mesmo dispositivo é norma que também impõe a redução da penalidade ao caso concreto, quando em período

É ainda mais relevante o cuidado que a autoridade administrativa deve ter ao qualificar a hipótese de infração à legislação tributária, como decorrência de revisão de fato jurídico tributário, se pensarmos que existe indubitável interseção entre essa qualificação e a possibilidade de repercussão no âmbito penal, pela configuração de crime contra a ordem tributária ou contra a ordem econômica, dentre outros.

O fato penal depende muitas vezes da definição da situação tributária. No âmbito federal, essa definição é bastante clara, dada a previsão específica para a multa qualificada, como tratamos. Mesmo diante da previsão específica, a qualificação dolosa pressupõe, como para qualquer outro ente federado, uma justa motivação acerca da conduta subjetiva do administrado. Para a motivação da conduta subjetiva do administrado, a autoridade administrativa não pode perder de vista que, na qualificação dos suportes fáticos do fato jurídico tributário em ato de revisão ou do fato ilícito, é ponto de partida a boa-fé do sujeito.

Na análise da conduta do administrado, tem-se em consideração a boa-fé subjetiva. A boa-fé subjetiva é aquela que denota a ideia de ignorância, de erro escusável, acerca da existência de uma situação, tomando-a por regular quando essa é irregular. Não se trata de *ignorantia legis,*[347] mas da ausência de consciência, pelo administrado, da ilicitude de uma determinada conduta, num específico momento, num contexto sociotemporal.

Não há que se falar em dúvida razoável por parte da Administração, já que sua conduta é sempre *ex lege* e, na dúvida, prevalece a liberdade do contribuinte e a proteção à sua inocência. No que tange ao administrado, inegável que, apesar da obrigação de conhecimento da lei por todo e qualquer cidadão, pode haver dúvida quanto ao enquadramento de um determinado evento em específica hipótese fática e respectiva hipótese de incidência normativa, de qualquer ordem. É o que se denomina no Direito Penal de erro de proibição.

---

posterior, em ajuste no sistema normativo, esta seja prevista de forma menos severa do que era na lei vigente ao tempo da prática do ato.

347. Ninguém se escusa de cumprir a lei, alegando que não a conhece.

O erro de proibição não tem o condão de ab-rogar a lei, mas de gerar reflexo na culpabilidade e na graduação da pena. O parágrafo único do art. 21 do Código Penal conceitua o que seria um erro evitável e, por exclusão, define o erro inevitável. O erro considera-se evitável quando o agente atua ou se omite sem a consciência da ilicitude do fato, quando lhe era possível, na circunstância, ter ou atingir essa consciência. Se houver erro de proibição, imperioso que se aplique a boa-fé subjetiva para reduzir ou relevar penalidade, respectivamente nas hipóteses de erro evitável ou inevitável.

A teoria da boa-fé se aplica para proporcionalizar a sanção aplicável ao fato, que, apesar de ilícito, não se apresentava como tal à época de sua ocorrência para o administrado, que possuía razões suficientes para acreditar em sua licitude e oponibilidade ao fisco, pautando-se em normas veiculadas para casos concretos análogos, senão idênticos, no mesmo tempo e espaço.

O Código Tributário Nacional chega a prever até a remissão do crédito tributário, desde que previsto em lei, na hipótese de erro ou ignorância escusável do sujeito passivo, quanto à matéria de fato.[348] E, não havendo disposição de lei, resta para o julgador a competência para proporcionalizar a sanção administrativa, tributária ou penal-tributária, nos limites do ordenamento.

No erro de proibição, o administrado pressupõe que sua conduta é lícita. É um erro de subsunção do fato concreto à norma de ilicitude, o que em muito se distancia da hipótese proibida de desconhecimento da lei e da hipótese de erro de tipo.[349] No âmbito tributário, podemos dizer que toda vez que alguém age na convicção de que está amparado numa causa que justifica a não tributação, por exemplo, em atos jurídicos que levam à crença de que o agente realmente deveria acreditar na sua causa, então o elemento relativo à ausência de culpabilidade ou de dolo impera proporcionalmente na imputação da sanção.

---

348. Art. 172, inciso II, do Código Tributário Nacional.

349. Erro sobre elemento constitutivo do tipo legal, conforme art. 20 do Código Penal.

Na seara tributária, o que se verifica normalmente é o erro de permissão. Parece-nos lógico que, se a real consciência da ilicitude era inalcançável ou de difícil compreensão, de rigor a calibração da pena aplicada proporcionalmente ao menor juízo de reprovação do ato praticado ou do dever não cumprido.

A dúvida escusável ou o erro de proibição podem se reportar ao fato em si (a subsunção à norma de ilicitude) ou ao seu enquadramento como fato jurídico tributário. Numa ou noutra hipótese, a boa-fé fica demonstrada quando o administrado, de uma forma geral, pauta-se nos atos normativos expedidos pelas autoridades administrativas, nas decisões dos órgãos singulares ou coletivos, nas práticas reiteradamente observadas pelas autoridades administrativas, além dos convênios celebrados entre União, Estados e Municípios.

A partir do direito vigente, ao indivíduo é garantido orientar sua conduta, seja para buscar um resultado ou para evitar uma consequência, conforme os efeitos jurídicos estabelecidos acerca daquele direito vigente. Hart[350] bem explica que as regras que impõem obrigação precisam gozar de conformidade social, demonstrada pela pressão exercida sobre o que delas se desvia ou ameaça desviar-se. Continua tratando do reconhecimento da norma pela eliminação de dúvidas. O reconhecimento assim se apresenta como regra secundária, para identificação concludente das regras primárias de obrigação.[351]

Ponderamos que os efeitos jurídicos de determinado direito ou o próprio direito é muitas vezes estabelecido a partir de reiteradas interpretações dos órgãos judiciais ou mesmo dos órgãos administrativos, o que comumente ocorre no âmbito do Direito Tributário. Não por outra razão que o art. 100 do Código Tributário Nacional[352] consagra a confiança e a previsibilidade do con-

---

350. *O conceito de direito*, Lisboa, Fundação Calouste Gulbenkian, 1994, p. 96.

351. Ibidem, p. 104.

352. "Art. 100. São normas complementares das leis, dos tratados e das convenções internacionais e dos decretos:
I - os atos normativos expedidos pelas autoridades administrativas;

tribuinte no Estado, prescrevendo que a observância às normas complementares das leis e dos decretos, dentre elas as práticas reiteradas observadas pelas autoridades administrativas, exclui a imposição de penalidades, a cobrança de juros de mora e, inclusive, a atualização monetária da base de cálculo do tributo.

Se as decisões administrativas se prestam como fundamento para a confiança do administrado, despiciendo falar do efeito da expectativa gerada pelas decisões judiciais. Humberto Ávila,[353] ao tratar da exigência do ISS na operação de *leasing*, reiteradamente tida como não geradora de obrigação tributária, assevera que "punir os contribuintes com a imposição de multa significa punir quem confia na própria Administração, em manifesta contrariedade ao princípio da boa-fé, que é um dos corolários do princípio da moralidade administrativa previsto no artigo 37 da CF/88".

Não raro, a dúvida escusável do administrado é reflexo de interpretação de precedentes jurisprudenciais, que se consubstanciam em Direito Positivo. A par do afastamento sistêmico entre Direito Positivo e Direito Consuetudinário, a própria tradição românica não afastou a força persuasiva do precedente jurisprudencial, defendendo, ao fim e ao cabo, o efeito *ex nunc* de alterações abruptas na jurisprudência, para não criar "situação de ostensivo desequilíbrio, com prejuízo social não desejado até pelo próprio legislador".[354]

II - as decisões dos órgãos singulares ou coletivos de jurisdição administrativa, a que a lei atribua eficácia normativa;
III - as práticas reiteradamente observadas pelas autoridades administrativas;
IV - os convênios que entre si celebrem a União, os Estados, o Distrito Federal e os Municípios.
Parágrafo único. A observância das normas referidas neste artigo exclui a imposição de penalidades, a cobrança de juros de mora e a atualização do valor monetário da base de cálculo do tributo".

353. Imposto sobre a Prestação de Serviços de Qualquer Natureza. ISS. Normas constitucionais aplicáveis. Precedentes do Supremo Tribunal Federal. Hipótese de Incidência, base de cálculo e local da prestação. Leasing financeiro: análise da incidência, *in Revista Dialética de Direito Tributário* nº 122, São Paulo, Nov/05, p. 120.

354. Tercio Sampaio Ferraz Júnior, *Efeitos "ex nunc" e as decisões do STJ*, Barueri/SP, Manole, 2009, p. 32.

Sobre a consolidação do trabalho jurisprudencial, Misabel Derzi[355] defende que às alterações jurisprudenciais que prejudiquem o contribuinte devem ser aplicados os princípios da proteção da confiança, da boa-fé objetiva e da irretroatividade, em contraponto à regra geral dos efeitos *ex tunc* das sentenças, cuja exceção é a modulação dos seus efeitos. Aqui, como não adotamos por objeto de estudo a previsão normativa de modulação dos efeitos das decisões judiciais, mas o caso concreto, aproximamos essas conclusões ao conceito de boa-fé subjetiva do sujeito passivo, decorrente do seu erro de proibição, para somente proporcionalizar a penalidade, no espaço conferido por lei.

O Conselho de Contribuintes, atual CARF, já por diversas vezes afastou a punição grave, reduzindo-a ao patamar normal, por entender que se verificou o erro de proibição quando, à época do fato, havia respeitável corrente doutrinária e precedentes jurisprudenciais diversos daqueles posteriormente vigentes que permitiam a interpretação da licitude do fato ou do ato praticado pelo administrado, do que decorre a sua boa-fé subjetiva.[356]

A lei tributária só se aplica a ato ou fato pretérito quando seja expressamente interpretativa, excluindo a aplicação de penalidade à infração dos dispositivos interpretados.[357] Se a norma é fruto de interpretação e se essa interpretação foi dada por decisões reiteradas, seja da Administração Pública,

---

355. *Modificações da jurisprudência no direito tributário*, São Paulo, Noeses, 2009, *passim*.

356. Dentre outras decisões, citamos trechos da ementa do Acórdão nº *Acórdão* 101-95.537, da então Primeira Câmara do Primeiro Conselho de Contribuintes:
"[...]
PENALIDADE QUALIFICADA - INOCORRÊNCIA DE VERDADEIRO INTUITO DE FRAUDE - ERRO DE PROIBIÇÃO - ARTIGO 112 DO CTN - SIMULAÇÃO RELATIVA - FRAUDE À LEI - Independentemente da patologia presente no negócio jurídico analisado em um planejamento tributário, se simulação relativa ou fraude à lei, a existência de conflitantes e respeitáveis correntes doutrinárias, bem como de precedentes jurisprudenciais contrários à nova interpretação dos fatos pelo seu verdadeiro conteúdo, e não pelo aspecto meramente formal, implica em *(sic)* escusável desconhecimento da ilicitude do conjunto de atos praticados, ocorrendo na espécie o erro de proibição."

357. Art. 106, inciso I, do Código Tributário Nacional.

seja do Poder Judiciário, a boa-fé do sujeito passivo há que imperar para exclusão ou diminuição da penalidade ao patamar legalmente possível. De resto, a lei só se aplica a ato ou fato pretérito no âmbito tributário, nas hipóteses das alíneas *a*, *b* e *c*, do inciso II, do art. 106 do CTN,[358] sempre de forma mais benéfica ao administrado.

Não há, todavia, que se falar em erro de proibição e boa-fé subjetiva, quando a ilicitude de determinado fato ou o enquadramento de um fato em sentido lato como fato jurídico tributário está expresso no Direito Positivo, que o colhe na concretude como suporte fático, seja em norma geral de qualquer hierarquia, seja em reiteradas decisões ou, com maior razão, em decisões de tribunais superiores. Para tanto, considera-se comparativamente o tempo *no* fato e o tempo das normas.[359]

3. A Reincidência do Fato Jurídico Tributário e a Absorção da Sanção

Retornando à proporcionalização da sanção em relação ao fato jurídico tributário em ato de revisão, para complementação

358. Retroatividade para aplicação de penalidade menos severa ou para elidir ilícito que serve de fundamento para as multas isoladas ou outras penalidades decorrentes de ação ou omissão de obrigação instrumental.

359. Quanto ao erro de proibição, toma-se, por peremptória, a motivação do seguinte acórdão do Supremo Tribunal Federal (Habeas corpus nº 35.664-SP (2004/0071613-4), *verbis*: "[...] Por outro lado, a alegação de erro de proibição, que é matéria de mérito não colhe. [...] É de todos sabido que lança-perfume, maconha e cocaína são substâncias proibidas no país. Tanto os agentes sabiam da proibição que a aquisição e guarda da mesma foi feita às escondidas sendo as caixas deixadas em canavial [...]". Também no Supremo Tribunal Federal, a Ação Penal nº 307/DF, disponibilizado no D.J. em 13/10/1995, pp. 342-347: "[...] Desarrazoada, por igual, a alegação de que a sétima acusada agiu a falta de conhecimento potencial quanto à ilicitude dos atos praticados e sob sujeição de poder hierárquico. Primeiramente, por haver ela própria revelado o conhecimento da ilicitude de sua conduta, com o que afastou a ocorrência de erro de proibição, que se caracteriza pela absoluta inconsciência do injusto. E em segundo lugar, diante da falta de comprovação de que as instruções recebidas de seu empregador, relativamente às contas fictícias que abriu e movimentou, vieram acompanhadas de ameaça de qualquer natureza; do caráter manifesta e reconhecidamente ilegal dessas instruções; e do fato de não se estar diante de relação hierárquica de direito administrativo, circunstâncias que afastam a segunda excludente [...]".

ou com negação, chega o momento de tratar da tarefa do operador do direito, aí se incluindo o julgador, de analisar a sanção sob o enfoque da reincidência do fato jurídico.

Transpondo-se para o Direito Tributário a noção adotada por respeitável doutrina civilista acerca da obrigação como um processo,[360] compreendemos a vinculação entre o fato jurídico tributário e o ilícito colateral. Deveres instrumentais, de informação ou declaração, e mesmo deveres tributários relacionados à obrigação de antecipação, compõem com o dever principal, uma totalidade concreta da relação obrigacional.

Daí o nosso recurso à teoria da reincidência do fato jurídico tributário. O fato jurídico constituído em ato de revisão pode ocupar a posição sintática de fato jurídico tributário e, também em decorrência do ato de revisão, pode ocupar a posição sintática de suporte fático de fato ilícito colateral àquele. As nuances operam na modalidade de obrigação principal, de antecipação ou instrumental.

Do fato jurídico da norma primária dispositiva, no âmbito tributário, derivam dois tipos de relações jurídicas, que são as relações de cunho patrimonial e aquelas que dispõem sobre os deveres instrumentais. No início de nossa abordagem sobre a relação do fato jurídico com a sanção, já mencionamos acerca da classificação de sua natureza como tributária, administrativa ou penal-tributária. Interessa-nos aqui a distinção entre a sanção administrativa e a sanção tributária, já que a penal-tributária corresponde a uma mera qualificação da sanção tributária.

As relações jurídicas que dispõem sobre os deveres administrativos, deveres instrumentais, existem majoritariamente para tornar possível a operatividade da regra-matriz de incidência tributária, cuja eficácia é alcançada na norma

---

360. *L'obligation qui résulte d'un acte illicite et d'un contrat a toujours la même structure et elle est polarisée pour la même finalité, la satisfaction de l'intérêt du créditeur"* (Clovis do Couto e Silva, *Les principes fondamentaux de la responsabilité civile en droit brésilien et comparé*, Cours fait à la Faculté de Droit et Sciences Politiques de St. Maur, Paris, datilografado, 1980, inédito, p. 2, *apud* Judith Martins-Costa, *A boa-fé no direito privado*, São Paulo, Editora Revista dos Tribunais, 2000, p. 400).

individual e concreta, a partir da constituição do fato jurídico tributário. Tem-se, nessas hipóteses, uma relação de vinculação dos deveres instrumentais com o fato jurídico tributário. Uma relação de vinculação das obrigações acessórias com a obrigação principal.

Similar relação de vinculação se verifica entre uma obrigação patrimonial de reter ou antecipar, correspondente à conduta-meio, e a obrigação principal. Aquela é meio previsto para facilitar o cumprimento da conduta-fim de pagar o tributo ou para atender fins fazendários; ao passo que esta é o fim maior almejado pelo Estado. O descumprimento de ambas isoladamente implica ilícito, mas o ilícito da obrigação principal absorve o ilícito da conduta-meio, que, naquele ilícito maior, subsume-se como causa ou efeito menor.

Sempre que uma obrigação acessória ou uma obrigação patrimonial, de reter ou antecipar, correspondente a conduta-meio, está vinculada ao cumprimento de uma obrigação principal, fato é que se identificam obrigação principal e obrigações acessória ou patrimonial de conduta-meio, formando um todo obrigacional. Todo descumprimento de uma obrigação acessória ou patrimonial de conduta-meio é ilícito e pode ensejar penalidade, mas nem todo ilícito corresponde ao descumprimento de uma obrigação acessória ou de conduta-meio, podendo antes corresponder ao descumprimento de uma obrigação principal.

Uma relação jurídica pode decorrer de um fato jurídico que tem, no seu suporte fático, o descumprimento de um fato jurídico tributário. É o caso, por exemplo, do descumprimento de obrigação acessória de declarar ou apurar corretamente o tributo, quando tal declaração não foi feita em decorrência ou se consubstanciou no motivo do próprio descumprimento da obrigação tributária principal.

Em consciente julgamento proferido pelo Tribunal de Impostos e Taxas de São Paulo,[361] caminhou-se no sentido

361. Processo DRT-14-667052/05, sessão de 17.10.2006.

de que as multas relativas às obrigações acessórias quanto à emissão de notas fiscais e à sua escrituração foram impostas em relação a condutas que se consubstanciaram em partes do mesmo todo, que foi, naquele caso, o crédito indevido. Daí acertadamente se decidiu pelo cancelamento das penalidades regulamentares, porquanto, no caso concreto, não são isoladas, mas implicam conduta-meio, cujo suporte fático só existe a partir da constatação do descumprimento da conduta-fim. A nota fiscal que implicou no crédito indevido é a mesma que motivou a irregularidade da escrituração dos livros obrigatórios, e que é, ela mesma, inidônea. Da mesma forma, a operação que não existiu naquela nota referenciada é a mesma que ensejou os ilícitos relativos às obrigações acessórias.

Ainda a título exemplificativo, o Conselho Administrativo de Recursos Fiscais – CARF aplicou o princípio da absorção da penalidade para a obrigação patrimonial correspondente à conduta-meio, considerando o todo obrigacional. Nesse sentido, é a jurisprudência que impede a impossibilidade de aplicação da multa de ofício (pelo descumprimento da obrigação principal ao final do ano-calendário) concomitantemente com a multa isolada (decorrente do descumprimento de recolhimento da estimativa). Já escrevemos[362] que impor sanção pelo não recolhimento do tributo apurado conforme lançamento de ofício que calcula IRPJ e CSLL devidos ao final do ano-calendário e impor sanção pelo não recolhimento ou recolhimento a menor das antecipações devidas, relativamente aos mesmos

362. Motivos expostos no Acórdão CSRF nº 9101-00.281, de nossa relatoria (Processo Administrativo nº 10665.001640200417). Transcrevemos a ementa:
APLICAÇÃO CONCOMITANTE DE MULTA DE OFÍCIO E MULTA ISOLADA – Incabível a aplicação concomitante de multa isolada por falta de recolhimento de estimativas no curso do período de apuração e de ofício pela falta de pagamento de tributo apurado no balanço. A infração relativa ao não recolhimento da estimativa mensal caracteriza etapa preparatória do ato de reduzir o imposto no final do ano. A primeira conduta é meio de execução da segunda. A aplicação concomitante de multa de ofício e de multa isolada na estimativa implica em *(sic)* penalizar duas vezes o mesmo contribuinte, já que ambas as penalidades estão relacionadas ao descumprimento de obrigação principal que, por sua vez, consubstancia-se no recolhimento de tributo.

tributos, é penalizar o mesmo contribuinte duas vezes, por ter deixado de recolher integralmente o tributo devido. Em havendo relação de vinculação entre as obrigações, ambas descumpridas, uma penalidade é excludente da outra.

Se o que prevalece para fins de quantificação da obrigação principal é o valor decorrente da apuração final, consolidada e definitiva do tributo – porque as antecipações são apurações provisórias do mesmo tributo –, também assim deve ser em relação à aplicação das penalidades: prevalece a multa aplicada quando o sujeito passivo não recolhe o tributo devido em conformidade com a apuração definitiva.

Noutras palavras, quando o fato tipificado constitui passagem obrigatória, de lesão menor, de um bem de mesma natureza, para a prática de uma infração maior, aquele é meio de execução deste.[363]

Dito isso, seja uma obrigação acessória, ou mesmo uma obrigação patrimonial, esta correspondente à conduta-meio, um fato jurídico tributário em ato de revisão, quando compõe o suporte fático de outro fato jurídico, não pode reincidir para efeito de implicar sanções a cada reincidência. Tomando-se a totalidade obrigacional gerada por aquele fato jurídico tributário, de forma mediata ou imediata, concluímos pelo repúdio à dupla penalização e socorremo-nos do princípio da absorção da sanção.

Não é raro que num mesmo ou em diferentes suportes físicos (*i.e.*, auto de infração) sejam veiculadas *n* normas que, desde logo, denotam a totalidade concreta da obrigação. Em decorrência do ato de revisão que culmina com o lançamento de ofício para a constituição do fato jurídico tributário e para a imposição de multa de ofício dele decorrente, pode também

363. Nesse sentido, são diversos os acórdãos da Câmara Superior de Recursos Fiscais do CARF, como por exemplo, o Acórdão CSRF/01-05.552, sessão de 04.12.2006, de Relatoria de Marcos Vinícius Neder: "O bem jurídico mais importante é sem dúvida a efetivação da arrecadação tributária, atendida pelo recolhimento do tributo apurado ao fim do ano-calendário, e o bem jurídico de relevância secundária é a antecipação do fluxo de caixa do governo, representada pelo dever de antecipar essa mesma arrecadação".

ocorrer a imputação de sanções pelo descumprimento de obrigações acessórias ou patrimoniais correspondentes à conduta-meio. Denominamos esse fenômeno, como de início, de reincidência do fato jurídico tributário em ato de revisão.

A reincidência do fato jurídico tributário não se confunde com o agravamento ou a qualificação da própria penalidade. A reincidência ocorre quando o fato jurídico tributário implica a relação jurídica obrigacional (do que decorre a sanção tributária da norma primária completa) e, ao mesmo tempo, serve de suporte fático para a imputação de sanção administrativa ou de imposição em duplicidade de sanção tributária (sanção tributária prevista em outra norma primária, a exemplo da multa pela falta de antecipação), hipótese em que verificamos duas ou mais penalidades relacionadas, uma imediatamente e outra mediatamente, com o mesmo fato em sentido amplo. Buscando, de um lado, eficácia à revisão do fato jurídico tributário e, doutro lado, a proporcionalidade na imposição da sanção em relação ao fato, defendemos a absorção da sanção relativa ao ilícito colateral, em face do todo obrigacional, de tal forma que da reincidência do fato jurídico tributário não decorra a reincidência punitiva.

CONCLUSÕES

1.1. O fato jurídico tributário assume diferentes feições a depender do contexto, na medida em que é produto do exercício de competência jurídica na tradução dos suportes fáticos, em coordenadas de tempo e espaço. A competência jurídica – investidura para a tarefa de constituir ou de revisar o fato jurídico tributário – define a amplitude da cognição e o nível de discricionariedade no sopesamento dos direitos.

1.2. O valor atua sobre o Direito e o processo de positivação. O valor *do* fato não se confunde com o valor *no* fato; enquanto este está na preferibilidade para o conhecimento, aquele exige competência específica para o exercício de tarefa legislativa ou para o exercício de positivação de conceito jurídico. A autoridade administrativa e o administrado estão submetidos aos critérios de aplicação de normas – hierarquia, cronologia e especialidade, sendo que para a autoridade administrativa o critério de hierarquia implica antes a vinculação aos comandos do Poder Executivo.

1.3. O conjunto de suportes fáticos que compõem o enunciado do fato jurídico tributário corresponde à tradução jurídica da realidade factual apresentada pelas provas. Quaisquer fatos, atos, normas ou relações existentes no campo deôntico de conhecimento podem ser suportes fáticos do fato jurídico tributário. Todo fato jurídico pode ser base empírica para um novo juízo de valor, ocupando – ele mesmo, toda a norma ou apenas a relação jurídica dele decorrente – a posição sintática de suporte fático de outro fato jurídico.

1.4. A validade do fato jurídico tributário é relação que depende: (i) dos vínculos sistêmicos de coordenação e subordinação para a introdução de norma individual e concreta; (ii) da tradução dos suportes fáticos no enunciado do fato jurídico tributário; (iii) da subsunção do fato ao conceito da hipótese da norma geral e abstrata e; (iv) da coerência intranormativa entre a proposição antecedente e a proposição consequente.

2.1. O enunciado denotativo do fato, necessário e suficiente à exigência da prestação pecuniária, é o resultado da descrição em linguagem jurídica da ocorrência de um ou de uma série de fatos e atos jurídicos – suportes fáticos –, que se combinam e convergem na demonstração do enunciado suficiente à subsunção do evento ao fato imponível (hipótese de incidência prescrita na norma geral e abstrata). É uma questão de prova, cuja gravidade depende da relação de cada enunciado de suporte fático com os demais enunciados da proposição (relação intranormativa intraproposicional) e com o sistema jurídico (relação internormativa).

2.2. No plano lógico-sistêmico, o fato jurídico tributário decorrente de revisão apresenta-se morfologicamente como um fato molecular, representado pelo encadeamento necessário de suportes fáticos, cujos enunciados demonstram, em relação de includência, o conjunto suficiente a denotar o fato imponível. Em decorrência da revisão, o conjunto de suportes fáticos do fato jurídico tributário pressupõe sempre a existência de pelo menos um *suporte fático de constatação* e um *suporte fático de revisão*. Os *suportes fáticos de constatação* reportam-se ao elemento nuclear da materialidade de incidência tributária, ao passo que os *suportes fáticos de revisão* reportam-se aos elementos revisados.

2.3. A composição do fato jurídico tributário produto de revisão depende da modalidade da revisão – se para complementação da obrigação ou se com negação do fato jurídico revisado. Identificamos pragmaticamente que a revisão pode: (i) não negar os efeitos da norma revisada, pelo que busca complementar o fato jurídico revisado ou reproduzi-lo para complementar a obrigação decorrente, configurando-se como uma espécie de convalidação, ou (ii) negar o fato revisado, a fim de constituir fato jurídico tributário inteiramente novo em sua materialidade.

2.4. Quando há revisão para complementação, toda a norma revisada é positivamente considerada – porquanto o que foi juridicamente constituído não é rejeitado –, seja para complementação do fato jurídico tributário, seja simplesmente para complementação da obrigação dele decorrente. Nessa medida, o fato jurídico tributário corresponde à junção: (i) do fato jurídico que enseja a complementação – suporte fático de constatação complementar (SFc) em coordenada de espaço e tempo (e.t), com (ii) o comportamento de enunciação da norma revisada –, suporte fático de revisão da enunciação (SFr) e, com (iii) a norma revisada, suporte fático de constatação (SF**C**n), que apresenta o fato jurídico já constituído (FJT1) e a relação jurídica obrigacional decorrente (SaRSp). Formalizamos:

FJT {[SFc (e.t.)]. SFr . SFcn [FJT1 . (SaRSp)]}

2.5. Na revisão com negação do fato jurídico revisado, a depender da competência do agente revisor, a negação do fato anterior implica: (i) comando para a desjuridicização do fato negado ou (ii) suporte fático necessário do novo fato jurídico tributário, inexistindo competência para a atribuição de efeitos de derrogação à norma contestada. Noutras palavras, na revisão para constituição de fato jurídico tributário que pressupõe a negação do fato revisado, de duas uma: (i) a negação surte efeito de comando jurídico para desjuridicização dos efeitos da norma revisada, daí advindo todas as consequências de imputação, o que deve ser feito sempre que não houver limite no exercício de competência; ou (ii) a negação da norma revisada presta-se apenas como elemento necessário à relação dialógica das provas que compõem o novo fato jurídico tributário. Em ambas as hipóteses, a situação jurídica revisada (SFrn), ou seja, a negação (-) do fato jurídico anterior (FJT1) e, por consequência, da relação jurídica anterior (SaRSp), por meio da revisão da sua enunciação (SFr), é pressuposto para a nova tradução dos suportes fáticos de constatação (SFc), em coordenadas de espaço e tempo (e.t), que indicam o evento denotativo da hipótese de incidência. Formalizamos:

FJT {SFrn -[FJT1 . (SaRSp)] . SFr . [SFc1,2,3... (e.t)]}

2.6. Em qualquer modalidade de revisão, as coordenadas de tempo e espaço do fato jurídico tributário correspondem às mesmas coordenadas de tempo e espaço dos suportes fáticos de constatação. As coordenadas de tempo e espaço dos suportes fáticos de revisão prestam-se, contudo, a delimitar a competência para revisão de um modo geral, inclusive indicando o prazo decadencial. A partir da revisão para complementação ou com negação da situação jurídica anterior, eventuais atos de revisão subsequentes prestam-se tão somente à extinção ou à redução (cancelamento parcial) da obrigação, sem complementação ou constituição de novo fato, salvo hipóteses legais expressas.[364] Aplica-se para a revisão do lançamento de ofício a norma insculpida no art. 146 do Código Tributário Nacional, o que não se confunde com o requerimento do contribuinte para a revisão de ato que implicou confissão de dívida. A limitação imposta para a revisão que tem por finalidade a constituição do crédito tributário não se opera para o contribuinte, quando este pleiteia a desconstituição de fato jurídico tributário, porquanto o Estado deve, de um lado, observar o procedimento legalmente previsto e os limites de competência para a revisão de seus atos e, de outro lado, cobrar na medida da lei.

2.7. No âmbito do Direito Público, o procedimento legitima o produto por meio de atos e termos organizados para o efetivo desempenho da atividade administrativa ou jurisdicional. Aplica-se ao procedimento a lei vigente ao seu tempo, que não se confunde com o momento da ocorrência do fato jurídico tributário.

2.8. A modalidade de revisão – definida pelo efeito que atribui ao fato e à norma revisada – não se confunde com o motivo

364. Artigo 173, inciso II, e artigo 149, incisos VIII e IX, todos do Código Tributário Nacional.

da revisão. O motivo da revisão é sempre um fato jurídico, o qual por si só não denota a hipótese de incidência tributária, mas enseja a tradução de suporte fático de constatação. Sobre o ato de constatação sobrepõe-se um ato constitutivo de direito, em conformidade com a norma de competência jurídica.

3.1. Se o fato jurídico tributário corresponde à materialidade – concreta e lícita – de incidência tributária, pouco importa a fraude, a simulação e a intenção do sujeito passivo. Os elementos colaterais, assim como a vontade do agente, importam apenas quando estão no suporte fático do ato ou do negócio jurídico que ocupa a posição sintática de suporte fático do fato jurídico tributário. Apenas nessa medida os elementos colaterais têm alguma relevância para o nosso objeto, sempre restrita à dialética das provas.

3.2. É o ordenamento jurídico que prescreve o que é suficiente como prova da ocorrência dos elementos denotativos da hipótese de incidência tributária. A prova do fato jurídico tributário depende: (i) da sua apresentação em suporte físico habilitado pelo sistema; (ii) da vinculação ao procedimento de produção e (iii) da relação de correspondência entre o fato jurídico e os dados dos suportes fáticos. A insuficiência da prova dos suportes fáticos cientificamente invalida o fato jurídico tributário. Ainda, se um documento é colhido como prova, ele é válido na sua integralidade e todos os seus elementos são aptos a integrar o enunciado como fato probante. *Mutatis mutandis*, a caracterização atribuída pelo fisco a determinado suporte fático deve ser observada para todos os efeitos fiscais, positivos ou negativos, dentro de um mesmo campo de competência tributária.

3.3. A partir do código lícito/ilícito que rege o sistema jurídico e considerando a modalidade da revisão, classificamos em quatro os tipos de conjunto suficiente de suportes fáticos: (i) conjunto suficiente, sem ilícito, em ato de revisão para complementação; (ii) conjunto suficiente, com ilícito, em ato de revisão para complementação; (iii) conjunto suficiente, sem ilícito, em ato de revisão com negação; e (iv) conjunto suficiente, com ilícito, em ato de revisão com negação.

3.4. Partindo da premissa de que o fato jurídico tributário pressupõe constatação de situação lícita, concluímos que o ilícito é sempre um fato jurídico não tributário, pelo que ocupa, via de regra, a posição sintática de *suporte fático mediato* do fato jurídico tributário. Empiricamente, constatamos que, por disposição do ordenamento jurídico, a conduta ilícita apenas integra o fato jurídico tributário como suporte fático *imediato* nas hipóteses em que o tributo é cobrado do sujeito passivo, sobre materialidade lícita de outrem, em razão de descumprimento de responsabilidade *in eligendo* ou *in vigilando*.

3.5. A materialidade do fato jurídico tributário pode corresponder a uma realidade factualmente normatizada, a uma realidade positivada por presunção legal ou ainda a uma situação construída por ficção jurídica. Presunção legal e ficção jurídica não são meios de prova, mas a própria prova, porquanto a relação de correspondência do fato jurídico tributário inicialmente suficiente é com o suporte fático previsto como signo ao qual a norma atribui efeitos de propagar a incidência tributária. Nos atos de revisão, deve ser verificado se o sistema permite ou determina que o fato, já empiricamente verificável, prevaleça sobre o signo presuntivo.

3.6. A subsunção do fato à norma pressupõe a subsunção da materialidade e das respectivas coordenadas de tempo e espaço, enunciadas para o caso concreto, à hipótese da norma de incidência tributária. O tempo *no* fato é o tempo da conclusão dos fatos que determinam juridicamente a realização do evento suficiente a denotar o fato imponível. O tempo *do* fato é um tempo presente que gera efeitos para o futuro, reportando-se ao passado, ao constituir o fato jurídico tributário. O fato jurídico tributário presente não retroage para novamente implicar outros efeitos, sob pena de afetar indefinidamente o tempo *no* fato pelo tempo *do* fato.

3.7. A coordenada de espaço do fato jurídico tributário é fruto da aplicação conjunta da opção do legislador, no que tange à percussão espacial dos eventos para fins fiscais (determinado local, áreas específicas ou genéricas), com o critério técnico para aferição do local em que se considera ocorrido o evento (eleição de nacionalidade, fonte, resultado ou desenvolvimento da atividade). No caso de substituição tributária, se em ato de revisão verificar-se que as operações não ocorreram no espaço em que presumida a operação, em observância à competência tributária indelegável, impõe-se a devolução dos valores e a aplicação de uma nova substituição.

3.8. Sob a perspectiva da relação entre os enunciados que compõem o fato jurídico tributário, havemos que observar: (i) a validade dos enunciados dos suportes fáticos necessários (de constatação e de revisão); (ii) a convergência desses enunciados para a mesma finalidade e (iii) a suficiência do conjunto dos enunciados dos suportes fáticos necessários a denotar o fato subsumível à hipótese de incidência tributária. A proposição do fato jurídico tributário será válida ainda que haja enunciados de suportes fáticos mediatos em excesso, desde que nenhum dos enunciados dos suportes fáticos mediatos esteja em posição de contradição com os enunciados dos suportes fáticos necessários.

4.1. Insistimos que para a tradução válida dos suportes fáticos, na ideia de que o Direito pressupõe a intertextualidade intrassistêmica e intersistêmica, cada fato (tomado por suporte fático) deve ser conceituado a partir da subsunção do conjunto de seus elementos ao conjunto dos elementos que denotam o respectivo conceito normativo. Tanto os elementos quanto o conceito normativo devem ser extraídos das regras próprias do sistema (inclusive quando oriundo de outras Ciências) ou subsistema (quando pertencente a outros ramos jurídicos) que originariamente normatiza o fato, tomado por suporte fático.

4.2. A partir daí, o Direito Tributário dá às materialidades que prescreve o efeito que lhe permite o fechamento sistêmico operacional. Assim, para fins fiscais, deve ser averiguada a existência ou não de tratamento expresso divergente, atribuído pelo Direito Tributário, aos efeitos próprios do fato (suporte fático). Deve ser averiguado, também, se houve alteração no sistema ou no subsistema que trata do fato colhido por suporte fático e se tal alteração está em contradição com a normatização preexistente, vigente quando da introdução da norma fiscal que se reportou ao fato naquelas normas tratado. No ato de revisão, a materialidade colhida para fins fiscais deve apresentar feição uniforme para todo este subsistema, vale dizer, tem o condão de erradicar todos os efeitos próprios no âmbito fiscal, ressalvado o limite imposto pela competência tributária.

4.3. A validade, a natureza do objeto e os efeitos dos atos jurídicos, assim como os efeitos dos fatos jurídicos só são desprezados pelas normas fiscais quando: (i) o Direito Tributário expressamente atribui consequências diversas dos efeitos próprios para os atos ou fatos jurídicos (outorga voltada à atividade legislativa) ou (ii) sopesados os elementos que denotam as características de um ato jurídico com o elemento fundamental de ocorrência no mundo fenomênico, subsumível à norma geral e abstrata de incidência tributária, este prevalece para a qualificação do fato jurídico tributário.

5.1. Os fatos jurídicos *lato sensu* que importam para a materialidade do fato jurídico tributário são: (i) os acontecimentos (fatos naturais) que acarretam efeitos jurídicos, de forma direta ou indireta, e (ii) os fatos voluntários em sentido amplo. É o regime jurídico próprio do ato (negócio jurídico) examinado que prescreve se é a forma ou a causa que prevalece como prova de sua existência e qualificação. A causa não se confunde com o motivo ou a intenção do agente. Quando a causa é elemento determinante do negócio jurídico, ele equivale ao que empiricamente se realizou, pressupondo que devem ser suportadas as consequências jurídicas do ato.

5.2. Os elementos que viciam um negócio jurídico, por nulidade ou anulabilidade, relacionam-se com o fato jurídico tributário sob três aspectos epistemológicos, quais sejam: (i) o vício pode ou não ser adotado como causa de tributar; (ii) o vício impede ou não a ocorrência do fato jurídico tributário; e (iii) o vício retira ou não a eficácia do ato de oponível ao fisco.

5.3. O vício de um negócio jurídico não pode ser adotado como causa de tributar, porquanto se insere na classe dos elementos previstos no ordenamento jurídico para as relações jurídicas *ex voluntate*, amoldando-se à proteção dos seus destinatários. O vício só existe juridicamente se declarado pelo Poder Judiciário, que, em decorrência, atribui efeito de nulidade ou anulabilidade ao ato. A atividade de constituição do crédito tributário é *ex lege*, pelo que o fato jurídico tributário só pode ser o relato que corresponde a uma realidade cujo conteúdo, e não a sua ausência, possui a materialidade lícita, necessária e suficiente ao surgimento de relação jurídica obrigacional tributária.

5.4. A existência de vício em negócio jurídico não impede a configuração do fato jurídico tributário. A nulidade ou a anulabilidade precisam ser declaradas por órgão competente. Ainda que o ato seja declarado nulo, se a norma tributária toma por suporte fático os efeitos gerados, tais efeitos estão habilitados a ocupar a posição sintática de suporte fático do fato jurídico tributário. O mesmo se passa com o ato jurídico anulado, ressalvando que, na hipótese de anulação, o próprio ato (não apenas seus efeitos) está habilitado a ocupar a posição de suporte fático do fato jurídico tributário, relativamente ao período anterior àquele atingido pela declaração de ineficácia jurídica.

5.5. Ao fisco falece competência para alegar a não oponibilidade de um determinado ato jurídico formalmente apresentado pelo administrado, porque em tese possui vício que ensejaria a sua nulidade ou anulabilidade. O fisco tem, todavia, competência para afastar, por insuficiência, a prova do ato de que se vale o contribuinte, desde que, por relação de dependência, houver prova da existência do conjunto suficiente de suporte(s) fático(s) que denota o fato colhido para a materialidade de incidência fiscal. O controle fiscal ocorre, via de regra, apenas quando é possível verificar a ocorrência das consequências naturais dos negócios causais, que lhe definem a natureza e o regime jurídico.

5.6. A consistência da prova depende da demonstração cumulativa: (i) de que se averiguou aquilo que a norma toma por suporte fático do fato imponível de incidência fiscal, seja o ato jurídico ou os efeitos experimentados, (ii) bem como que os critérios adotados para a desqualificação da prova do contribuinte e para a qualificação de outro ato que se adota por suporte fático tomam em consideração os elementos essenciais e as consequências naturais que caracterizam o(s) negócio(s) jurídico(s) causal.

5.7. A constituição do fato jurídico tributário, envolvendo interpretação de negócios de repercussão internacional e suportados, a princípio, por convenções internacionais, devidamente introduzidas no ordenamento jurídico brasileiro, implica a conjugação: (i) da aplicação de norma que evidencia a relação de coordenação entre a legislação tributária interna e as disposições de norma de repercussão internacional e (ii) da aplicação das disposições normativas, universalmente reconhecidas, que orientam as traduções dos suportes fáticos. É do fisco o ônus de demonstrar que não subsiste a prova do fato ou do ato jurídico apresentado pelo contribuinte, sendo-lhe ainda vedado constituir fato jurídico tributário em razão de interpretação normativa que afronta os critérios internacionalmente positivados ou esvaziando a convenção internacional firmada pelo Brasil.

5.8. O fato jurídico tributário, produto de revisão, decorre da competência jurídica na tradução do conjunto de suportes fáticos necessários – de constatação e de revisão – em coordenadas de tempo e espaço, em relação dialógica de provas que denotam o fato imponível, na completude necessária à delimitação da obrigação dele decorrente. O enunciado que prevalece é aquele pautado em linguagem apropriada e consistente. A linguagem apropriada pressupõe procedimento aceito, executado de modo completo e pautado pela boa-fé. A consistência do argumento depende da concordância com os sentidos especificamente positivados no Direito.

6.1. Na revisão, o fato jurídico tributário deve ser também analisado em face da sua relação com a obrigação tributária decorrente. Considerando que fato e norma compõem a mesma estrutura jurídica, a proposição consequente deve confirmar, por coerência, a proposição antecedente, sendo certo que a prestação pecuniária é devida na medida da materialidade do fato jurídico tributário.

6.2. Se o fato jurídico tributário é afetado por relação de substituição tributária, a coerência intranormativa interproposicional depende da consideração: (i) do regime jurídico do substituído; (ii) da existência da materialidade por ele praticada; (iii) da conformação entre o fato e os sujeitos envolvidos na relação jurídica obrigacional (fisco e substituto) e (iv) da verificação da relação entre a grandeza tributada e a ocorrência na experiência.

6.3. De um modo geral, na revisão para complementação, por implicação lógica, porque não há negação da norma revisada, a respectiva relação jurídica (revisada) é considerada para efeito de quantificação do crédito tributário e não há possibilidade de alteração de sujeitos, ativo ou passivo. A isso debitamos que, por decorrência lógica, a norma revisada, juntamente com a nova constatação, atua sobre a apuração da obrigação tributária constituída em ato de revisão.

6.4. Já na revisão com negação da norma revisada, temos que, por implicação lógica, os elementos nucleares da materialidade de incidência fiscal pertencem todos à nova constatação, que, de um lado, pressupõe a pertinencialidade jurídica da negativa da norma revisada, podendo haver alteração de sujeitos, ativo ou passivo, e, por outro lado, enseja uma nova apuração, integralmente subsumida à prescrição da norma de incidência tributária. Por decorrência da revisão, a apuração anterior logicamente atua na nova obrigação tributária apenas para implicar direito de imputação ou de restituição, desde que existente a competência jurídica e respeitada a impossibilidade jurídica de retornar ao tempo *no* fato para afetar situações não tributárias ou causar prejuízos a terceiros.

7.1. O fato jurídico tributário produto de revisão sistêmica alcançará maior eficácia social quanto mais aprimorada a técnica da sanção, mormente nos casos de revisão pela

Administração Pública. Considerando que a sanção está diretamente relacionada com o comportamento lícito, que se quer realizado e com o ilícito que se tenta impedir, há que se buscar a proporcionalidade na imputação da sanção em face do caso concreto. Essa relação de proporcionalidade a partir do fato jurídico tributário pode ser vista sob o enfoque (i) da calibração pelo princípio da boa-fé em razão do contexto em que inserido o fato e (ii) dos efeitos de reincidência do fato jurídico revisado.

7.2. Convencidos de que a conduta da Administração Pública deve ser pautada na boa-fé objetiva, inclusive no concernente às obrigações colaterais, há que se averiguar a existência de requisito mínimo de culpabilidade para a aplicação da responsabilidade subjetiva. A responsabilidade subjetiva é elemento do fato jurídico tributário que tem por suporte fático, além da materialidade fiscal (de outrem), o descumprimento de norma de responsabilidade *in eligendo* ou *in vigilando*.

7.3. A boa-fé subjetiva do particular também há que ser considerada para calibrar o Direito no caso concreto. Tomando em conta um contexto sociotemporal, com o cotejo entre o tempo *no* fato e o tempo das normas, é possível que seja justificável juridicamente a ausência de consciência, pelo administrado, da ilicitude de uma determinada conduta (erro de subsunção), implicando a exclusão ou redução da penalidade, nos limites legais.

7.4. O fato jurídico tributário constituído em ato de revisão pode ocupar também a posição sintática de suporte fático de fato ilícito colateral àquele. Ou seja, o fato jurídico tributário pode reincidir para implicar imputação de sanção administrativa ou mesmo tributária decorrente. Respaldados na teoria da totalidade concreta da obrigação e no princípio da absorção da pena, quando há reincidência do fato jurídico tributário para efeito de imposição de várias sanções, defendemos que se absorve a sanção do ilícito colateral ou decorrente pela imputação da sanção principal.

REFERÊNCIAS

ALEXY, Robert. *Teoria dos direitos fundamentais*. 5ª ed. Trad. Virgílio Afonso da Silva. São Paulo: Malheiros, 2008.

AMARO, Luciano. *Direito tributário brasileiro*. 15ª ed. São Paulo: Saraiva, 2009

ANAN JR., Pedro (coord.). *Planejamento fiscal*. Vol. II. São Paulo: Quartier Latin, 2009.

ARAÚJO, Clarice von Oertzen de. *Incidência jurídica:* teoria e crítica. São Paulo: Noeses, 2011.

________. Fato e evento tributário – uma análise semiótica. In: SANTI, Eurico Marcos Diniz de (coord.). *Curso de especialização em direito tributário:* estudos analíticos em homenagem a Paulo de Barros Carvalho. Rio de Janeiro: Forense, 2005.

________. Semiótica na hermenêutica e interpretação constitucional. In: *Congresso Nacional de Estudos Tributários VI – Sistema Tributário Brasileiro e a Crise Atual*. São Paulo: Noeses, 2009.

ARAÚJO, Juliana Furtado Costa. A Modernização da Administração Tributária: iniciativas da Fazenda Pública visando ao incremento de sua atuação. In: *Congresso Nacional de Estudos Tributários V – Direito Tributário, linguagem e método*. São Paulo: Noeses, 2008.

ATALIBA, GERALDO. *Hipótese de incidência tributária.* 5ª ed., 6ª tiragem, São Paulo: Malheiros, 1997.

_______. *Princípios de procedimento tributário.* In: PRADE, Péricles Luiz Medeiros; CARVALHO, Célio Benevides de (coords.). *Novo processo tributário.* São Paulo: Resenha Tributária, 1975.

ÁVILA, Humberto. A distinção entre princípios e regras e a redefinição do dever de proporcionalidade. In: *Revista de Direito Administrativo* nº 215. Rio de Janeiro: Renovar, jan-mar/1999.

_______. *Sistema constitucional tributário.* 3ª. ed. Saraiva: São Paulo, 2008.

_______. Imposto sobre a Prestação de Serviços de Qualquer Natureza. ISS. Normas constitucionais aplicáveis. Precedentes do Supremo Tribunal Federal. Hipótese de Incidência, base de cálculo e local da prestação. Leasing financeiro: análise da incidência. In: *Revista Dialética de Direito Tributário* nº 122. São Paulo, Nov/05, p. 120.

_______. *Teoria dos princípios* – Da definição à aplicação dos princípios jurídicos. 4ª ed. 2ª tir. São Paulo: Malheiros, 2005.

AZEVEDO, Álvaro Villaça. *Código Civil Comentado:* Negócio Jurídico, atos jurídicos lícitos, atos jurídicos ilícitos, artigos 104 a 188, vol. II, São Paulo: Atlas, 2003.

AZEVEDO, Antônio Junqueira de. *Negócio jurídico: existência, validade e eficácia.* 4ª ed. São Paulo: Saraiva, 2002.

BALEEIRO, Aliomar. *Direito tributário brasileiro.* 10ª ed., Rio de Janeiro: Forense, 2002.

_______. *Limitações constitucionais ao poder de tributar.* 7ª ed. São Paulo, Forense: 1997.

BARRETO, Aires F. *ISS na Constituição e na Lei.* 2ª ed. São Paulo: Dialética, 2005.

BARRETO, Paulo Ayres. *Ato simulado e sonegação fiscal.* In: Congresso Nacional de Estudos Tributários VII - Direito Tributário e os conceitos de direito privado. São Paulo: Noeses, 2010.

________. *Contribuições:* regime jurídico, destinação e controle. São Paulo: Noeses, 2006.

________. *Elisão tributária - limites normativos.* Tese apresentada ao concurso à livre docência do Departamento de Direito Econômico e Financeiro da Faculdade de Direito da Universidade de São Paulo. São Paulo: USP, 2008.

BECHO, Renato Lopes. "Artigos 121 ao 137". In: PEIXOTO, Marcelo Magalhães Peixoto; MASSET, Rodrigo Santos (coords.), *Comentários ao Código Tributário Nacional.* São Paulo: MP, 2005.

BECKER, Alfredo Augusto. *Carnaval tributário.* 2ª ed. São Paulo: Lejus, 2004.

________. *Teoria geral do direito tributário.* 4ª ed. São Paulo: Noeses, 2007.

BETTI, Emilio. *Interpretação da lei e dos atos jurídicos:* teoria geral e dogmática. Trad. de Karina Jannini. São Paulo: Martins Fontes, 2007.

BOBBIO, Norberto. *Teoria Geral do Direito.* Trad. Denise Augustinetti. São Paulo: Martins Fontes, 2007.

________.*Teoria da norma jurídica.* Trad. Fernando Pavan Baptista e Ariani Bueno Sudatti. Bauru, SP: EDIPRO, 2ª ed., 2003.

BONILHA, Paulo Celso Bergstrom. *Da prova no processo administrativo tributário.* 2ª ed. São Paulo: Dialética, 1997.

BOQUIMPANI, Eduardo Gonçalves. Processo administrativo fiscal e abuso de poder de tributar: algumas considerações sobre o papel do contribuinte no controle do lançamento tributário. In: *Revista Tributária e de Finanças Pública,* v.8. n.35. São Paulo, nov./dez. 2000.

BORGES, José Souto Maior. *Ciência feliz*. 2ª ed. São Paulo: Max Limonad, 2000.

_______. *Lançamento tributário*. 2ª ed. São Paulo: Malheiros, 1999.

_______. *Obrigação tributária (uma introdução metodológica)*. 2ª ed. São Paulo: Malheiros, 1999.

CANARIS, Claus-Wilhelm. *Pensamento sistemático e conceito de sistema na ciência do direito*. 3ª ed. Trad. A. Menezes Cordeiro. Lisboa: Fundação Calouste Gulbenkian, 2002.

CARRAZZA, Roque Antônio. *Curso de direito constitucional tributário*. 6ª ed. São Paulo: Malheiros, 1994.

_______. *Reflexões sobre a obrigação tributária*. São Paulo: Noeses, 2010.

CARVALHO, Aurora Tomazini de. *Curso de teoria geral do direito:* o constructivismo lógico-semântico. São Paulo: Noeses, 2009.

CARVALHO, Cristiano. *Ficções jurídicas no direito tributário*. São Paulo: Noeses, 2008.

CARVALHO, Paulo de Barros. Constituição do fato jurídico tributário. In: *Revista de Direito Tributário*. São Paulo, n. 92, 2005.

_______. *Curso de direito tributário*. 13ª ed. São Paulo: Saraiva, 2000.

_______. Direito e sua autonomia – O paradoxo da interdisciplinaridade. In: *Revista de Direito Tributário*. São Paulo: Malheiros, n. 97, p. 13, 2007.

_______. O Direito positivo como sistema homogêneo de enunciados deônticos. In: *Revista de Direito Tributário,* ano 12, n. 45, p. 34, jul.-set. 1988.

_______. *Direito tributário, linguagem e método*. 2ª ed. São Paulo: Noeses, 2008.

_______. *Processo administrativo tributário*. In: Revista dos Tribunais. São Paulo: RT, n. 9-10, ano III, julho/dezembro, 1979.

________. *Teoria da norma tributária*. São Paulo: Editora Lael, 1974.

________. *Direito tributário:* fundamentos jurídicos da incidência tributária. 7ª ed. São Paulo: Saraiva, 2009.

________. *Derivação e positivação no direito tributário*. São Paulo: Noeses, 2011.

CASTRO JÚNIOR, Torquato da Silva. *A pragmática das nulidades e a teoria do ato jurídico inexistente: reflexões sobre metáforas e paradoxos da dogmática privatista*. São Paulo: Noeses, 2009.

COELHO, Sacha Calmon Navarro. *Aplicação, Interpretação e Interação da Legislação Tributária (Teoria do Direito Tributário)*. In: Congresso Nacional de Estudos Tributários VI - Sistema Tributário Brasileiro e a Crise Atual. São Paulo: Noeses, 2009.

COSTA. Alcides Jorge. Direito tributário e direito privado. In: MACHADO, Brandão (coord.). *Direito tributário:* Estudos em Homenagem ao Professor Ruy Barbosa Nogueira. São Paulo: Saraiva, 1984.

COSTA, Regina Helena. *Curso de direito tributário:* Constituição e Código Tributário Nacional. São Paulo: Saraiva, 2009.

CRETELLA JÚNIOR. José. *Anulação do ato administrativo por desvio de poder*. Rio de Janeiro: Forense, 1978.

DABUL, Alessandra. *Da prova no processo administrativo tributário*. 2ª ed. Curitiba: Juruá, 2008.

DERZI, Misabel Abreu Machado. *Modificações da jurisprudência no direito tributário*. São Paulo: Noeses, 2009.

DINIZ, Maria Helena Diniz. *Código Civil Anotado*. 12ª ed. São Paulo: Saraiva, 2006.

________. *Compêndio de introdução à ciência do direito*. 18ª ed. São Paulo: Saraiva, 2006.

________. *Curso de direito civil brasileiro*. Volume I. 20ª ed. São Paulo: Saraiva, 2003.

DÓRIA, Antônio Roberto Sampaio. *Da lei tributária no tempo*. São Paulo: José Bushatsky, 1968.

FERRAGUT, Maria Rita. *Presunções no direito tributário*. São Paulo: Dialética, 2001.

_______. Presunções: meio de prova do fato gerador? In: NEDER, Marcos Vinicius; SANTI, Eurico Marcos Diniz de; FERRAGUT, Maria Rita (coord.). *A prova no processo tributário*. São Paulo: Dialética, 2010.

_______. *Responsabilidade tributária e o Código Civil de 2002*. São Paulo: Noeses, 2005.

FERRAZ JUNIOR, Tercio Sampaio. *A ciência do direito*. 2ª ed. São Paulo: Atlas, 1980.

_______. *Introdução ao estudo do direito:* técnica, decisão, dominação. 4ª ed.. São Paulo: Atlas, 2003.

_______. *Teoria da norma jurídica*. Rio de Janeiro: Forense, 1986,

_______; CARRAZZA, Roque Antonio; Nery Junior, Nelson. *Efeitos ex nunc e as decisões do STJ*. Barueri/SP: Manole, 2009.

FREITAS, Vladimir Passos de (coord.). *Código Tributário comentado*. 3ª ed. São Paulo: Editora Revista dos Tribunais, 2005.

GAMA, Tácio Lacerda. *Competência tributária* – Fundamentos para uma teoria da nulidade. São Paulo: Noeses, 2009.

_______. A sanção pelo exercício irregular de competências jurídicas: uma análise estrutural. *In Congresso Nacional de Estudos Tributários VI - Sistema Tributário Brasileiro e a Crise Atual*. São Paulo: Noeses, 2009.

GASPARINI, Diógenes. *Direito administrativo*. 10ª ed.. São Paulo: Saraiva, 2005.

GOMES, Orlando. *Introdução ao Direito Civil*, 19ª ed. (revista, atualizada e aumentada de acordo com o Código Civil de 2002, por Edvaldo Brito e Reginalda Paranhos de Brito). Rio de Janeiro: Forense, 2008.

GONÇALVES, Carlos Roberto. *Direito civil brasileiro, vol. I: parte geral*. 7ª ed. São Paulo: Saraiva, 2009.

GRAU, Eros Roberto. A interpretação do direito e a interpretação do direito tributário. In: CARVALHO, Maria Augusta Machado (Coord.). *Estudos de direito tributário em homenagem à memória de Gilberto de Ulhoa Canto*. Rio de Janeiro: Forense, 1998. p. 123-131.

GRECO, Marco Aurélio. "Devolução ex officio de tributo indevido". In: DIAS, Karem Jureidini; PEIXOTO, Marcelo Magalhães. *Compensação Tributária*, (coords.). São Paulo: MP Ed., 2007.

________. *Planejamento tributário*. São Paulo: Dialética, 2004.

GREGGI, Marco (ed.). *Battling against Conduit Companies:* the Luxottica case. Roma: Aracne editrice, 2009.

HARET, Florence; CARNEIRO, Jerson (Coord.). *Vilém Flusser e juristas:* comemoração dos 25 anos do grupo de estudos de Paulo de Barros Carvalho. São Paulo: Noeses, 2009.

HARET, Florence. *Teoria e prática das presunções no direito tributário*. São Paulo: Noeses, 2010.

HART, H. L. A. *O Conceito de direito*. Trad. A. Ribeiro Mendes. 3ª ed. Lisboa: Fundação Calouste Gulbenkian, 1994.

HOBBES, Thomas. *Leviatã*, trad.: Heloisa da Graça Burati. São Paulo: Editora Rideel, 2005.

HOFFMANN, Susy Gomes. Breves Considerações sobre as provas no processo administrativo tributário. *In Congresso do IBET III: Interpretação e Estado do Direito*. São Paulo: Noeses, 2006.

________. *Teoria da prova no direito tributário*. Coppola: Campinas, 1999.

HORBACH, Carlos Bastide. *Teoria das nulidades do ato administrativo*. São Paulo: Ed. Revista dos Tribunais, 2001.

HORVATH, Estevão. *Lançamento tributário e "autolançamento"*. São Paulo: Quartier Latin, 2010.

HOUAISS, Antônio; VILLAR, Muro de Salles. *Dicionário Houaiss de Língua Portuguesa*. Rio de Janeiro: Objetiva, 2001.

IVO, Gabriel. *Norma jurídica:* produção e controle. São Paulo: Noeses, 2006.

JUREIDINI DIAS, Karem. *Auto de infração de natureza tributária:* Pressupostos e Presunções. Dissertação de Mestrado. São Paulo: Pontifícia Universidade Católica, 2001.

_______. O ágio e a intertextualidade normativa. In: Roberto Quiroga Mosquera; Alexsandro Broedel Lopes. (Org.). *Controvérsias Jurídico-Contábeis* (aproximações e distanciamentos). São Paulo: Dialética, 2011, v. 2.

_______. A prova da fraude. In: Marcos Vinicius Neder; Eurico Marcos Diniz de Santi, Maria Rita Ferragut. (Org.). *A prova no processo tributário*. São Paulo: Dialética, 2010.

_______. Possibilidade de Imposição de Multa Qualificada nos Lançamentos Relativos a Planejamento Fiscal. In ANAN JR., Pedro (coord.). *Planejamento Fiscal, vol. II*. São Paulo: Quartier Latin, 2009.

KELSEN, Hans. *Teoria pura do direito*. 8ª ed. São Paulo: Martins Fontes, 2009.

LARENZ, Karl. *Metodologia da ciência do direito*. 3ª ed. Trad. José Lamego. Lisboa: Fund. Calouste, 1997.

LINS, Robson Maia. *Controle de constitucionalidade da norma tributária*. São Paulo: Quartier Latin, 2005.

_______. Mora e a denúncia espontânea no direito tributário. *In: Congresso Nacional de Estudos Tributários V - Direito Tributário, linguagem e método*. São Paulo: Noeses, 2008.

_______. *A mora no direito tributário*. Tese de Doutorado. São Paulo: Pontifícia Universidade Católica de São Paulo - PUC/SP, 2008.

LOEWENSTEIN, Karl. *Teoría de la Constitución*. Barcelona: Editora Ariel, 1970.

LOSANO, Mario G. *Sistema e estrutura no direito, vol. 02: o século XX*. Trad. Lucas Limberti. São Paulo: Editora WMF Martins Fontes, 2010.

LUHMANN, Niklas. *Legitimação pelo procedimento*. Trad. de Maria da Conceição Corte-Real. Brasília: Editora Universidade de Brasília, 1980.

_______. *Sociologia do Direito*. Trad. Gustavo Bayer. Rio de Janeiro: Edições Tempo Brasileiro, 1985.

MACHADO, Brandão (coord.). *Direito tributário:* Estudos em Homenagem ao Professor Ruy Barbosa Nogueira. São Paulo: Saraiva, 1984.

MACHADO, Hugo de Brito. *Comentários ao Código Tributário Nacional*. São Paulo: Atlas, 2004.

MARIZ DE OLIVEIRA, Ricardo. O valor probante dos documentos particulares e fiscais e dos lançamentos contábeis face ao fisco. In: *Direito Tributário Atual,* vol. 10. São Paulo: Editora Resenha Tributária, 1990.

MARTINS, Ives Gandra. *Sistema tributário na Constituição de 1988*. São Paulo: Saraiva, 1989.

_______. *Teoria da imposição tributária*. 2ª ed. São Paulo: LTr, 1998.

MARTINS-COSTA, Judith. *A boa-fé no direito privado*. São Paulo: Editora Revista dos Tribunais, 2000.

MCNAUGHTON, Charles William. *Hierarquia e sistema tributário*. São Paulo: Quartier Latin, 2011.

MEIRELLES, Hely Lopes. *Direito administrativo brasileiro*. 33ª ed. São Paulo: Malheiros, 2007.

MELLO, Celso Antônio Bandeira de. *Elementos de direito administrativo*. 3ª ed. São Paulo: Malheiros, 1992.

_______. Ilícito tributário. In: *Revista de Direito Público*, v. 62, São Paulo; Malheiros.

MELLO, Marcos Bernardes de. *Contribuição ao Estudo da Incidência da Norma Jurídica Tributária*. In: Borges, José Souto Maior. *Direito Tributário Moderno* (org.). São Paulo: José Bushatsky, 1977.

_______. *Teoria do fato ajurídico:* plano da eficácia. 12ª ed. São Paulo: Saraiva, 2003.

_______. *Teoria do fato jurídico:* plano da validade. 12ª ed. São Paulo: Saraiva, 2003.

MELO, José Eduardo Soares de. *Curso de direito tributário*. 8ª ed. São Paulo: Dialética, 2008.

MENDONCA, Daniel. *Los derechos en juego*: conflicto y balance de derechos. Madrid: Tecnos, 2003.

MIRANDA, Custódio da Piedade Ubaldino. *Interpretação e integração dos negócios jurídicos*. São Paulo: Editora Revista dos Tribunais, 1989.

MONTEIRO, Washington de Barros. *Curso de direito civil. v. 01*. 40ª ed., São Paulo: Saraiva, 2005.

MOUSSALEM, Tárek Moysés. *Fontes do direito tributário*. 2ª ed. São Paulo: Noeses, 2006.

_______. Fontes de direito tributário. In: SANTI, Eurico Marcos Diniz de (coord.). *Curso de especialização em direito tributário:* estudos analíticos em homenagem a Paulo de Barros Carvalho. Rio de Janeiro: Forense, 2005.

_______. Prova, sigilo bancário e verdade material no processo administrativo fiscal. *In: Congresso Nacional de Estudos Tributários V - Direito Tributário, linguagem e método*. São Paulo: Noeses, 2008.

_______. Interpretação restritiva no direito tributário. *In: Congresso Nacional de Estudos Tributários VII - Direito Tributário e os conceitos de direito privado*, São Paulo: Noeses, 2010.

NASCIMENTO, Carlos Valder do (coord.). *Comentários ao Código Tributário Nacional*. Rio de Janeiro: Forense, 1997.

NEDER, Marcos Vinicius. Aspectos Formais e Materiais no Direito Probatório. In: NEDER, Marcos Vinicius; SANTI, Eurico Marcos Diniz de; FERRAGUT, Maria Rita (coord.). *A prova no processo tributário*. São Paulo: Dialética, 2010.

NEDER, Marcos Vinicius; LOPEZ, Maria Teresa Martínez. *Processo administrativo fiscal federal*. 3ª ed. São Paulo: Dialética, 2010.

NEVES, Marcelo. *A constitucionalização simbólica*. São Paulo: Editora Acadêmica, 1994.

NOGUEIRA, Ruy Barbosa. *Curso de direito tributário*. 15ª ed. São Paulo: Saraiva, 1999.

________. *Teoria do lançamento tributário*. São Paulo: Editora Resenha Tributária, 1973.

PAULSEN, Leandro. *Direito tributário:* Constituição e Código Tributário Nacional à luz da Doutrina e da Jurisprudência. 11ª ed. Porto Alegre: Livraria do Advogado; ESMAFE, 2009.

________. *Segurança Jurídica, certeza do direito e tributação:* a concretização da certeza quanto à instituição de tributos através das garantias da legalidade, da irretroatividade e da anterioridade. Porto Alegre: Livraria do Advogado, 2006.

PEIXOTO, Daniel Monteiro. Dissolução de Sociedades e a Responsabilidade Tributária no Contexto de Regras de Direito Tributário e de Direito Societário. *In: Congresso Nacional de Estudos Tributários VI – Sistema Tributário Brasileiro e a Crise Atual*. São Paulo: Noeses, 2009.

PEREIRA, Caio Mario da Silva. *Instituições de direito civil, vol. 1*, 18ª ed. Rio de Janeiro: Forense, 1997.

PONTES DE MIRANDA, Francisco Cavalcanti. *Tratado de Direito Privado, Prefácio e Parte Geral - Tomos I a IV*, 2ª ed. Rio de Janeiro: Borsói, 1954.

RÁO, Vicente. *Ato Jurídico:* Noções, pressupostos, elementos essenciais e acidentais, o problema do conflito entre os elementos volitivos e a declaração. 3ª ed. São Paulo: Editora Revista dos Tribunais, 1981.

_______. *O direito e a vida dos direitos*. São Paulo: Max Limonad, 1952.

REALE, Miguel. *Introdução à filosofia*. 2ª ed. São Paulo: Saraiva, 1989

_______. *Teoria tridimensional do direito*. 5ª ed. São Paulo: Saraiva, 1994.

ROBLES MORCHÓN, Gregorio. *O direito como texto: quatro estudos de teoria comunicacional do direito*; trad. de Roberto Barbosa Alves. Barueri, São Paulo: Manole, 2005.

ROCHA, Sérgio André. *Processo administrativo fiscal* – Controle Administrativo do Lançamento Tributário. 3ª ed. Rio de Janeiro: Lumen Juris, 2009.

RUBISNTEIN, Flávio. *Boa-fé objetiva no direito financeiro e tributário* – Série Doutrina Tributária, vol. III. São Paulo: Quartier Latin, 2010.

SANTI, Eurico Marcos Diniz de. *Curso de Direito Tributário e Finanças Públicas* – Do fato à norma, da realidade ao conceito jurídico. 1ª ed. São Paulo: Saraiva, 2007.

_______. *Decadência e prescrição no direito tributário*. São Paulo: Max Limonad, 2000.

_______. *Lançamento tributário*. São Paulo: Max Limonad, 1996.

SANTOS, Moacyr Amaral. *Primeiras linhas de direito processual civil, 2º vol.*, 4ª tiragem. São Paulo: Max Limonad, 1962.

_______. *Prova judiciária no cível e comercial*. São Paulo: Max Limonnad, 1969.

SCHMILL, Ulisses. *La derogación y la anulación como modalidades del ámbito temporal de validez de las normas jurídicas*. Doxa (Publicaciones periódicas). Alicante: Biblioteca Virtual Miguel de Cervantes, 1996.

SCHOUERI, Luís Eduardo. *Normas tributárias indutoras e intervenção econômica*. Rio de Janeiro: Forense, 2005.

SCHOUERI, Luís Eduardo (coord.); FREITAS, Rodrigo de (org.). *Planejamento Tributário e o "Propósito Negocial" – Mapeamento de Decisões do Conselho de Contribuintes de 2002 a 2008*. São Paulo: Quartier Latin, 2010.

SILVA, Volney Zamenhof de Oliveira (coord.). *Código Tributário Nacional Comentado e Anotado*. 4ª ed. Campinas/SP: CS edições, 2004.

SOUZA Cecília Priscila de Souza. *Intertextualidade no Direito Tributário*. Dissertação de Mestrado. São Paulo: Pontifícia Universidade Católica – PUC/SP, 2012.

SOUZA, Rubens Gomes de. *Compêndio de legislação tributária*, edição póstuma (coordenação: IBET). São Paulo: Resenha Tributária, 1975.

________. *Estudos de direito tributário*. São Paulo: Saraiva, 1950.

SUNDFLED, Carlos Ari. *Ato administrativo inválido*. São Paulo: Editora Revista dos Tribunais, 1990.

TAKATA, Marcos Shigueo. A "Nova" Contabilidade Relativa às Stock Options – Sua Relação e Reflexo ou não no Direito Tributário. In: Roberto Quiroga Mosquera; Alexsandro Broedel Lopes. (Org.). *Controvérsias Jurídico-Contábeis* (aproximações e distanciamentos). São Paulo: Dialética, 2011, v. 2.

TORRES, Heleno. *Direito tributário internacional:* planejamento tributário e operações transnacionais. São Paulo: Editora Revista dos Tribunais, 2001.

______; QUEIROZ, Mary Elbe (coords.). *Desconsideração da personalidade jurídica em matéria tributária*. São Paulo: Quartier Latin, 2005.

TELLES JÚNIOR, Goffredo da Silva. *O direito quântico*. 6ª ed. São Paulo: Max Limonad, 1985.

THEODORO JÚNIOR. Humberto. *Comentários ao Novo Código Civil*, volume 3, t. 1: livro III. Rio de Janeiro: Forense, 2006,

TIPKE, Klaus; LANG, Joachim. *Direito Tributário* (Steurrecht), trad. de Luiz Dória Furquim. Porto Alegre: Sergio Antonio Fabris Ed., 2008.

TOMÉ, Fabiana Del Padre. *A prova no direito tributário*. São Paulo: Noeses, 2005.

VENOSA, Silvio de Salvo. *Direito civil, parte geral, vol. 1*. São Paulo: Atlas, 2009.

VILANOVA, Lourival. *As estruturas lógicas e o sistema do direito positivo*. 3ª ed. São Paulo: Noeses, 2005.

_______. *Causalidade e Relação no Direito*. 2ª ed., São Paulo: Saraiva, 1989.

_______. Lógica jurídica. In *Escritos Filosóficos e Jurídicos*. São Paulo: Axis Mundi, vol. 2, 2003.

VILLEGAS, Héctor. *Curso de finanzas, derecho financiero y tributario*. 2ª ed., Buenos Aires: Ediciones Depalma, 1975.